Handexemplar.

Die Vorbedingungen für den höheren Justiz-, Verwaltungs- und Finanzdienst in Bayern.

Eine Sammlung
der Vorschriften mit Anmerkungen, alphabetischem
Sachregister und Anhang

herausgegeben von

Eduard Eckert

II. Staatsanwalt, verwendet im K. b. Staatsministerium der Justiz.

Vierte umgearbeitete und erweiterte Auflage
der von **J. Schiedermair** herausgegebenen Prüfungsvorschriften.

München 1911.
J. Schweitzer Verlag (Arthur Sellier).

Vorbemerkung.

Die letzte — im Jahre 1907 erschienene, von J. Schiedermair besorgte — Auflage dieses Buches enthielt, abgesehen von dem Anhange, die K. VO. vom 4. Juli 1899 und die MB. vom 6. Juli 1899, beide die Prüfungen für den höheren Justiz- und Verwaltungsdienst und die Vorbereitung für diese Prüfungen betr. (GVBl. 367, JMBl. 179, 194, InnMBl. 245, 261), ferner die K. VO. vom 4. Januar 1901 und die MB. vom 7. Januar 1901 über die Praxis der Bewerber um Anstellung im höheren Justizstaatsdienste (GVBl. 31, JMBl. 50, 54).

Diese Vorschriften haben in der Zwischenzeit Änderungen erfahren. Einzelne kleine Änderungen an der VO. vom 4. Juli 1899 und der MB. vom 6. Juli 1899 sind überholt durch die einschneidenden Änderungen, die die VO. vom 18. Oktober und die MB. vom 25. Oktober 1910 über die Vorbedingungen für den höheren Justiz- und Verwaltungsdienst gebracht haben. Eine Vergleichung der neuen Bestimmungen mit den früheren gibt Dr. Gustav Müller in BayZfR. 1910, 415 ff., 439 ff. Hier seien nur folgende Neuerungen hervorgehoben: Zulassung der Absolventen deutscher Realgymnasien und deutscher Oberrealschulen, der letzteren nach dem Bestehen einer Ergänzungsprüfung, Einführung einer mit einer Nebennote bewerteten mündlichen Prüfung bei der jetzt als Staatsprüfung bezeichneten bisherigen „zweiten Prüfung", Beschränkung der Hilfsmittel bei dem schriftlichen Teile dieser Prüfung, Verdeckung der Namen der Prüflinge für den zur Beurteilung der schriftlichen Arbeiten berufenen Prüfungsausschuß, dazu die wichtige Neuerung in der Bewertung des Prüfungsergebnisses: ein Prüfling mit einer der früheren Note III entsprechenden Notensumme hat die Prüfung jetzt nicht mehr bestanden.

Auf Änderungen an § 12 VO. vom 4. Januar 1901 und an den §§ 20—24 MB. vom 7. Januar 1901 ist in den Bemerkungen zu diesen Bestimmungen hingewiesen. Wichtiger fast als diese Änderungen sind die Neuerungen, die das neue Beamtenrecht auch für die Justizdienstaspiranten gebracht hat.

Neben den Vorschriften für diese sind in das Buch neu aufgenommen die im Jahre 1910 erlassenen Bestimmungen über die Dienstleistung der Bewerber um Anstellung im höheren Dienste der inneren Staatsverwaltung sowie die grundlegenden Vorschriften über die Vorbedingungen für den höheren Finanz-, sowie Zoll- und Steuerdienst aus den Jahren 1903 und 1908.

Der Anhang enthält wie bisher die Studienpläne und Promotionsordnungen der juristischen Fakultäten der Universitäten München und Erlangen, sowie der rechts- und staatswissenschaftlichen Fakultät der Universität Würzburg, ferner eine Anleitung zum Studium der Staatswissenschaften, herausgegeben von der staatswirtschaftlichen Fakultät der Universität München, und deren Promotionsordnung. An Stelle der bisher im Anhang abgedruckten durch neuere Vorschriften überholten sonstigen Vorschriften hat eine Reihe anderer Bestimmungen Aufnahme gefunden, die für den Staatsdienstaspiranten von Bedeutung sind oder Interesse für ihn haben können.

Die Anmerkungen geben Hinweisungen auf die weiteren einschlägigen Bestimmungen; sie enthalten die Ansicht des Herausgebers über die Auslegung von Bestimmungen, die zu Zweifeln Veranlassung geben können, und berücksichtigen, soweit es anging, zum Vollzug ergangene nicht veröffentlichte Entschließungen.

Inhalts-Verzeichnis.

A. Hauptteil.

B. Anhang.

Nachtrag.

Die auf Seite 246 angeführten Vorschriften über die **Vorbedingungen für den Archivdienst** (Ziff. V c des Anhangs) sind ersetzt worden durch die nach Drucklegung des Anhangs veröffentlichte K. VO. vom 3. Oktober 1911 über die Vorbedingungen für den höheren staatlichen Archivdienst (GVBl. 1061 ff.).

Abkürzungen.

AJMBl. . . . =	Amtsblatt der Staatsministerien des K. Hauses und des Äußern und des Innern.
BayZfR. . .	Zeitschrift für Rechtspflege in Bayern.
BG. . . . . . =	Bayer. Beamtengesetz vom 16. August 1908.
FMB. . . . . =	Bekanntmachung des StM. der Finanzen.
FMBl . . . =	Amtsblatt des StM. der Finanzen.
GVBl. . . . =	Gesetz- und Verordnungsblatt.
GVG. . . . . =	Gerichtsverfassungsgesetz.
JMB. . . . =	Bekanntmachung des StM. der Justiz.
JMBl. . . . =	Amtsblatt des StM. der Justiz.
JnnMB. . . =	Bekanntmachung des StM. des Innern.
KMB. . . . . =	Bekanntmachung des StM. des Innern für Kirchen- und Schulangelegenheiten.
KMBl. . . . =	Amtsblatt des StM. des Innern für Kirchen- und Schulangelegenheiten.
MB. od. Bek	Ministerialbekanntmachung.
MStGO. . . =	Militärstrafgerichtsordnung.
NotG. . . . . =	Notariatsgesetz.
StM. . . . . =	Staatsministerium.
VBl. . . . . =	Verordnungsblatt des Kriegsministeriums.
VO. . . . . . =	K. Verordnung.

Die Abkürzungen VO. und MB. ohne weiteren Beisatz beziehen sich

1. in den Bemerkungen zu der VO. vom $\frac{\text{4. Juli 1899}}{\text{18. Okt. 1910}}$ und der MB. vom 25. Oktober 1910 auf diese VO. und diese MB.;
2. auf die VO. vom 4. Januar 1901 und die MB. vom 7. Januar 1901 in den Bemerkungen zu dieser VO. und dieser MB. und
3. auf die VO. vom 13. April 1910 und die MB. vom 16. April 1910, soweit sie sich in den Bemerkungen zu diesen beiden Vorschriften finden.

I. Kgl. Verordnung über die Vorbedingungen für den höheren Justiz- u. Verwaltungsdienst vom $\frac{4.\ \text{Juli}\ 1899}{18.\ \text{Okt.}\ 1910}$

in der Fassung der MB. vom 22. Oktober 1910

(GVBl. 1899. 367; 1910. 1003; AJMBl. 1910. 705; JMBl. 1910. 773; KMBl. 477).

Die Vorbedingungen im allgemeinen.

§ 1. Die Fähigkeit zum Richteramt und zu einem höheren Amte der inneren Verwaltung oder des Finanzdienstes erlangt, wer die Staatsprüfung für den höheren Justiz- und Verwaltungsdienst mit Erfolg abgelegt hat.

Die Zulassung zur Staatsprüfung setzt die erfolgreiche Ablegung der Universitätsschlußprüfung und die Ableistung des Vorbereitungsdienstes voraus.

Zur Universitätsschlußprüfung kann nur zugelassen werden, wer die Zwischenprüfung bestanden hat.

Zu den Prüfungen werden nur Reichsangehörige zugelassen. Sie müssen das Reifezeugnis eines deutschen humanistischen Gymnasiums oder eines deutschen Realgymnasiums besitzen. Besitzer von Reifezeugnissen deutscher Oberrealschulen können zu den Prüfungen zugelassen werden, wenn sie die zur Erlangung des Reifezeugnisses eines deutschen humanistischen Gymnasiums oder eines deutschen Realgymnasiums vorgeschriebene Ergänzungsprüfung mit Erfolg abgelegt haben.

1. Für die Fähigkeit zum Richteramte sind in erster Linie die folgenden Bestimmungen des Gerichtsverfassungsgesetzes maßgebend:

„§ 2. Die Fähigkeit zum Richteramte wird durch die Ablegung zweier Prüfungen erlangt.

Der ersten Prüfung muß ein dreijähriges Studium der Rechtswissenschaft auf einer Universität vorangehen. Von dem dreijährigen Zeitraum sind mindestens drei Halbjahre dem Studium auf einer deutschen Universität zu widmen.

Zwischen der ersten und zweiten Prüfung muß ein Zeitraum von drei Jahren liegen, welcher im Dienste bei den Gerichten und bei den Rechtsanwälten zu verwenden ist, auch zum Teil bei der Staatsanwaltschaft verwendet werden kann.

In den einzelnen Bundesstaaten kann bestimmt werden, daß der für das Universitätsstudium oder für den Vorbereitungsdienst bezeichnete Zeitraum verlängert wird, oder daß ein Teil des letzteren Zeitraums, jedoch höchstens ein Jahr, im Dienste bei Verwaltungsbehörden zu verwenden ist oder verwendet werden darf.

§ 3. Wer in einem Bundesstaate die erste Prüfung bestanden hat, kann in jedem anderen Bundesstaate zur Vorbereitung für den Justizdienst und zur zweiten Prüfung zugelassen werden.

Die in einem Bundesstaate auf die Vorbereitung verwendete Zeit kann in jedem anderen Bundesstaate angerechnet werden.

§ 4. Zum Richteramte befähigt ist ferner jeder ordentliche öffentliche Lehrer des Rechts an einer deutschen Universität.

§ 5. Wer in einem Bundesstaate die Fähigkeit zum Richteramte erlangt hat, ist, soweit dieses Gesetz keine Ausnahme bestimmt, zu jedem Richteramte innerhalb des Deutschen Reichs befähigt."

2. Für die Fähigkeit zu einem höheren Amte der inneren Verwaltung oder des Finanzdienstes sind maßgebende gesetzliche Bestimmungen nicht vorhanden, abgesehen von der Vorschrift in Art. 3 Abs. 1 des Gesetzes vom 8. August 1878 über die Errichtung eines Verwaltungsgerichtshofs, wonach die Ernennung zum Richter dieses Gerichtshofes bedingt ist durch den Nachweis der Fähigkeit zum Richteramt.

3. Im Gegensatze zu der früheren Fassung der Vorschrift ist jetzt in § 1 neben der Fähigkeit zum Richteramte von der Fähigkeit zum Amt eines Staatsanwalts oder eines Notars und zur Rechtsanwaltschaft nicht mehr die Rede; die gesetzlichen Bestimmungen über die Fähigkeit zu diesen Ämtern und zur Rechtsanwaltschaft setzen selbst die Erlangung der Fähigkeit zum Richteramte voraus — § 149 Abs. 2 GVG., § 9 NotG. vom 9. Juni 1899 (GVBl. 1899 Beil. IV zu Nr. 28 S. 137), § 1 RAO.

Nach § 9 NotG. ist die Ernennung zum Notar in der Regel bedingt auch durch einen mindestens zweijährigen, nach der Erlangung der Fähigkeit zum Richteramt abzuleistenden Vorbereitungsdienst bei einem Notar.

4. Wer zur Rechtsanwaltschaft befähigt ist, muß in der Regel als Rechtsanwalt zugelassen werden (§§ 4 ff. RAO.). Dagegen gibt die Erfüllung der Vorbedingungen für den höheren Justiz- und Verwaltungsdienst keinen Anspruch auf die Aufnahme in diesen Dienst.

5. Über die rechtliche Natur der Vorschriften über die Vorbedingungen für den höheren Justiz- und Verwaltungsdienst, über die

Wirkungen einer Anstellung, die im Widerspruche mit den durch Gesetz oder Verordnung erlassenen Vorschriften erfolgt ist, besonders über die Gültigkeit der Amtshandlungen von Richtern, die den Bestimmungen des GVG. über die Fähigkeit zum Richteramte nicht genügen, vgl. Seydel, BayStR. § 177 Bd. 2 S. 191 ff., Planck, Lehrbuch des deutschen Zivilprozeßrechts § 29, 1 a, Seuffert, Ztschr. f. ZPr 11, 195 und Kommentar zur ZPO. Bem. 2 zu § 551, Hellwig, Lehrbuch des deutschen Zivilprozeßrechts § 78.

6. Die Stellen, die als höheres Amt der inneren Verwaltung oder des Finanzdienstes gelten, finden sich in den Klassen 1—12 der Gehaltsordnung vom 6. September 1908 (GVBl. S. 681) vgl. § 53 VO.

7. Von den einzelnen im § 1 aufgeführten Vorbedingungen handeln näher und zwar: von der Staatsprüfung die §§ 35—58 VO. und §§ 106—163 MB., von der Ableistung des Vorbereitungsdienstes die §§ 27—34 VO. und §§ 75—105 MB., von den Universitätsprüfungen und der Vorbereitung auf sie die §§ 2—26 VO. und §§ 1—74 MB., (von der Zwischenprüfung insbesondere §§ 36—40, von der Universitätsschlußprüfung §§ 41—59 MB.).

8. Zu Absatz 3: weitere Vorbedingungen für die Zulassung zur Universitätsschlußprüfung enthalten § 4 Abs. 2, § 9 Ziff. 2 und 3 VO.

In § 4 Abs. 1 VO. sind die Voraussetzungen für die Zulassung zur Zwischenprüfung geregelt.

Für beide Prüfungen gilt § 69 MB.: Ein Kandidat, der die Prüfungsgebühren weder erlegt noch nachgelassen erhalten hat, darf vor der nachträglichen Einzahlung nicht in die Prüfung eintreten: für die Staatsprüfung bestimmt das Gleiche § 162 V MB.

9. Nach § 16 a Abs. 2 der Satzungen für die Studierenden an den bayerischen Universitäten (Universitätssatzungen) werden auf die für die Zulassung zu den Fachprüfungen nachzuweisende Studienzeit nur solche Studiensemester angerechnet, die von Studierenden mit der für die Fachprüfung vorgeschriebenen Vorbildung an der Universität verbracht sind.

Ergänzungsprüfung für die Absolventen der Oberrealschulen MB. vom 13. April 1909 (KMBl. 205 ff). Die Bundesregierungen haben die gegenseitige Anerkennung der Reifezeugnisse und der Zeugnisse über die Ablegung der Ergänzungsprüfung durch eine Vereinbarung geregelt — KMBl. 1909. 622 ff.

Wegen der Anerkennung des Reifezeugnisses einer ausländischen Lehranstalt vgl. § 22 III MB.

10. Zum Vorbereitungsdienst darf nur zugelassen werden, wer die Zwischenprüfung und die Universitätsschlußprüfung in Bayern bestanden hat (§ 27 Abs. 2 VO.). Es ist also kein Gebrauch gemacht von der in § 3 GVG. den Bundesstaaten gelassenen Möglichkeit, zur Vorbereitung für den Justizdienst und zur Staatsprüfung auch den zuzulassen, der die erste Prüfung in einem anderen Bundesstaate bestanden hat. Vgl. Bem. 2 zu § 27 VO.

11. Über die Möglichkeit, Abweichungen von den Grundsätzen des § 1 zuzulassen vgl. § 59 Satz 2 VO. und das dort Bemerkte.

Universitätsprüfungen.

Gegenstände der Prüfungen.

§ 2. Die Gegenstände der Universitätsschlußprüfung sind:

1. das deutsche bürgerliche Recht (das Bürgerliche Gesetzbuch nebst den reichs- und landesrechtlichen Ergänzungen),
2. das Handels- und Wechselrecht,
3. die Rechtsentwicklung in Bayern,
4. das Zivilprozeßrecht,
5. das Strafrecht,
6. das Strafprozeßrecht,
7. das Staatsrecht und die Hauptgrundsätze des Völkerrechts,
8. das katholische und das protestantische Kirchenrecht,
9. das Verwaltungsrecht,
10. die Volkswirtschaftslehre einschließlich der Volkswirtschaftspolitik,
11. die Finanzwissenschaft.

1. Vgl. Bem. 1 zu § 3.

2. Das Seerecht ist nicht Gegenstand der Prüfung; die MB. nennt es wohl in § 4 V neben dem Handels- und Wechselrecht als Gegenstand des Studiums, aber als Gegenstand der Prüfung ist es im Gegensatze hierzu — offenbar absichtlich — nicht genannt.

§ 3. Die Gegenstände der Zwischenprüfung sind:

1. die römische Rechtsgeschichte und das System des römischen Privatrechts,
2. die deutsche Rechtsgeschichte und die Grundzüge des deutschen Privatrechts.

1. Dafür, in welchem Umfange die in §§ 2 und 3 genannten Fächer zum Gegenstande der Prüfung gemacht werden können, lassen sich bestimmte Sätze nicht aufstellen. Allgemeine Richtlinien für die in den Prüfungen zu stellenden Anforderungen geben die §§ 1 I, 5 I, 37, 41 II, 42 II, 55 I u. III, 57 MB., in denen wiederholt auf das für die künftige amtliche Aufgabe nötige Maß hingewiesen ist; nach § 16 I MB. ist der Vorsitzende dafür verantwortlich, daß die Durchführung der Prüfung den Vorschriften entspricht.

2. Zweck der Zwischenprüfung — §§ 10 und 37 I MB.

3. Bei der Prüfung aus der deutschen Rechtsgeschichte sind auch Fragen über besonders wichtige Vorkommnisse der allgemeinen deutschen Geschichte zu gewärtigen (§ 36 III MB.).

4. Eine förmliche Prüfung aus den Gegenständen der Zwischenprüfung findet bei der Universitätsschlußprüfung nicht mehr statt. Gelegentliche Fragen hieraus sind jedoch nicht unzulässig.

Verteilung der Prüfungen auf das Universitätsstudium.

§ 4. Die Zwischenprüfung kann der Kandidat nicht früher als am Schlusse des dritten Semesters des akademischen Studiums ablegen. Von den drei Semestern müssen mindestens zwei dem Studium der Rechtswissenschaft gewidmet gewesen sein.

Zur Universitätsschlußprüfung wird nur zugelassen, wer nach dem Bestehen der Zwischenprüfung noch mindestens drei Semester dem Studium der Rechtswissenschaft gewidmet hat.

1. Zeit der Abhaltung der Zwischenprüfung §§ 11 III und 24 IV MB., der Universitätsschlußprüfung §§ 12 II und 27 MB.: wer den Beginn der Prüfungen festsetzt, bestimmen § 24 I MB. für die Zwischenprüfung, § 27 I für den schriftlichen und § 29 V MB. für den mündlichen Teil der Universitätsschlußprüfung.

2. Wiederholung der Zwischenprüfung § 14 VO.

3. Unter welchen Voraussetzungen ein Semester als dem Studium der Rechtswissenschaft gewidmet gilt, bestimmen die §§ 6, 7 und 8 MB.

4. Die Universitätsschlußprüfung muß im unmittelbaren Anschluß an das Universitätsstudium abgelegt werden § 12 I MB.

5. Einstellung in die Reihenfolge früher Geprüfter im Falle der Verhinderung an der rechtzeitigen Ablegung oder an der Vollendung der Universitätsschlußprüfung § 56 Ziff. 2 VO.

Prüfungsort und Prüfungskommission.

§ 5. Die Zwischenprüfung und die Universitätsschlußprüfung werden an den Sitzen der Landesuniversitäten abgelegt. Zu diesem Zwecke wird alljährlich am Sitze einer jeden der drei Universitäten eine Prüfungskommission gebildet; im Falle des Bedürfnisses können am Sitze einer Universität zwei Kommissionen gebildet werden.

Der Kandidat braucht an der Universität, an der er sich prüfen läßt, nicht immatrikuliert zu sein § 7 Abs. 1 VO., § 13 MB.

§ 6. Die Prüfungskommission besteht aus einem Beamten des höheren Justiz- oder Verwaltungsdienstes als Vorsitzenden und Leiter des Prüfungsgeschäfts und der erforderlichen Zahl prüfender Mitglieder. Zu prüfenden Mitgliedern werden in der Regel Universitätslehrer bestellt; es können auch Justiz- und Verwaltungsbeamte dazu bestellt werden.

Die Bestellung des Vorsitzenden und der Mitglieder erfolgt durch Ministerialentschließung. Für den Fall der Verhinderung des Vorsitzenden oder der Mitglieder können Stellvertreter bestellt werden.

Über die Prüfungskommissionen vgl. §§ 14 ff. MB., insbesondere über die Bildung der Kommissionen § 14, über die Aufgaben und die Vertretung des Vorsitzenden §§ 16, 17 und 20, über die Aufgaben der prüfenden Mitglieder § 18, über die Besorgung der Schreibgeschäfte § 21; die regelmäßige Mindestzahl der prüfenden Mitglieder bestimmt § 15; die Gründe, aus denen der Vorsitzende oder ein Mitglied der Kommission von der Beteiligung an der Prüfung ausgeschlossen ist, regelt § 19.

Die Mitglieder der Kommissionen erhalten eine Vergütung § 25 VO.

§ 7. Die Wahl des Prüfungsorts steht den Kandidaten frei.

Zum Ausgleiche der Belastung mit den Prüfungsgeschäften oder im Falle übermäßigen Andrangs an einem Prüfungsorte können Kandidaten durch Ministerialentschließung an einen anderen Prüfungsort verwiesen werden.

Vgl. zu Abs. 1 § 13, zu Abs. 2 §§ 28 II u. III, 29, 30 MB.

Zulassung zu den Prüfungen.

§ 8. Mit dem Gesuch um Zulassung zur Zwischenprüfung sind einzureichen:

1. **das Reifezeugnis eines deutschen humanistischen Gymnasiums oder eines deutschen Realgymnasiums oder das Reifezeugnis einer deutschen Oberrealschule und das Zeugnis über die erfolgreiche Ablegung der Ergänzungsprüfung;**
2. **der Nachweis des Besitzes der deutschen Reichsangehörigkeit;**
3. **das Kollegienbuch zum Nachweise der nach § 4 Abs. 1 erforderlichen Dauer des Studiums.**

1. Zeit der Einreichung des Gesuchs § 22 I MB.; Folgen der Versäumung der Meldungsfrist § 34 MB.

2. Nach den näheren Bestimmungen in § 22 MB. wird das Gesuch eines Kandidaten, der mit dem Wintersemester 1910/11 die Universität bezogen hat und die Zwischenprüfung so bald als möglich, d. i. am Schlusse des dritten Semesters, ablegen will, etwa so lauten:

München, am 2. Januar 1912.

An
den Admissionsausschuß für die juristischen Prüfungen an der Universität München.

Betreff:
Zulassung zur juristischen Zwischenprüfung.

Mit Reifezeugnis, Heimatschein, Kollegienbuch und einer Bestätigung.

Ich bitte um Zulassung zur nächsten juristischen Zwischenprüfung.

Mein Vater beabsichtigt, wie ich durch seine anliegende Bestätigung glaubhaft mache, von hier nach Erlangen zu verziehen. Ich will deshalb im nächsten Semester die dortige Universität besuchen und bitte aus diesem Grunde, die Prüfung noch in diesem Semester und zwar möglichst bald ablegen zu dürfen.

Ich habe die folgenden juristischen Verlesungen gehört:

Im Wintersemester 1910/11 an der Universität Berlin Einführung in*) die Rechtswissenschaft bei Professor Dr. K. und römische Rechtsgeschichte bei Professor Dr. R.,

im Sommersemester 1911 an der Universität München System des römischen Privatrechts bei Professor Dr. G., sowie deutsche Rechtsgeschichte und Grundzüge des deutschen Privatrechts bei Professor Dr. von M.;

in diesem Semester höre ich hier deutsches bürgerliches Recht, erster Teil, bei Professor Dr. von M. sowie Strafrecht bei Professor Dr. A. und nehme teil an den exegetischen Übungen im römischen Recht bei Privatdozent Dr. G.

Die Benachrichtigung vom Prüfungstermin bitte ich mir hier Maximilianstraße 20/2 zuzustellen.

N. N.

Klenzestraße 1/IV r.

Auf den Briefumschlag ist zu setzen: „Anmeldung zur Zwischenprüfung. Herrn Universitätsprofessor Dr. von M., Dekan der juristischen Fakultät der Universität München, Hier, Universitätskanzlei."

Siehe auch Bem. 6.

3. Das Gesuch ist verschlossen einzureichen und zwar entweder persönlich auf der Universitätskanzlei oder frankiert durch die Post. Wählt der Kandidat den zweiten Weg, so wird er gut tun, die Sendung einschreiben zu lassen.

4. Zu Ziff. 1 vgl. die Bem. 9 zu § 1 VO.

---

*) Die zweite Seite der Eingabe und die folgenden sind nach der ganzen Breite unter Freilassung eines entsprechenden Heftrandes zu beschreiben.

5. Zu Ziff. 2: Ein Verzeichnis der Behörden, die in den einzelnen Bundesstaaten befugt sind, Ausweise über die Staatsangehörigkeit (Heimatscheine) auszustellen, hat das Ministerium des Innern am 14. August 1897 bekannt gegeben (MABl. 335 ff.). In dem Gesuch um Ausstellung des Ausweises ist der Zweck anzugeben, zu dem er benötigt wird. In Bayern ist zur Ausstellung die Distriktsverwaltungsbehörde des Heimatortes zuständig.

6. Bei der Einreichnng des Gesuchs um Zulassung zur Prüfung sind die Prüfungsgebühren bei der Universitätskanzlei einzuzahlen. Ein Kandidat, der um Nachlassung einer Gebühr bittet, hat das in dem Gesuch um Zulassung zu tun und seine Dürftigkeit in der im § 79 der Universitätssatzungen bestimmten Weise nachzuweisen §§ 66 II, 67 II u. III MB.

§ 9. Mit dem Gesuch um Zulassung zur Universitätsschlußprüfung sind einzureichen:

1. das Reifezeugnis eines deutschen humanistischen Gymnasiums oder eines deutschen Realgymnasiums oder das Reifezeugnis einer deutschen Oberrealschule und das Zeugnis über die erfolgreiche Ablegung der Ergänzungsprüfung;
2. der Nachweis eines vierjährigen Studiums an einer deutschen Universität, wovon das erste Jahr dem philosophischen Studium oder dem Rechtsstudium gewidmet sein kann, die übrigen drei Jahre dem Rechtsstudium gewidmet sein müssen;
3. der Nachweis, daß der Kandidat während der Zeit des Universitätsstudiums acht ordentliche philosophische Vorlesungen gehört hat;
4. der Nachweis über die Führung des Kandidaten;
5. der Nachweis, daß er die Zwischenprüfung bestanden und nach dieser noch drei Semester dem Studium der Rechtswissenschaft gewidmet hat;
6. eine von dem Kandidaten verfaßte und geschriebene kurze Beschreibung seines Lebenslaufs, in der insbesondere auch der Gang seines Universitätsstudiums geschildert und angegeben ist, ob, wann und wo er seiner Militärpflicht genügt hat;
7. der Nachweis des Besitzes der deutschen Reichsangehörigkeit.

1. Nähere Bestimmungen über die Einreichung des Gesuchs, besonders über die Zeit der Einreichung MB. §§ 26 und 27 V. — Folgen verspäteter Einreichung oder der Unterlassung der Ergänzung unvollständiger Gesuche MB. § 34.

2. Zu Ziff. 1 vgl. Bem. 9 zu § 1 PO.

3. Zu Ziff. 2—5 vgl. § 26 IV MB. — Als deutsche Universitäten gelten nach § 9 I MB. die des Deutschen Reichs. Wegen der Anrechnung der an einem bayerischen Lyzeum oder an ausländischen Universitäten zugebrachten Studienzeit vgl. § 9 II MB. Nach § 2 Abs. 2 GVG. sind von dem dort geforderten dreijährigen Rechtsstudium mindestens drei Halbjahre dem Studium auf einer deutschen Universität zu widmen. Darüber, wann ein Semester als dem philosophischen oder juristischen Studium gewidmet gelten kann, sowie darüber, was man unter philosophischen und juristischen Vorlesungen versteht, vgl. §§ 6—8 MB.

4. Zu Ziff. 6 vgl. § 26 V MB., zu Ziff. 7 die Bem. 5 zu § 8 PO.

§ 10. Die Gesuche um Zulassung zur Zwischenprüfung und zur Universitätsschlußprüfung sind an den Admissionsausschuß des Prüfungsorts zu richten. Der Admissionsausschuß besteht aus dem Dekan und zwei von ihm berufenen Mitgliedern der juristischen Fakultät.

Der Ausschuß hat die eingereichten Gesuche zu verbescheiden und im Benehmen mit dem Vorsitzenden der Prüfungskommission die Kandidaten zur Prüfung einzuberufen.

Das Nähere über die Zulassung enthalten die §§ 23—25, 32 und 33 MB. für die Zwischenprüfung, die §§ 27—33 MB. für die Universitätsschlußprüfung. Über die Verweisung an einen anderen Prüfungsort vgl. § 7 Abs. 2 PO., §§ 28 II u. III, 29 und 30 MB.

Zwischenprüfung.

§ 11. Bei der Zwischenprüfung wird ein Kandidat vierzig Minuten lang mündlich aus den im § 3 bezeichneten Gegenständen geprüft.

Es kann gestattet werden, daß eine Prüfungskommission gleichzeitig mehrere Kandidaten prüft. In diesem Falle ist die Prüfungszeit entsprechend zu verlängern.

1. Von der Abhaltung der Zwischenprüfung handeln die §§ 11—16, 23—26 PO. und die §§ 36—40 und 60—73 MB.

2. Bei der Vorschrift in Abs. 2 ist, wie ein Vergleich mit der entsprechenden Vorschrift für die Universitätsschlußprüfung in § 20 Abs. 2 PO. ergibt, daran gedacht, daß eine Kommission gleichzeitig und ungetrennt mehrere Kandidaten prüft. Dauer der Prüfung in diesem Falle § 36 II MB.

§ 12. Unmittelbar nach der Beendigung der Prüfung hat die Kommission über das Ergebnis zu beraten und zu beschließen.

Die Entscheidung erfolgt nach der Mehrheit der Stimmen. Der Vorsitzende hat an der Abstimmung teilzunehmen.

Die Beschlußfassung über das Ergebnis der Prüfung ist näher geregelt in § 39 MB. Wegen der Berücksichtigung besonderer persönlicher Verhältnisse des Kandidaten bei Würdigung des Prüfungsergebnisses vgl. § 40 MB.

§ 13. Das Ergebnis der Prüfung wird ausgedrückt in der Erklärung der Kommission, daß der Kandidat die Zwischenprüfung

bestanden,
nicht bestanden

hat, und, falls er hervorragende Kenntnisse bewiesen hat, in der Erklärung, daß er die Prüfung „mit Auszeichnung" bestanden hat.

1. „Mit Auszeichnung bestanden" — § 39 III MB.
2. Prüfungszeugnisse — §§ 61 f. MB.
3. Nachprüfung — § 23 Abs. 1 BO., § 57 MB.

§ 14. Ein Kandidat, der die Zwischenprüfung nicht bestanden hat, kann zur Wiederholung der Prüfung nur dann zugelassen werden, wenn er mindestens noch ein weiteres Semester dem Studium der Rechtswissenschaft gewidmet hat.

Wann ein Semester als dem Studium der Rechtswissenschaft gewidmet gelten kann, ergeben die §§ 6 ff. MB.

§ 15. Ein Kandidat, der ohne genügende Entschuldigung oder ohne das Gesuch um Zulassung zur Prüfung rechtzeitig zurückgenommen zu haben, der Einberufung zur Prüfung nicht Folge leistet oder nach dem Beginne der Prüfung ohne genügenden Grund den Rücktritt von der Prüfung erklärt, ist einem Kandidaten gleichzuachten, der die Prüfung nicht bestanden hat.

1. Die Zulassung zur Zwischenprüfung und zur Universitätsschlußprüfung — § 15 findet nach § 21 Abs. 2 BO. auch auf diese Anwendung — verpflichtet den Kandidaten, sich zu der festgesetzten Zeit der Prüfung zu unterziehen (§ 35 I MB.). Findet er sich nicht zur Prüfung oder — bei der Universitätsschlußprüfung — zu dem Gestellungstermin (§ 30 IV MB.) ein oder kommt er zwar, erklärt aber vor oder nach dem Beginne der Prüfung seinen Rücktritt, so wird durch einen Beschluß der Prüfungskommission, der in das über das Prüfungsgeschäft geführte Protokoll (§ 60 MB.) aufzunehmen ist, ausgesprochen, daß er einem Kandidaten gleichzuachten ist, der die Prüfung nicht bestanden hat (§ 35 III MB.). Hievon gelten zwei Ausnahmen, nämlich

1. wenn der Kandidat rechtzeitig (vgl. § 35 II MB.) das Gesuch um Zulassung zur Prüfung zurückgenommen hat — einer Begründung der Zurücknahme bedarf es nicht —,

2. wenn er für sein Ausbleiben oder für seinen Rücktritt einen genügenden Entschuldigungsgrund vorgebracht und glaubhaft gemacht hat; eine bloße Behauptung ist keine genügende Entschuldigung.

2. Die Prüfungskommission hebt ihren Beschluß wieder auf, wenn nachträglich eine genügende Entschuldigung erfolgt — § 35 IV MB. Auch dieser neue Beschluß ist in das Prüfungsprotokoll aufzunehmen, desgleichen ein Beschluß, durch den ein Antrag, den ersten Beschluß aufzuheben, zurückgewiesen wird (§ 60 II MB.).

3. Von einer Beschwerde gegen die in Bem. 1 und 2 bezeichneten Entscheidungen der Prüfungskommission ist in § 35 MB. im Gegensatze zu § 34 II daselbst keine Rede. — Doch ist es einem Kandidaten, dessen Entschuldigung z. B. nach seiner Ansicht mit Unrecht als nicht genügend erachtet worden ist, nicht verwehrt, gegen den Beschluß der Prüfungskommission in einer an das Kultusministerium zu richtenden Eingabe um eine Ausübung des ministeriellen Oberaufsichtsrechts zu bitten.

4. Über die Wirkung eines Beschlusses nach §§ 15 oder 21 Abs. 2 VO. vgl. die §§ 14 und 22 VO.

Ein Kandidat, der sein Gesuch um Zulassung zur Prüfung rechtzeitig zurückgenommen hat, kann zwar auch erst nach dem in den §§ 14 und 22 VO. bestimmten Zeitraume wieder zu der Prüfung zugelassen werden, aber bei ihm ist nicht Erfordernis der Zulassung, daß dieser Zeitraum i. S. der §§ 6 ff. MB. dem Studium der Rechtswissenschaft gewidmet war, nur eine Fortsetzung des Universitätsstudiums überhaupt wird in § 12 I MB. gefordert; auch kann ein solcher Kandidat nicht nur einmal noch (§ 22 VO.) zur Universitätsschlußprüfung zugelassen werden.

Im Falle genügender Entschuldigung erhält der Kandidat einen neuen Prüfungstermin. Ist die Entschuldigung erst nachträglich erfolgt, so wird der Kandidat in der Regel erst nach allen anderen Kandidaten geprüft (§ 35 IV MB.).

5. Die rechtzeitige Zurücknahme des Gesuchs um Zulassung zur Prüfung gibt dem Kandidaten für sich allein keinen Anspruch auf Rückerstattung der besonderen Gebühren des § 26 VO., sondern nur auf Rückzahlung der Gebühr für das Prüfungszeugnis — §§ 66 und 70 MB.

6. Die Fälle, daß ein Kandidat während der Zwischenprüfung oder des mündlichen Teiles der Universitätsschlußprüfung von einem Unwohlsein befallen oder an der Ablegung des schriftlichen Teiles der letzteren Prüfung verhindert wird, sind geregelt in §§ 40 II, 57 IV, 50 MB. — Einstellung in die Reihenfolge früher Geprüfter im Falle der Verhinderung an der rechtzeitigen Ablegung oder an der Vollendung der Universitätsschlußprüfung vgl. § 56 Ziff. 2 VO.

§ 16. Zeigt bei der Prüfung ein Kandidat in einem oder in mehreren der Prüfungsgegenstände einen solchen Mangel an Kenntnissen, daß er nach dem einstimmigen Urteile der Kommissionsmitglieder die Prüfung unter keinen Um-

ständen bestehen wird, so kann, nachdem er hierauf aufmerksam gemacht wurde, mit seiner Zustimmung die Prüfung schon vor dem Ablaufe der vorgeschriebenen Dauer geschlossen werden.

Die Bestimmung gilt auch für die Universitätsschlußprüfung § 21 Abs. 2 VO.

Universitätsschlußprüfung.

§ 17. Die Universitätsschlußprüfung ist teils schriftlich teils mündlich.

1. Über die Zeit der Abhaltung des schriftlichen und des mündlichen Teiles s. §§ 12 II, 27 und 29 V MB.

2. Von dem schriftlichen Teile handelt die MB. in §§ 41—52, von dem mündlichen in §§ 53—59 MB.

3. Eine Zurückweisung eines Kandidaten von der mündlichen Prüfung auf Grund des Ergebnisses des schriftlichen Teiles findet nicht statt, § 21 Abs. 1 Satz 1 VO., § 56 MB. Es ist jedoch nicht ausgeschlossen, daß ein Kandidat wegen ungenügender Leistungen bei dem schriftlichen Teile die Prüfung nicht besteht (§ 59 MB.).

4. Die Kandidaten erhalten auf Verlangen Auskunft über das Ergebnis der Zensur ihrer schriftlichen Arbeiten (§ 52 MB.).

§ 18. Bei dem schriftlichen Teile der Prüfung wird den Kandidaten eine Anzahl von Aufgaben vorgelegt, die sie binnen einer bestimmten Frist unter Klausur und Aufsicht sogleich zu bearbeiten haben.

Die Aufgaben sind an den drei Prüfungsorten die gleichen.

Als Hilfsmittel dürfen nur die Bücher gebraucht werden, deren Gebrauch ausdrücklich gestattet ist.

Die Zensur erfolgt durch Mitglieder der Prüfungskommissionen.

1. Über Zahl, Gegenstand, Art und Feststellung der Aufgaben vgl. §§ 41, 42 MB., über die äußere Abwickelung des Prüfungsgeschäfts §§ 43, 45 und 46 MB.

2. Als Hilfsmittel sind nur Gesetzestexte zulässig § 44 MB.

3. Wenn die Zensur auch zunächst nicht durch die Prüfungskommission, sondern durch einzelne Mitglieder erfolgt (vgl. die näheren Bestimmungen in §§ 47 ff. MB.), so ist doch dafür Sorge getragen, daß auch die anderen Mitglieder der Kommission von den Bearbeitungen Einsicht nehmen und die endgültige Bewertung der Arbeiten liegt bei der Kommission (§§ 51, 56 I—III MB.).

§ 19. Ein Kandidat, der bei dem Gebrauch eines nicht zugelassenen Hilfsmittels betroffen wird oder sich fremder persönlicher Hilfe bedient, ist für das laufende Jahr von der

Fortsetzung der Prüfung auszuschließen. Im Falle der gleichen Zuwiderhandlung bei der nächsten Prüfung ist er von der Zulassung zu einer weiteren Prüfung überhaupt auszuschließen.

1. Über die Beschlußfassung i. S. des § 19 und die Grundlagen eines solchen Beschlusses vgl. §§ 46 V, 47 II u. III, 49 V u. VI MB. — Die Vorschrift des § 19 will — dafür sprechen auch diese Bestimmungen der MB. — in allen Fällen gelten, in denen ein Kandidat ein nicht zugelassenes Hilfsmittel gebraucht oder sich fremder persönlicher Hilfe bedient hat, nicht nur dann, wenn er „bei dem Gebrauche betroffen wird". Ergibt sich die Benützung eines nicht zugelassenen Hilfsmittels oder fremder persönlicher Hilfe erst nach der schriftlichen Prüfung, so ist der Kandidat von der mündlichen Prüfung auszuschließen, ergibt sie sich erst nach dieser aber noch vor der Ausstellung des Prüfungszeugnisses, etwa bei der Berichterstattung und Beschlußfassung über das Ergebnis der schriftlichen Prüfung, so wird die Ausstellung des Zeugnisses zu verweigern sein.

2. Die Ausschließung von der Fortsetzung der Prüfung hat nicht die in § 22 VO. bezeichneten Wirkungen des Nichtbestehens der Prüfung.

§ 20. **Bei dem mündlichen Teile der Prüfung wird der Kandidat eine und eine halbe Stunde lang aus den im § 2 bezeichneten Gegenständen geprüft.**

Es kann gestattet werden, daß eine Prüfungskommission gleichzeitig und ungetrennt oder gleichzeitig, aber getrennt mehrere Kandidaten prüft. In dem ersten Falle ist die Prüfungszeit entsprechend zu verlängern.

1. Vgl. §§ 53—59 MB. Grundsätze für die Art und Weise, wie bei der Prüfung verfahren werden soll, stellt § 55 MB. auf.

2. Wegen der Verlängerung der Prüfungszeit bei gleichzeitiger und ungetrennter Prüfung mehrerer Kandidaten vgl. § 53 II MB. — Vgl. auch §§ 38 und 55 III MB.

§ 21. **Unmittelbar nach der Beendigung des mündlichen Teiles der Prüfung hat die Kommission über das Gesamtergebnis der Prüfung zu beraten und zu beschließen. Die Bestimmungen im § 12 Abs. 2 und im § 13 finden hiebei entsprechende Anwendung. Bei Stimmengleichheit gibt die Stimme des Vorsitzenden die Entscheidung.**

Für den mündlichen Teil der Prüfung gelten die Bestimmungen der §§ 15, 16.

1. Über das Verfahren bei der Beratung und Abstimmung und die Würdigung des Prüfungsergebnisses nach § 13 VO. vgl. §§ 56 und 57 MB.

2. Vgl. die Bemerkungen zu § 15 VO. — Aus §§ 35 II und 30 IV MB. ergibt sich, daß ein Kandidat auch nach Ablegung des

schriftlichen Teiles noch „rechtzeitig“ von der Universitätsschlußprüfung zurücktreten kann d. h. ohne einem Kandidaten gleichgeachtet zu werden, der die Prüfung nicht bestanden hat.

§ 22. Ein Kandidat, der die Universitätsschlußprüfung nicht bestanden hat oder nach § 15 einem solchen Kandidaten gleichgeachtet ist, kann zur Wiederholung der Prüfung nur einmal und nur dann zugelassen werden, wenn er zwei weitere Semester dem Studium der Rechtswissenschaft gewidmet hat.

1. Grundsätze für die Beurteilung des Prüfungsergebnisses enthält der § 57 MB.

2. Öfter als einmal kann die Wiederholung nur mit der in § 59 Satz 2 VO. vorgesehenen Genehmigung stattfinden. Vgl. hierzu § 58 MB.

3. Wann ein Semester als dem Studium der Rechtswissenschaft gewidmet gilt, ergeben die §§ 6 ff. MB.

Nachprüfung.

§ 23. Wenn bei der Zwischenprüfung oder bei der Universitätsschlußprüfung nach dem Ablaufe der vorgeschriebenen Prüfungszeit das Ergebnis noch zweifelhaft sein sollte, kann der Vorsitzende ein Mitglied oder mehrere Mitglieder der Kommission auffordern, noch einige Fragen an den Kandidaten zu richten, oder eine förmliche Nachprüfung des Kandidaten anordnen. Bei der Nachprüfung zur Zwischenprüfung kann der Kandidat bis zur Dauer von vierzig Minuten, bei der Nachprüfung zur Universitätsschlußprüfung kann er bis zur Dauer einer Stunde mündlich geprüft werden. Die Nachprüfung kann ausnahmsweise auf einen folgenden Tag verlegt werden.

Bei der Nachprüfung zur Universitätsschlußprüfung können Kandidaten auch Aufgaben zur schriftlichen Bearbeitung vorgelegt werden. Die Bestimmungen im § 18 Abs. 1, 3 und im § 19 finden in diesem Falle entsprechende Anwendung.

Vgl. § 57 MB. — Die Stelle, an der dort auf § 23 VO. verwiesen ist, läßt darauf schließen, daß eine Nachprüfnng nur stattfinden soll, wenn zweifelhaft ist, ob die Prüfung für bestanden oder nicht bestanden erklärt werden soll, nicht aber auch bei Zweifeln darüber, ob der Kandidat die Prüfung „mit Auszeichnung“ bestanden hat.

Oeffentlichkeit; Aufrechterhaltung der Ordnung.

§ 24. Die Zwischenprüfung und der mündliche Teil der Universitätsschlußprüfung werden öffentlich abgehalten.

Die Aufrechthaltung der Ordnung im Prüfungssaale liegt dem Vorsitzenden ob. Zuhörer, die seinen Anordnungen nicht gehorchen, kann er aus dem Prüfungssaal entfernen lassen. Im Falle einer erheblicheren Störung oder Gefährdung der Ordnung kann er die Oeffentlichkeit ausschließen.

Vergütung für die Mitglieder der Prüfungskommission.

§ 25. Die Mitglieder der Prüfungskommissionen erhalten für ihre Tätigkeit eine angemessene Vergütung.

Prüfungsgebühr.

§ 26. Die Kandidaten haben für die Zwischenprüfung eine Gebühr von 15 *M*, für die Universitätsschlußprüfung eine Gebühr von 40 *M* zu entrichten.

Die Gebühr ist bei der Einreichung des Gesuchs um Zulassung zur Prüfung zu erlegen.

1. Neben den hier bezeichneten Gebühren wird noch eine Gebühr für das Prüfungszeugnis erhoben § 66 I MB.

2. Einhebung der Gebühren und Folgen der Nichtzahlung §§ 66 II, 68 und 69, Gebührennachlaß § 67, Zurückzahlung der Gebühren § 70 MB.

Vorbereitungsdienst.

Dauer; Voraussetzungen der Zulassung.

§ 27. Vor der Zulassung zur Staatsprüfung für den höheren Justiz- und Verwaltungsdienst ist ein Vorbereitungsdienst von drei Jahren abzuleisten.

Zum Vorbereitungsdienste darf nur zugelassen werden, wer die Zwischenprüfung und die Universitätsschlußprüfung in Bayern bestanden hat.

Frauen können nicht zugelassen werden.

1. Über die geschichtliche Entwickelung des Vorbereitungsdienstes in Bayern s. Kleindienst in den Monatsblättern des bayer. Rechtspraktikantenverbands 1, 43. 51.

2. Vgl. § 2 Abs. 3 und 4 und § 3 GVG. (abgedruckt in Bem. 1 zu § 1).

Von der in § 3 Abs. 1 GVG. den Bundesstaaten gelassenen Möglichkeit, zur Vorbereitung für den Justizdienst und zur Staatsprüfung auch den zuzulassen, der die erste Prüfung in einem anderen Bundesstaate bestanden hat, ist also kein Gebrauch gemacht; es ist im Gegenteil noch das Bestehen der bayerischen Zwischenprüfung gefordert. Was das Verhältnis der Vorschriften zu § 3 Abs. 2 GVG. anlangt, so fordert zwar § 75 I MB., daß auch der Vorbereitungsdienst in Bayern abgeleistet werde; nach § 75 II darf jedoch der gerichtliche oder rechtsanwaltschaftliche Vorbereitungsdienst zum Teil in einem anderen Bundesstaat abgeleistet werden, wenn vorher die Erlaubnis des Justizministeriums erholt worden ist. Weitergehende Ausnahmen von der Regel des § 75 I MB. könnten — ebenso wie Abweichungen von der Vorschrift des § 37 Abs. 2 VO. — nur nach § 59 Satz 2 VO. zugelassen werden.

Vgl. § 76 MB.

3. Die Zulassung zur Staatsprüfung findet alljährlich zwischen dem 15. Oktober und 10. November statt; die Gesuche um Zulassung sind in der Zeit vom 1. bis 15. Oktober einzureichen (§§ 112 I und 113 MB.). Wer bis zur Einreichung seines Gesuchs um Zulassung den Vorbereitungsdienst noch nicht abgeleistet hat und den Nachweis dafür auch nicht nachträglich bis zur Entscheidung über seine Zulassung beibringt, wird nur unter der Bedingung zur Prüfung zugelassen, daß er vor deren Beginn noch ein Zeugnis über die vorschriftsmäßige Vollendung des Vorbereitungsdienstes vorlegt (§ 112 IV MB.).

4. Die MB. handelt von dem Vorbereitungsdienste in den §§ 75—105. Auf die Art der Ausbildung der Praktikanten beziehen sich die §§ 84, 95—102, 104 und 105; im Interesse der Ausbildung im Dienste der Gerichte und Verwaltungsbehörden untersagt § 80 dem Praktikanten die gleichzeitige Beschäftigung bei einem Anwalt und die Vertretung von Parteien, sofern er dazu nicht vom Gerichte bestellt wird.

Über Gesuche, die sich auf den Vorbereitungsdienst beziehen vgl. § 92, über Eheschließung während des Vorbereitungsdienstes § 93 MB.; auf die übrigen Bestimmungen der MB. ist bei den einzelnen Paragraphen der VO. verwiesen.

Ununterbrochene Ableistung.

§ 28. **Der Vorbereitungsdienst ist ohne Unterbrechung abzuleisten.**

Die Aussetzung des Vorbereitungsdienstes infolge Erfüllung der aktiven Militärdienstpflicht ist nicht als Unterbrechung anzusehen.

1. Nicht nur der Dienst bei einer Behörde oder bei dem Rechtsanwalt darf nicht unterbrochen werden, sondern es muß auch der Eintritt bei der einen Stelle dem Austritt bei der vorhergehenden unmittelbar folgen; dagegen kann zwischen der Universitätsschlußprüfung und dem Beginne des Vorbereitungsdienstes sowohl wie zwischen dessen Ende und der Staatsprüfung eine längere Pause liegen.

2. Ausnahmen von der Regel in Abs. 1 ergeben sich nicht nur aus Abs. 2, sondern auch aus § 37 VO. Wird der Vorbereitungsdienst aus anderen Gründen als wegen Krankheit, Militärdienstes oder sonstiger unverschuldeter Hindernisse ohne die Genehmigung der zuständigen Ministerien unterbrochen, so darf er nicht fortgesetzt werden — § 90 MB. Urlaub und Dienstbefreiung (§ 33 VO.) sind keine Unterbrechungen i. S. des § 28.

3. § 28 Abs. 2 bezieht sich nur auf die Erfüllung der aktiven Militärdienstpflicht (in der Regel durch den Dienst als Einjährig-Freiwilliger). Wieweit Unterbrechungen durch sonstigen Militärdienst (militärische Übungen) auf den Vorbereitungsdienst angerechnet werden können, bestimmt § 37 VO.

Einteilung des Dienstes; Beeidigung.

§ 29. Der Vorbereitungsdienst beginnt bei dem Amtsgerichte mit dem Tage der Eidesleistung.

Wer zum Vorbereitungsdienste zugelassen wird (Rechtspraktikant), hat in öffentlicher Sitzung den für die Staatsdienstaspiranten in § 8 Abs. 3 der Verordnung vom 10. Dezember 1908 (G.- u. V.Bl. S. 1041) und den im Art. 61 des Ausführungsgesetzes zum Gerichtsverfassungsgesetze für die Gerichtsschreiber vorgeschriebenen Eid zu leisten.

Der Eid gilt für die ganze Dauer des Vorbereitungsdienstes.

1. Daß der Vorbereitungsdienst bei dem Amtsgerichte begonnen werden muß und nicht bei den Verwaltungsbehörden begonnen werden kann, ist eine Neuerung; Übergangsbestimmung in § 166 MB.

2. Die Eide dürfen wohl zusammengefaßt werden und lauten dann: „Ich schwöre Treue dem Könige, Gehorsam dem Gesetze und Beobachtung der Staatsverfassung; ich schwöre ferner alle Obliegenheiten meines Dienstes getreu zu erfüllen, auch die bei der Verwendung als Gerichtsschreiber mir obliegenden Amtspflichten nach den bestehenden Gesetzen und Verordnungen treu zu erfüllen, den dienstlichen Aufträgen meiner Vorgesetzten pünktlich nachzukommen und das Amtsgeheimnis sorgfältig zu bewahren, so wahr mir Gott helfe."

Die gesperrt gedruckten Worte fallen weg, wenn der Praktikant den Verfassungseid nach Tit. X § 3 VerfUrk. schon geleistet hat. — Vgl. Art. 23 und 25 BeamtenG.

3. Der früher von den Rechtspraktikanten geforderte sog. Vereinseid (VO. vom 15. März 1850 die Teilnahme der Staats- und öffentlichen Diener an Vereinen betr. — RegBl. S. 241) ist ihnen jetzt ebenso wie den Beamten erlassen. Dafür gilt für sie als Staatsdienstaspiranten nach Art. 25 des Beamtengesetzes die Bestimmung in Art. 16 daselbst: „Die Teilnahme an einem Vereine, dessen Zwecke oder Bestrebungen den staatlichen oder dienstlichen Interessen zuwiderlaufen, ist dem Beamten untersagt."

4. Der Eid wird dem Rechtspraktikanten von dem Gericht abgenommen, bei dem er in Dienst tritt. Es ist nicht ausgeschlossen, daß ein anderes Gericht auf Ersuchen des zuständigen den Eid abnimmt. Die Eidesleistung im Wege des Ersuchens kann angezeigt sein, um dem Rechtspraktikanten, der z. B. durch Militärdienst verhindert ist, sofort den Dienst aufzunehmen, aber gleichwohl sofort die Praxis beginnen will, die Reise nach dem Orte zu ersparen, an dem er in Praxis tritt.

5. Belehrung vor der Abnahme des Eides, Aufnahme eines Protokolles, Hinweisung auf die Vorschriften der VO. und MB. beim Eintritt in den Dienst vgl. MB. § 94, auf § 92 MB. s. dort.

§ 30. **Der Vorbereitungsdienst bei dem Amtsgerichte dauert neun Monate.**

Hierauf sind neun Monate bei dem Landgerichte, sodann zwölf Monate bei einer Behörde der inneren Verwaltung abzuleisten.

Zum Schlusse sind sechs Monate bei einem Rechtsanwalte zuzubringen, der bei einem Landgericht oder Oberlandesgerichte zugelassen ist.

Die Staatsministerien können bestimmen, daß ein Teil des gerichtlichen Vorbereitungsdienstes bei Gewerbe- oder Kaufmannsgerichten abgeleistet werden kann.

1. Ein Wechsel innerhalb der Gerichte und Behörden derselben Art sowie ein Wechsel des Rechtsanwalts ist in der Regel nicht zulässig, §§ 78 und 79 MB.

2. Die Verwaltungsbehörden, bei denen der Vorbereitungsdienst abgeleistet werden kann, bestimmt § 79 MB.

3. Bei einem Rechtsanwalte, der nur bei dem Obersten Landesgericht oder nur bei einem Amtsgerichte zugelassen ist, kann ein Praktikant den Vorbereitungsdienst nicht ableisten. Daß der Rechtsanwalt am Sitze des Land- oder Oberlandesgerichts wohnt, ist im Gegensatze zu den früheren Vorschriften nicht mehr gefordert.

Die Beschäftigung bei einem Rechtsanwalt während des Vorbereitungsdienstes bei den Gerichten und Verwaltungsbehörden ist verboten, § 80 MB.

4. Die Beschäftigung von Praktikanten bei Gewerbe- oder Kaufmannsgerichten fand schon bisher statt und ist auch fernerhin zulässig während des Vorbereitungsdienstes bei den Verwaltungsbehörden; jedoch darf die Zuteilung nicht über zwei Monate dauern. — Bis jetzt ist eine Bestimmung im Sinne des Abs. 4 nicht getroffen worden.

Überwachung und Leitung.

§ 31. Die Vorstände der Behörden und die Rechtsanwälte haben den Vorbereitungsdienst zu überwachen und zu leiten.

Beaufsichtigung durch die Oberbehörden § 85 MB.

Dienstaufsicht.

§ 32. Der Rechtspraktikant steht während des Vorbereitungsdienstes bei einer Behörde unter der Dienstaufsicht des Vorstandes und während des Vorbereitungsdienstes bei dem Rechtsanwalt unter der Dienstaufsicht des Rechtsanwalts und des Präsidenten des Landgerichts, in dessen Bezirke der Rechtsanwalt wohnt. Der Rechtsanwalt ist befugt, dem Rechtspraktikanten Ermahnungen und Warnungen zu erteilen. In schwereren Fällen hat er dem Präsidenten des Landgerichts Kenntnis zu geben.

Bei groben dienstlichen oder außerdienstlichen Verfehlungen kann das vorgesetzte Staatsministerium die zeitweilige oder dauernde Entlassung des Rechtspraktikanten aus dem Vorbereitungsdienst oder die Verlängerung des Vorbereitungsdienstes anordnen. Schon vorher kann der Vorstand der Behörde oder mit Zustimmung des Landgerichtspräsidenten der Rechtsanwalt die Fortsetzung des Vorbereitungsdienstes untersagen.

1. Neben dem § 32 ist § 165 BeamtenG. zu beachten, der das Dienststrafrecht der Staatsdienstaspiranten regelt. Nach Art. 25 BeamtenG. sind auf die Staatsdienstaspiranten eine Reihe von Bestimmungen entsprechend anwendbar, die zunächst für die Beamten getroffen sind. Die Staatsdienstaspiranten haben gleich den Beamten die Pflicht zur gewissenhaften Wahrnehmung des Dienstes sowie zu achtungswürdigem Verhalten in und außer dem Dienste (Art. 11) und haben den Dienstbefehlen ihrer Vorgesetzten zu gehorchen (Art. 12); verletzen sie vorsätzlich oder fahrlässig ihre Dienstpflicht, so haften sie dem Staate für den ihm daraus erwachsenen Schaden (Art. 13); auch die Pflicht zur Wahrung des Dienstgeheimnisses (Art. 14) gilt für sie sowie das Verbot der Teilnahme an Vereinen bestimmter Art (Art. 16) usw. Wer als Staatsdienstaspirant i. S. des BeamtenG. zu gelten hat, ist im Gesetze nicht gesagt. Nach der amtlichen Begründung zu Art. 25 ist bei der Bestimmung an Personen gedacht, die „zum Zweck ihrer Ausbildung *bei staatlichen Behörden verwendet*, aber nicht als Beamte i. S. des BeamtenG. erklärt sind", an „Beamte in jenem weiteren Sinne, der unter Staatsbeamten alle Personen begreift, die, gleichviel ob mit oder ohne Staatsdienereigenschaft, *im Dienstverhältnisse zum Staate stehen*" (AbgKVerh. 35. LandtVers. I. Sess. BeilBd. 3 S. 62). Hiernach könnten Zweifel darüber auftauchen, ob als Staatsdienstaspiranten i. S. des BeamtenG. auch Rechtspraktikanten anzusehen sind, die nicht bei einer staatlichen Behörde, sondern bei dem Magistrat einer unmittelbaren Stadt oder bei einem Rechtsanwalt im Vorbereitungsdienste stehen. Es wird im Sinne des § 32 VO. liegen, den Art. 165 BeamtenG. ohne Unterschied auf alle — auch die nicht bei einer staatlichen Behörde im Vorbereitungsdienste stehenden — ungeprüften Praktikanten anzuwenden. Die Disziplin über die den Vorbereitungsdienst bei einem Rechtsanwalt ableistenden Praktikanten kommt dem Landgerichtspräsidenten zu. Das BeamtenG. gebraucht den Ausdruck Staatsdienstaspirant selbst in einem weiteren Sinn, als es der Begründung zu Art. 25 entspricht, wenn es in Art. 54 Ziffer 4 bestimmt, daß bei der Feststellung der für den Ruhegehalt maßgebenden Dienstzeit auch die Zeit mitgerechnet wird, während derer der Beamte „als Staatsdienstaspirant den für die Ernennung zum etatsmäßigen Beamten angeordneten oder zugelassenen Vorbereitungsdienst ableistete"; damit soll, wie die Motive (a. a. O. S. 79) bemerken, die Anrechnung auch der Zeit ermöglicht werden, die „außerhalb des eigentlichen Staatsdienstes z. B. bei Stadtmagistraten, Rechtsanwälten, Banken u. dgl. abgeleistet wurde".

2. Ermahnungen und Warnungen werden mündlich oder schriftlich erteilt § 87 MB.

Urlaub und Dienstbefreiung.

§ 33. Der Rechtspraktikant erhält auf Ansuchen für jedes Jahr des Vorbereitungsdienstes zwei Wochen Urlaub. Der Urlaub muß während des Vorbereitungsdienstes bei dem Amtsgerichte, Landgericht oder Rechtsanwalt in die Gerichtsferien fallen und darf während des Vorbereitungsdienstes bei den Verwaltungsbehörden, auch wenn dieser in zwei Jahre des Vorbereitungsdienstes fällt, zwei Wochen nicht übersteigen. Er wird auf die vorgeschriebene Dauer des Vorbereitungsdienstes angerechnet.

Aus wichtigen Gründen kann der Rechtspraktikant bis zur Dauer einer Woche in jedem Jahre des Vorbereitungsdienstes ohne Anrechnung auf den Urlaub vom Dienste befreit werden.

Urlaub und Dienstbefreiung erteilen der Vorstand der Behörde oder der Rechtsanwalt. In jedem Jahre des Vorbereitungsdienstes können während des Vorbereitungsdienstes bei dem Amtsgerichte, Landgericht oder Rechtsanwalte die Präsidenten der Oberlandesgerichte und während des Vorbereitungsdienstes bei den Verwaltungsbehörden die Regierungen, Kammern des Innern, aus wichtigen Gründen Urlaub bis zur Dauer von insgesamt zehn Wochen bewilligen. Sie können hiebei, soweit der Urlaub die Dauer von zwei Wochen überschreitet, die Verlängerung des Vorbereitungsdienstes zur Auflage machen.

Die Präsidenten der Oberlandesgerichte können aus wichtigen Gründen auch außerhalb der Gerichtsferien Urlaub erteilen. Urlaub von mehr als zehn Wochen kann nur das vorgesetzte Staatsministerium bewilligen.

1. Der Urlaub betrug nach den zuletzt in Geltung gewesenen Vorschriften drei Wochen, nach den früheren dagegen wie jetzt nur zwei Wochen.

2. Das Jahr, für das ein zweiwöchiger Urlaub bewilligt werden darf, wird von dem Tage des Eintritts in den Vorbereitungsdienst bei dem Amtsgericht an berechnet (§ 88 — Übergangsvorschrift § 166 II MB.).

Ist es statthaft, daß ein Praktikant je zwei Wochen Urlaub am Ende des einen und am Anfange des nächsten Geschäftsjahres erhält und auf diese Weise einen ununterbrochenen Urlaub in der Dauer von vier Wochen genießt? Bisher untersagte eine autogr. JME. Nr. 26111 vom 16. Juni 1901 eine solche Zusammenlegung; der Praktikant sollte dem Vorbereitungsdienste bei dem Amtsgericht und Landgericht nicht länger als je drei Wochen (s. Bem. 1) entzogen sein. Jetzt ist eine solche Zusammenlegung in der Verordnung selbst für die Zeit des Vorbereitungsdienstes bei den Verwaltungsbehörden untersagt: Nach § 33 Abs. 1 Satz 2 darf der Urlaub während des Vorbereitungsdienstes bei diesen zwei Wochen nicht übersteigen. Für den Vorbereitungsdienst bei den Gerichten dagegen soll offenbar keine solche Beschränkung gelten, wohl mit Rücksicht darauf, daß hier der Urlaub — das ist eine Neuerung gegenüber den bisherigen Vorschriften — in die Gerichtsferien fallen muß. Tritt also ein Praktikant am 1. August (September) 1911 bei dem Amtsgericht ein, so steht nichts im Wege, daß er den ersten Urlaub in den letzten zwei Wochen vor dem 1. August (September) 1912 und von da an nochmals zwei Wochen Urlaub einbringt. Dagegen wäre es unzulässig, wenn er im Jahre 1913, wo er sich seit dem 1. Februar (März) bei der Verwaltung befindet, seinen zweiten und dritten Urlaub in dieser Weise zusammenlegen wollte.

Wer am 15. Juli den Vorbereitungsdienst beginnt, muß seinen Urlaub schon in den nächsten zwei Monaten nehmen, weil bis zu den nächsten Gerichtsferien das erste Jahr seines Vorbereitungsdienstes schon vorüber ist — vgl. jedoch auch Abs. 4.

3. Ein nach § 33 Abs. 3 Satz 2 bewilligter Urlaub kann ganz oder teilweise auf den Vorbereitungsdienst bei der Behörde angerechnet werden, bei der der Praktikant ihn genommen hat, oder nach § 89 MB. auf die bei den verschiedenen Stellen zuzubringende Zeit verteilt werden (vgl. die Bem. zu § 89).

4. Für den Fall einer Verhinderung an der Dienstleistung durch Krankheit oder sonstige Hindernisse vgl. § 37 BO., §§ 86 IV, 89 II u. III, 90 MB.

5. Ist einem Rechtspraktikanten schon einmal Urlaub von mehr als acht Wochen bewilligt worden, so ist ihm in der Regel ein weiterer außerordentlicher Urlaub nicht mehr zu bewilligen. Über die An-

rechnung eines Urlaubs von mehr als vierzehn Tagen, über die Verteilung der Unterbrechung des Vorbereitungsdienstes auf dessen einzelne Abschnitte und über eine allenfallsige Verlängerung des Vorbereitungsdienstes ist bei der Bewilligung des Urlaubs gleichzeitig zu bestimmen (autogr. Entschl. Nr. 920 vom 19. Januar 1911 s. Bem. 3 zu § 89 MB.).

Zeugnis.

§ 34. Tritt der Rechtspraktikant aus dem Vorbereitungsdienste bei einer Behörde oder bei einem Rechtsanwalt aus, so ist ihm von dem Vorstande der Behörde oder von dem Rechtsanwalt ein Zeugnis über die Ableistung des Vorbereitungsdienstes auszustellen.

1. Form und Inhalt des Zeugnisses, § 91 MB.

2. Das Zeugnis ist nach Art. 3 Ziff. 4 GebG. gebührenfrei (§ 3 der Vollzugsinstruktion vom 25. Dezember 1899).

Staatsprüfung für den höheren Justiz- und Verwaltungsdienst.

Ort und Zeit.

§ 35. Die Staatsprüfung wird am Schlusse eines jeden Kalenderjahrs an Orten abgelegt, die der Sitz einer Regierung sind.

Sie beginnt nicht vor dem 25. November.

Durch Ministerialentschließung werden jährlich die Prüfungsorte bezeichnet und die Rechtspraktikanten an die einzelnen Prüfungsorte verwiesen.

Weitere Bestimmungen über die Zeit und die Dauer der Prüfung geben § 106 MB., § 41 VO., über den Prüfungsort und die Prüfungsräume §§ 108, 110 und 111 MB.

Die Prüfung findet darnach nicht immer an allen Orten statt, die Sitz einer Kreisregierung sind.

Zulassung.

§ 36. Mit dem Gesuch um Zulassung zur Prüfung sind einzureichen:

1. das Zeugnis über die mit Erfolg abgelegte Universitätsschlußprüfung;
2. der Nachweis, daß der Rechtspraktikant den Vorbereitungsdienst vorschriftsmäßig abgeleistet hat;
3. der Nachweis, daß der Rechtspraktikant der aktiven Militärdienstpflicht genügt hat oder daß er vom Mili-

tärdienste ganz oder teilweise befreit oder zurückgestellt ist;

4. der Nachweis des Besitzes der deutschen Reichsangehörigkeit.

1. Dem Gesuch um Zulassung, das in der Zeit vom 1. bis 15. Oktober einzureichen ist, geht zwischen dem 1. und 15. Juni eine vorläufige Anmeldung voraus. Diese ist an die Kreisregierung zu richten, in deren Bezirk der Praktikant im Vorbereitungsdienste steht, das Gesuch um Zulassung an die Regierung, an die der Praktikant zur Prüfung verwiesen ist (MB. §§ 107 u. 112).

2. Inhalt und Beilagen des Gesuchs, Führung des unter Ziff. 2 geforderten Nachweises MB. § 112, Führung des Nachweises unter Ziff. 4 Bem. 5 zu § 8 VO., Entscheidung über die Zulassung § 38 VO., § 113 MB.

3. Bei der Einreichung des Gesuchs ist die Prüfungsgebühr (§ 57 VO.) zu entrichten; wer wegen Dürftigkeit um Nachlassung der Gebühr bitten will, hat das in dem Gesuch um Zulassung zu tun (§ 162 MB.).

§ 37. **Die Zeit, während der ein Rechtspraktikant wegen Krankheit oder wegen anderer unverschuldeter Hindernisse dem Vorbereitungsdienst entzogen war, ist bis zur Gesamtdauer von zehn Wochen in jedem Jahre des Vorbereitungsdienstes auf dessen Dauer anzurechnen. Unterbrechungen infolge Ableistung militärischer Übungen werden bis zur Gesamtdauer von sechzehn Wochen in jedem Jahre des Vorbereitungsdienstes auf diesen angerechnet.**

Unterbrechungen aus anderen Gründen oder von längerer Dauer können nur durch Ministerialentschließung angerechnet werden.

1. § 37 enthält Ausnahmen von der in § 28 Abs. 1 VO. aufgestellten Forderung der ununterbrochenen Ableistung des Vorbereitungsdienstes (vgl. die Bem. zu § 28). Die Anrechnung von Unterbrechungen erfolgt an und für sich auf den Dienst bei der Behörde, während dessen sie eingetreten sind. Doch ermöglicht § 89 II MB. eine teilweise Abwälzung auf die bei anderen Behörden zuzubringende Zeit (vgl. die Bem. dortselbst). Das Jahr des Vorbereitungsdienstes, für das § 37 eine Unterbrechung von zehn oder sechzehn Wochen zuläßt, ist in entsprechender Anwendung des § 88 MB. vom Tage des Eintritts in den Dienst bei dem Amtsgericht an zu berechnen.

2. Über die Anrechnung und Verteilung von Unterbrechungen nach Abs. 1 ist alsbald nach Beendigung der Unterbrechung und, wenn ihre Dauer von vornherein bestimmt ist, schon vor oder doch alsbald nach ihrem Eintritte zu bestimmen (autogr. Entschl. Nr. 920 vom 19. Januar 1911 s. Bem. 3 zu § 89 MB.).

3. Für die Gesuche um Anrechnung einer Unterbrechung nach Abs. 2 vgl. §§ 89 III und 92 MB.

§ 38. Das Zulassungsgesuch ist von der Regierung, Kammer des Innern, zu prüfen, bei welcher der Rechtspraktikant die Prüfung abzulegen hat.

Rechtspraktikanten, die sich über die vorschriftsmäßige Ableistung des Vorbereitungsdienstes, über entsprechende Leistungen in diesem und über ein tadelloses Verhalten nicht auszuweisen vermögen, sind unter Angabe der Gründe zurückzuweisen, die übrigen sind zur Prüfung einzuberufen.

Über die Zurückweisung eines Rechtspraktikanten ist sofort an das Staatsministerium des Innern zu berichten. Die erlassene Entschließung ist dem Berichte beizulegen.

1. Die Regierung, bei der der Praktikant die Prüfung abzulegen hat, wird durch Ministerialentschließung bestimmt, § 35 Abs. 3 VO., § 110 MB.

2. Außer den in Abs. 2 bezeichneten Praktikanten sind auch diejenigen zurückzuweisen, die einen der Nachweise unter Ziff. 1, 3 und 4 des § 36 VO. nicht beigebracht haben.

Die Prüfung.

§ 39. Die Prüfung ist schriftlich und mündlich.

1. Die neu eingeführte mündliche Prüfung hat nicht dieselbe Bedeutung wie die schriftliche. Zwar haben Prüflinge, die sich der mündlichen Prüfung nicht unterziehen, ohne durch einen zwingenden Grund daran gehindert zu sein, die Prüfung nicht bestanden (§ 49 Abs. 4 VO.), aber für das Prüfungsergebnis sind die Leistungen der schriftlichen Prüfung ausschlaggebend; die für die mündliche Prüfung erteilte Note gibt für die Reihenfolge der Prüflinge den Ausschlag, die in der schriftlichen Prüfung die gleiche Gesamtnotensumme erzielt haben (§§ 51 Abs. 4, 52 VO.).

2. Über die schriftliche Prüfung vgl. §§ 40—42, 44, 45, 47, 49 bis 51 VO., §§ 114, 116, 117—142 MB., über die mündliche Prüfung §§ 43, 44, 46, 48, 51 Abs. 4 VO., §§ 115, 117, 143—155 MB.

3. Zweck der schriftlichen und der mündlichen Prüfung MB. §§ 140 und 147.

§ 40. Die schriftliche Prüfung wird in zwei Abteilungen abgehalten.

Prüfungsgegenstände der ersten Abteilnng sind:

1. das bürgerliche Recht der Reichsgesetze und der bayerischen Landesgesetze einschließlich des Urheberrechts,
2. das Handels- und Wechselrecht,
3. das Konkursrecht,

4. das Zivilprozeßrecht einschließlich des Zwangsvollstreckungsverfahrens in das unbewegliche Vermögen,
5. die freiwillige Gerichtsbarkeit,
6. das Reichs- und Landesstrafrecht,
7. das Strafprozeßrecht.

Prüfungsgegenstände der zweiten Abteilung sind:

1. das bayerische und das deutsche Staatsrecht,
2. das Kirchenrecht,
3. das Verwaltungsrecht,
4. die Sozialgesetzgebung,
5. die Volkswirtschaftslehre und die Staatsfinanzwirtschaft.

1. § 124 MB. gibt an, wieviel Aufgaben den einzelnen Prüfungsfächern in der Regel entnommen werden.

2. Die Beschränkung der bei der Prüfung zulässigen Hilfsmittel (§ 44 VO., §§ 120—123 MB.) hat naturgemäß Einfluß auf die Prüfungsaufgaben; sie werden nicht leicht entlegenen Rechtsgebieten entnommen werden; doch ist neben § 120 I auch § 120 III MB. zu beachten.

§ 41. Die schriftliche Prüfung dauert in jeder Abteilung fünf Tage. Fällt nicht ohnedies ein Sonn- oder Feiertag dazwischen, so ist die Prüfung in jeder Abteilung je an einem Tage auszusetzen.

Zwischen der ersten und zweiten Abteilung müssen zwei Werktage liegen.

In jeder Abteilung werden den Prüflingen neun Aufgaben vorgelegt.

Die Aufgaben sind für alle Prüflinge die gleichen.

Die Aufgaben werden in abgeschlossenen Räumen unter Aufsicht schriftlich bearbeitet.

Von den Aufgaben sind in jeder Abteilung je eine in neun Stunden, die übrigen in je vier Stunden zu bearbeiten. Die Aufgaben mit vierstündiger Arbeitsfrist können auch aus zwei Unteraufgaben mit je zweistündiger Arbeitsfrist bestehen.

1. An welchem Tage die schriftliche Prüfung in jeder der beiden Abteilungen auszusetzen ist, bestimmen die Ministerien der Justiz und des Innern, § 106 II MB.

2. Vgl. Bem. 2 zu § 39 VO.

§ 42. Die Staatsministerien setzen die Aufgaben fest.

§ 43. Die mündliche Prüfung findet nach der schriftlichen Prüfung statt.

Sie beginnt frühestens am zweiten Werktage nach der Beendigung der schriftlichen Prüfung.

Jeder Prüfling wird einzeln geprüft.

Die mündliche Prüfung dauert höchstens zwanzig Minuten.

Sie besteht aus einem Vortrag über einen Rechtsfall, der Gegenstand einer in der schriftlichen Prüfung vorgelegten Aufgabe mit vierstündiger Arbeitsfrist war. Die Staatsministerien können Aufgaben von der Verwendung für die mündliche Prüfung ausschließen.

1. Vgl. Bem. 2 zu § 39 VO.

2. Der Beginn der mündlichen Prüfung wird von den Ministerien bestimmt und bekannt gemacht, § 106 I MB.

Hilfsmittel.

§ 44. Der Gebrauch von Hilfsmitteln ist nur in beschränktem Umfange nach Maßgabe der von den Staatsministerien erlassenen Vorschriften gestattet.

1. Die Vorschriften finden sich in §§ 120—123 und 148 MB.

2. Der Benützung unerlaubter Hilfsmittel suchen besondere Bestimmungen in § 123 MB. entgegenzuwirken; Feststellung und Folgen einer Zuwiderhandlung § 123 VI MB., § 49 Abs. 3 VO.

3. Eine Verpflichtung der Prüflinge, die benützten Hilfsmittel in den Bearbeitungen anzugeben, besteht nicht.

Prüfungsausschüsse.

§ 45. Zur Abhaltung der schriftlichen Prüfung werden an jedem Prüfungsort Ausschüsse gebildet. Sie bestehen in der Regel aus drei Mitgliedern. Es können auch mehr Mitglieder berufen werden.

Den Vorsitz führt das rangälteste Mitglied.

Die Mitglieder der Ausschüsse bestimmt für die erste Abteilung der schriftlichen Prüfung das Staatsministerium der Justiz, für die zweite Abteilung das Regierungspräsidium des Prüfungsorts.

Zusammensetzung des Ausschusses § 114, Besorgung der Schreibgeschäfte und des Botendienstes § 117, Tagegelder und Reisekosten § 161 MB.

§ 46. Für die mündliche Prüfung werden an jedem Prüfungsorte besondere Ausschüsse von drei Mitgliedern gebildet. Die Zahl der Ausschüsse wird durch Ministerialentschließung bestimmt.

Die Ausschüsse setzen sich zusammen aus zwei Richtern des Obersten Landesgerichts oder der Oberlandesgerichte und einem Mitgliede des Verwaltungsgerichtshofs oder einer Regierung. Stellvertreter können bestellt werden.

Die Richter des Obersten Landesgerichts oder der Oberlandesgerichte und ihre Stellvertreter bestimmt das Staatsministerium der Justiz, das Mitglied des Verwaltungsgerichtshofs oder der Regierung und seinen Stellvertreter bestimmt das Staatsministerium des Innern.

Den Vorsitz führt das rangälteste Mitglied.

Zusammensetzung des Ausschusses § 115, Besorgung der Schreibgeschäfte und des Botendienstes § 117, Tagegelder und Reisekosten § 161 MB.

§ 47. Die Beurteilung der schriftlichen Prüfungsarbeiten wird besonderen Ausschüssen übertragen. Sie werden für die Arbeiten der ersten Abteilung aus Mitgliedern des Obersten Landesgerichts oder der Oberlandesgerichte und für die Arbeiten der zweiten Abteilung aus höheren Verwaltungsbeamten gebildet.

Die Zahl der Ausschüsse und ihre Mitglieder werden durch Ministerialentschließung bestimmt.

Vgl. § 116 MB. — Tätigkeit des Ausschusses §§ 136—142, Entlastung der Mitglieder in ihrer ordentlichen Dienstaufgabe § 142 II MB.

Bewertung der Leistungen.

§ 48. Der mündliche Vortrag ist sofort nach seiner Beendigung von dem Ausschusse zu bewerten.

Über die Noten, mit denen der Vortrag zu würdigen ist, und über die für die Würdigung und die Beschlußfassung maßgebenden Grundsätze vgl. § 49 VO., §§ 147, 151, 152 und 154 MB.

§ 49. Jede schriftliche Prüfungsarbeit und der mündliche Vortrag sind mit einer der Noten 1, 2, 3, 4, 5, 6 oder 7 zu bewerten.

Die Note 1 ist nur für ausgezeichnete Leistungen zu erteilen. Mit der Note 2 sind sehr gute, mit der Note 3 gute, mit der Note 5 mittelmäßige und mit der Note 7 ungenügende Leistungen zu würdigen. Leistungen, die zwischen „gut" und „mittelmäßig" liegen, sind mit der Note 4,

Leistungen, die zwischen „mittelmäßig“ und „ungenügend“ liegen, mit der Note 6 zu bewerten.

Hat ein Prüfling bei der Bearbeitung einer Aufgabe sich fremder Hilfe oder unerlaubter Hilfsmittel (§ 44) bedient, so ist diese Aufgabe mit der Note 7 zu würdigen. Haben Prüflinge zusammengearbeitet oder hat ein Prüfling einen andern unterstützt, so ist beiden Prüflingen für diese Aufgabe die Note 7 zu erteilen. Auch kann durch Ministerialentschließung bestimmt werden, daß solche Prüflinge so anzusehen sind, als ob sie die Prüfung nicht mit Erfolg abgelegt hätten.

Prüflinge, die sich der mündlichen Prüfung, ohne durch einen zwingenden Grund gehindert zu sein, nicht unterziehen, haben die Prüfung nicht mit Erfolg abgelegt.

1. An die Stelle der bisherigen 4 Hauptnoten und 3 Zwischennoten setzt § 49 7 Hauptnoten. Zum Vergleiche seien das bisherige und das jetzige Notensystem einander gegenübergestellt:

bisher:		jetzt:	
I =	sehr gut,	1 =	ausgezeichnet,
I 1/2 =	zwischen sehr gut u. gut,	2 =	sehr gut,
II =	gut,	3 =	gut,
II 1/2 =	zwischen gut und genügend,	4 =	zwischen gut und mittelmäßig,
III =	genügend,	5 =	mittelmäßig,
III 1/2 =	zwischen genügend und ungenügend,	6 =	zwischen mittelmäßig und ungenügend.
IV =	ungenügend.	7 =	ungenügend.

2. Grundsätze für die Würdigung der Arbeiten und die Beschlußfassung des Ausschusses stellen die §§ 140 und 141 MB. auf.

3. Über die Bestimmung des Prüfungsergebnisses auf Grund der Einzelnoten vgl. § 51 VO.

4. Unerlaubte Hilfsmittel § 44 VO., §§ 120—123 MB.

5. Über den Fall der Verhinderung eines Prüflings an der rechtzeitigen Ablegung der mündlichen Prüfung vgl. § 153 MB.

§ 49 Abs. 4 gilt auch für Prüflinge, die nach § 56 VO. in einen Jahrgang vor 1910 eingereiht werden, der nach den damaligen Vorschriften keine mündliche Prüfung zu machen hatte.

6. Stil und Darstellung werden jetzt im Gegensatze zu den früheren Vorschriften nicht mehr mit einer eigenen Note (Nebennote) gewürdigt; es versteht sich aber von selbst und ergibt sich übrigens auch aus § 140 II MB., daß sie bei der Bewertung einer Arbeit mitzuberücksichtigen sind.

Festsetzung und Mitteilung des Prüfungsergebnisses.

§ 50. Sobald die Beurteilung der schriftlichen Prüfungsarbeiten abgeschlossen ist, haben die Vorsitzenden der Ausschüsse die Arbeiten der ersten Abteilung dem Staatsministerium der Justiz, die der zweiten Abteilung dem Staatsministerium des Innern unter Angabe der erteilten Noten vorzulegen.

Die Vorsitzenden der Ausschüsse für die Abhaltung der mündlichen Prüfung haben über deren Ergebnisse nach Beendigung der mündlichen Prüfung den Staatsministerien der Justiz und des Innern zu berichten.

Zu Abs. 1 vgl. § 142, zu Abs. 2 §§ 154 und 155 MB.

§ 51. Die Staatsministerien der Justiz und des Innern setzen das Ergebnis der Prüfung im Benehmen mit den übrigen beteiligten Staatsministerien fest.

Die für die schriftlichen Prüfungsarbeiten beider Abteilungen erteilten Noten werden zusammengezählt (Gesamtnotensumme).

Die für die Bearbeitung der Aufgaben mit neunstündiger Arbeitsfrist erteilten Noten werden doppelt gerechnet.

Die Reihenfolge der Prüflinge wird durch die Gesamtnotensumme bestimmt. Sie richtet sich bei gleicher Gesamtnotensumme nach der für den mündlichen Vortrag erteilten Note und, wenn auch diese gleich ist, nach der Summe der Noten für die beiden Aufgaben mit neunstündiger Arbeitsfrist.

Nach der Feststellung der Reihenfolge der Prüflinge wird das Ergebnis der Prüfung den Geprüften durch die Regierungen, Kammern des Innern, der Prüfungsorte mitgeteilt.

Vgl. §§ 156, 157 MB.

Bedeutung der Notensumme.

§ 52. Die Staatsprüfung für den höheren Justiz- und Verwaltungsdienst hat mit Erfolg im Sinne des § 1 nur der Püfling abgelegt, dessen Gesamtnotensumme nicht mehr als 90 beträgt.

Sie ist ohne Rücksicht auf die Gesamtnotensumme auch dann nicht mit Erfolg abgelegt, wenn dem Geprüften für vier schriftliche Prüfungsarbeiten einer Abteilung, für sechs schriftliche Prüfungsarbeiten der beiden Abteilungen oder für die Bearbeitungen der beiden Aufgaben mit neunstündiger Arbeitsfrist die Note 7 erteilt wurde. Je zwei mit der Note 6 gewürdigte schriftliche Prüfungsarbeiten werden einer mit der Note 7 gewürdigten schriftlichen Prüfungsarbeit gleich geachtet.

Auch hiebei ist die für die Bearbeitung einer Aufgabe mit neunstündiger Arbeitsfrist erteilte Note doppelt zu rechnen.

Die Prüfung ist „ausgezeichnet" abgelegt, wenn die Gesamtnotensumme nicht mehr als 36 beträgt. Sie ist bis zur Gesamtnotensumme 53 einschließlich als „sehr gut" und bis zur Gesamtnotensumme 70 einschließlich als „gut" abgelegt zu erklären.

1. Die Übereinstimmung der Zahl der Noten in den früheren Vorschriften mit der in den jetzigen und das zahlenmäßige Verhältnis der alten und neuen Noten untereinander (I = 1, I $^{1}/_{2}$ = 2 usw. — vgl. Bem. 1 zu § 49 VO.) ergeben nach den Bestimmungen in § 52 folgendes Verhältnis zwischen den bisher erteilten Prüfungsnoten und dem Prüfungsergebnis nach den jetzigen Vorschriften:

Bisher		Jetzt	
Note	Gesamtnotensumme	Gesamtnotensumme	Prüfungsergebnis
$I^{0}/_{40}$ — $I^{16}/_{40}$ = I	20 — 28	20 — 36	ausgezeichnet abgelegt
$I^{17}/_{40}$ — $I^{30}/_{40}$ = I	28 $^{1}/_{2}$ — 35	37 — 50	sehr gut abgelegt
$I^{31}/_{40}$ — $I^{33}/_{40}$ = II	35 $^{1}/_{2}$ — 36 $^{1}/_{2}$	51 — 53	" " "
$I^{34}/_{40}$ — $II^{10}/_{40}$ = II	37 — 45	54 — 70	gut abgelegt
$II^{11}/_{40}$ — $II^{30}/_{40}$ = II	45 $^{1}/_{2}$ — 55	71 — 90	mit Erfolg abgelegt
$II^{31}/_{40}$ — $III^{0}/_{40}$ = III	55 $^{1}/_{2}$ — 60	91 — 100	nicht mit Erfolg abgelegt, jedoch mit der Möglichkeit der Berufung in den mittleren Staatsdienst (§ 53 VO.)
$III^{1}/_{40}$ — $III^{30}/_{40}$ = III	60 $^{1}/_{2}$ — 75	101 — 130	nicht mit Erfolg abgel.
$III^{31}/_{40}$ — IV = IV	75 $^{1}/_{2}$ — 80	131 — 140	" " " "

Nach der VO. vom 4. Juli 1899 hatte die Prüfung nicht bestanden, wer eine tiefere Gesamtnote als $III^{30}/_{40}$ erhielt; daneben bestanden noch Bestimmungeu ähnlich denen in § 52 Abs. 2, vgl. Bem. 2 und Bem. 1 zu § 58 VO. a. E. Nach der K. VO. vom 2. März 1910 (GVBl. S. 103), der sogenannten Dreierverordnung, sollte die Fähigkeit zum Amt eines Richters oder zur Rechtsanwaltschaft künftig nur erlangen, wer die Staatsprüfung mit der Note I oder II bestanden hatte. Diese VO. ist durch die neuen Vorschriften gegenstandslos geworden; denn die Grenze der Note II, die Note $II^{30}/_{40}$, entspricht der Gesamtnotensumme 90.

2. Nach den bisherigen Vorschriften schloß die Bewertung der beiden Arbeiten mit neunstündiger Arbeitsfrist mit der letzten Note die erfolgreiche Ablegung der Prüfung nicht aus (§ 51 VO. vom 4. Juli 1899); dies kann unter Umständen jetzt noch von Bedeutung sein vgl. Bem. 1 zu § 58.

§ 53. Wer die Staatsprüfung für den höheren Justiz- und Verwaltungsdienst nicht mit Erfolg abgelegt, aber noch die Gesamtnotensumme 100 erlangt hat, kann nach den Bestimmungen der Staatsministerien in einer der in Betracht kommenden Stellen der Klassen 13 bis einschließlich 17 der Gehaltsordnung vom 6. September 1908 (G.- u. V.Bl. S. 681) zum Staatsdienste berufen werden.

1. Die Staatsministerien haben bisher Bestimmungen i. S. des § 53 noch nicht getroffen.

2. Die Gehälter der Klassen 13—17 betragen: 4200—6000, 3000—4800, 2400—4800, 2400—4200, 1800—3600. Stellen, die in Betracht kommen, sind z. B. die der Amtsanwälte im Hauptamte, Sekretäre und Obersekretäre der Gerichte und Staatsanwaltschaften, Sekretäre der Kreisregierungen und Bezirksämter, der Hochschulen und der Akademien, sowie der Konsistorien und des Oberkonsistoriums, Bibliotheksekretäre, Sekretäre und Registratoren der Generaldirektion der Zölle und indirekten Steuern, der Hauptzollämter und Rentämter, Eisenbahnsekretäre, Postsekretäre, Bahnverwalter, Postverwalter.

Wiederholung der Prüfung.

§ 54. Wer die Staatsprüfung für den höheren Justiz- und Verwaltungsdienst nicht mit Erfolg abgelegt hat oder einem solchen gleichzuachten ist (§ 49 Abs. 3), oder ohne ausreichenden Grund nach dem Beginne der Prüfung zurückgetreten ist, kann nur noch einmal und zwar nur in dem der erstmaligen Ablegung der Prüfung folgenden Jahre sowie nur dann zur Wiederholung der Prüfung zugelassen werden, wenn er seit der Bekanntgabe des Prüfungsergebnisses den Vorbereitungsdienst bei Gerichten, Verwaltungsbehörden oder Rechtsanwälten während mindestens sechs Monaten fortgesetzt hat.

Eine Fortsetzung des Vorbereitungsdienstes vor der Bekanntgabe des Prüfungsergebnisses kann auf den in § 54 geforderten sechsmonatigen Vorbereitungsdienst nur mit der Genehmigung nach § 59 Satz 2 VO. angerechnet werden.

§ 55. Wer die Staatsprüfung für den höheren Justiz- und Verwaltungsdienst mit Erfolg abgelegt hat, kann auf seinen Antrag zur Wiederholung der Prüfung nur noch einmal und zwar nur in dem der erstmaligen Ablegung der Prüfung folgenden Jahre zugelassen werden. Auch muß er in dem Gesuch um Zulassung zur Prüfung auf das frühere Prüfungsergebnis ausdrücklich verzichtet haben.

Der Verzicht wird erst mit dem Beginne der wiederholten Prüfung wirksam.

1. Die Gültigkeit des Verzichts auf das frühere Prüfungsergebnis ist mit Rücksicht auf das Reichsrecht in Zweifel gezogen worden (Augsburger Abendzeitung Nr. 54/1911). Sie ergibt sich aus der den Einzelstaaten vorbehaltenen Befugnis, das juristische Prüfungswesen und die Voraussetzungen der Fähigkeit zum Richteramte unter Berücksichtigung der vom Gerichtsverfassungsgesetze gestellten Anforderungen zu regeln, und aus der Notwendigkeit, daß nur ein Prüfungsergebnis das maßgebende sein kann (vgl. auch Schultz in BayZfR. 1911 S. 158).

2. Will ein Praktikant, der die Staatsprüfung mit einer Gesamtnotensumme von mehr als 90 aber nicht über 100 abgelegt hat, sie wiederholen, so braucht er auf dieses Prüfungsergebnis nicht ausdrücklich zu verzichten; für ihn gilt nicht § 55, sondern § 54. Aber er wird keine Aussicht haben in den mittleren Dienst berufen zu werden, wenn er bei der Wiederholung der Prüfung eine Gesamtnotensumme über 100 erzielt.

3. Anmeldung zur Wiederholung der Prüfung § 107 I MB.

Einstellung unter früher Geprüfte.

§ 56. In die Reihenfolge früher Geprüfter kann nach Maßgabe des Ergebnisses der Prüfung auf Ansuchen eingestellt werden,

1. wer infolge Erfüllung der aktiven Militärdienstpflicht die Universitätsschlußprüfung später als im vierten Jahre nach der Erlangung des Reifezeugnisses der Mittelschule oder die Staatsprüfung für den höheren Justiz- und Verwaltungsdienst später als im dritten Jahre nach der Universitätsschlußprüfung mit Erfolg abgelegt hat;
2. wer durch Krankheit oder andere unverschuldete zwingende Ursachen an der rechtzeitigen Ablegung oder an der Vollendung der Universitätsschlußprüfung oder der Staatsprüfung für den höheren Justiz- und Verwaltungsdienst gehindert worden ist;
3. wer in dem schriftlichen Teile der Staatsprüfung für den höheren Justiz- und Verwaltungsdienst durch Krankheit oder andere unverschuldete Ursachen an der Bearbeitung von vier Aufgaben gehindert war und sich der Prüfung wiederholt unterzogen hat; die Bearbeitung der schriftlichen Prüfungsaufgaben mit neunstündiger Arbeitsfrist ist auch hiebei doppelt zu zählen.

1. Die Ausdrucksweise in § 56 Ziff. 1 „später als im vierten Jahre nach der Erlangung des Reifezeugnisses", „später als im dritten Jahre nach der Universitätsschlußfrüfung" ist wohl nicht mißzuverstehen, obgleich genau genommen innerhalb vier Jahren nach dem Abgange von der Mittelschule wegen der Zeit der Abhaltung der Prüfung nur ein Teil die Universitätsschlußprüfung und keiner davon innerhalb der nächsten drei Jahre, die durch den Vorbereitungsdienst ausgefüllt sind, die Staatsprüfung abgelegt haben kann.

2. Die Bestimmung in § 56 Ziffer 1 kommt nicht nur denen zugute, die nur infolge der Erfüllung der aktiven Militärdienstpflicht die eine oder die andere der beiden Prüfungen in einem späteren Jahr ablegen, als es durch die vierjährige Studienzeit und den dreijährigen Vorbereitungsdienst bedingt ist; auch die, bei denen sich aus irgendeinem Grunde die Ablegung der Staatsprüfung noch weiter verzögert hat, sei es, daß sie die Prüfung einmal nicht bestanden oder sich ihr einmal überhaupt nicht unterzogen haben, sollen durch die Erfüllung der Militärdienstpflicht keinen Nachteil erleiden. In welchen Fällen eine Verzögerung aus einem anderen Grund als der Erfüllung der aktiven Militärdienstpflicht die Einreihung unter die Prüflinge eines früheren Jahrganges rechtfertigt, ergeben die Ziffern 2 und 3. Die Voraussetzungen unter Ziffer 1, 2 und 3 können nebeneinander, die unter Ziffer 2 und 3 wiederholt gegeben sein und eine Vordatierung um mehrere Jahre begründen.

3. Über das Gesuch um Vordatierung gibt § 159 MB. nähere Vorschriften, von denen besonders die Bestimmung einer zweimonatigen Ausschlußfrist zu beachten ist. Vgl. auch § 156 II MB.

4. Die Einreihung in den früheren Jahrgang erfolgt „nach Maßgabe des Prüfungsergebnisses" d. h. nach den Grundsätzen in § 51 Abs. 4 VO. — Über den Fall der Einreihung in einen nach den bisherigen Vorschriften geprüften Jahrgang vgl. § 58 Abs. 3 VO.

Prüfungsgebühr.

§ 57. Für die Staatsprüfung für den höheren Justiz- und Verwaltungsdienst ist bei der Einreichung des Gesuchs um Zulassung zur Prüfung eine Gebühr von 30 ℳ zu entrichten.

Die Regierung, Kammer des Innern, die das Gesuch um Zulassung zu prüfen hat (§ 38), kann bedürftigen Prüflingen die Gebühr ganz oder zum Teile nachlassen.

1. Durch die Erhebung der Gebühr sollen die Kosten der Prüfung gedeckt werden (vgl. §§ 160, 161 MB.).

2. Entrichtung der Gebühren — Nachlaß — Folgen der Nichtentrichtung — Rückerstattung der Gebühren § 162, besondere Gebühr für das Prüfungszeugnis § 163 MB.

Schluß- und Uebergangsbestimmungen.

§ 58. Die Vorschriften über die Staatsprüfung für den höheren Justiz- und Verwaltungsdienst (§§ 35 ff.) werden mit Ausnahme der Vorschrift des § 57 im Jahre 1910 zum erstenmal angewendet.

Die übrigen Vorschriften treten am 1. Januar 1911 in Kraft.

Auf Rechtspraktikanten, welche die Staatsprüfung für den höheren Justiz- und Verwaltungsdienst nach den neuen Vorschriften ablegen, jedoch nach § 56 in eine Reihenfolge der nach den bisherigen Vorschriften Geprüften eingestellt werden, finden die Vorschriften der §§ 52 und 53 keine Anwendung. Sie werden in die Reihenfolge früher Geprüfter nach Maßgabe der Gesamtnotensumme eingestellt.

1. Bei Prüflingen, die in die Reihenfolge früher Geprüfter einzustellen sind, ist das erfolgreiche Bestehen der Prüfung nach den bisherigen Vorschriften zu beurteilen, wenn die Einreihung in einem Jahrgang vor 1910 erfolgt; das gilt auch dann, wenn jemand erst 1911 oder später die Prüfung macht, aber in den Jahrgang 1909 oder in einen früheren eingerechnet wird. Ein solcher Prüfling hat z. B. mit der Gesamtnotensumme 105 (= III $^5/_{40}$ vgl. Bem. 2) die Prüfung noch bestanden und kann, wenn er auch kaum Aussicht hat, im höheren Staatsdienste Verwendung zu finden, doch noch Rechtsanwalt werden. Angenommen, derselbe Prüfling hat für die Bearbeitung der beiden Aufgaben mit neunstündiger Arbeitsfrist die Note 7 erhalten, so steht das der erfolgreichen Ablegung der Prüfung nicht entgegen; denn § 52 Abs. 2 VO. findet bei ihm keine Anwendung und die früheren Vorschriften (§ 51 VO. vom 4. Juli 1899) bestimmten lediglich: „Ein Kandidat, dessen Bearbeitungen von vier Aufgaben einer Abteilung oder von sechs Aufgaben der beiden Abteilungen mit der Note IV gewürdigt wurden, ist zur Wiederholung der Prüfung zu verweisen. Je zwei mit der Note III $^1/_2$ gewürdigte Bearbeitungen werden einer mit der Note IV gewürdigten Bearbeitung gleichgeachtet. Auch hiebei ist die für die Bearbeitung eines praktischen Falles erteilte Note den für die Bearbeitung von zwei Aufgaben erteilten Noten gleichzuachten."

2. Bei der Einreihung unter die Prüflinge eines Jahrgangs vor 1910 ist die Gesamtnotensumme in die entsprechende Gesamtnote des bisherigen Notensystems umzurechnen. Man findet diese Note, indem man zu der nach den neuen Vorschriften festgestellten Gesamtnotensumme 20 hinzuzählt und die Summe mit 40 teilt. Beispiel: Gesamtnotensumme 105; $\frac{105 + 20}{40}$ = III $^5/_{40}$ (vgl. auch die Gegenüberstellung in Bem. 1 zu § 52 VO.).

3. Weitere Übergangsvorschriften enthält die MB. in §§ 164 ff.

§ 59. Die Staatsministerien des Königlichen Hauses und des Äußern, der Justiz, des Innern beider Abteilungen und der Finanzen werden mit dem Vollzuge dieser Verordnung und mit der Erlassung der erforderlichen Übergangsvorschriften beauftragt. Sie werden ermächtigt, aus besonders wichtigen Gründen Abweichungen von den Vorschriften der Verordnung zu genehmigen oder nachzusehen.

1. Die grundlegenden Vorschriften zum Vollzuge der VO. enthält die MB. vom 25. Oktober 1910; Übergangsvorschriften finden sich daselbst in §§ 164 ff.

2. Das den Ministerien in Satz 2 eingeräumte Recht findet, soweit es sich um die Erlangung der Befähigung zum Richteramte handelt, seine selbstverständliche Grenze an den hiefür geltenden gesetzlichen Bestimmungen; so hebt § 8 II MB. ausdrücklich hervor, daß ein Nachlaß an dem in § 2 Abs. 2 GVG. vorgeschriebenen dreijährigen Studium der Rechtswissenschaft ausgeschlossen ist.

3. Gesuche um eine Entschließung der Ministerien i. S. des Satz 2 sind, soweit sie sich auf die Universitätsprüfungen beziehen, bei dem Staatsministerium des Innern für Kirchen- und Schulangelegenheiten einzureichen (§ 74 MB.); Gesuche, die den Vorbereitungsdienst betreffen, sind auf dem Dienstwege vorzulegen (§ 92 MB.); für Gesuche, die sich auf die Staatsprüfung beziehen, schreibt § 158 MB. die Einreichung bei den Regierungen, Kammern des Innern, vor.

§ 60. Die Staatsministerien der Justiz und des Innern beider Abteilungen werden ermächtigt, den Text der Verordnung vom 4. Juli 1899 nach Maßgabe der gegenwärtigen Verordnung bekannt zu machen.

Von dieser Ermächtigung haben die Ministerien Gebrauch gemacht und mit MB. vom 22. Oktober 1910 den neuen Text bekannt gegeben.

II. Bekanntmachung der Staatsministerien des Kgl. Hauses und des Äußern, der Justiz, des Innern, des Innern für Kirchen- und Schulangelegenheiten und der Finanzen vom 25. Oktober 1910 über die Vorbedingungen für den höheren Justiz- und Verwaltungsdienst.

(AJMBl. 723; JMBl. 791; KMBl. 495.)

Durch die K. Verordnung vom 18. Oktober 1910 haben die Vorbedingungen für den höheren Justiz- und Verwaltungsdienst Änderungen erfahren. Diese haben insbesondere den Vorbereitungsdienst der Rechtspraktikanten und die Staatsprüfung für den höheren Justiz- und Verwaltungsdienst zum Gegenstande. Die Neuregelung macht eine Änderung der Bekanntmachung vom 6. Juli 1899, die Prüfungen für den höheren Justiz- und Verwaltungsdienst und die Vorbereitung für diese Prüfungen betreffend (JMBl. S. 194, InnMBl. S. 261, Kultus-MBl. S. 346), erforderlich. Mit Rücksicht darauf werden hiemit an Stelle der Vorschriften dieser Bekanntmachung auf Grund des § 59 der Verordnung vom 18. Oktober 1910 die nachstehenden Vollzugsvorschriften erlassen. In diese sind, da das Universitätsstudium und die Prüfungen, die an den Universitäten abzulegen sind, einstweilen grundlegende Änderungen nicht erfahren haben, die hierauf bezüglichen Vorschriften der Bekanntmachung vom 6. Juli 1899 im wesentlichen unverändert übernommen worden.

Erster Abschnitt.

Vorbereitung für die Universitätsprüfungen.

§ 1. I. Die Prüfungen für den höheren Justiz- und Verwaltungsdienst sollen zeigen, ob die Prüflinge nach ihren Fähigkeiten und Kenntnissen ihren künftigen Aufgaben gewachsen sind.

II. Allen, die wegen Mangels der Befähigung oder wegen ungenügender Kenntnisse den Stoff der Prüfungen nicht beherrschen, soll der Eintritt in den höheren Justiz- und Verwaltungsdienst verschlossen sein.

1. Über den besonderen Zweck jeder der drei Prüfungen vgl. §§ 37; 49 II, 55 I, 57; 140, 147 MB.

2. Die MB. vom 6. Juli 1899 enthielt in § 1 Abs. 2 für die jungen Juristen die folgende Ermahnung: „Kandidaten, die sich dem Studium der Rechtswissenschaft in der Absicht zuwenden, die vorgeschriebenen Prüfungen für den höheren Justiz- und Verwaltungsdienst abzulegen, sollen sich daher dessen bewußt sein, daß sie ihr Ziel nur dann erreichen können, wenn sie gute Fähigkeiten besitzen, auf dem Gymnasium sich die Grundlagen einer hinreichenden allgemeinen Bildung erworben haben und schon vom Beginn ihrer Universitätszeit an dem erwählten Studium mit unermüdlichem Fleiße und mit Verständnis obliegen."

§ 2. Nach § 25 der Satzungen für die Studierenden an den K. bayerischen Universitäten vom 22. Februar 1891 dauert die akademische Studienzeit für jeden Studierenden, der sich für den höheren Justiz- und Verwaltungsdienst vorbereitet, einschließlich des philosophischen Studiums vier Jahre; davon müssen nach § 2 Abs. 2 des Gerichtsverfassungsgesetzes drei Jahre dem Studium der Rechtswissenschaft gewidmet sein. Nach § 26 der Satzungen steht es jedem Studierenden frei, entweder das ganze erste Jahr seiner Universitätszeit nur den philosophischen Wissenschaften zu widmen oder die philosophischen Vorlesungen im Laufe seiner Studienzeit neben den Vorlesungen seines Fachstudiums zu hören. Die Kandidaten werden jedoch mit Rücksicht auf den Umfang und die Vielseitigkeit des zu bewältigenden Lernstoffs ausdrücklich darauf aufmerksam gemacht, daß sie gut daran tun werden, schon im ersten Jahre mit dem Studium der Rechtswissenschaft zu beginnen, und daß die Studienpläne der bayerischen Universitäten tatsächlich auf ein vierjähriges oder doch dreiundeinhalbjähriges Rechtsstudium eingerichtet sind.

1. Die Universitätssatzungen sind veröffentlicht mit KMB. vom 22. Februar 1881 (KMBl. S. 73). Änderungen sind erfolgt: hinsichtlich § 12 Abs. 1, § 23 Abs. 1, § 24 Abs. 1 u. 2 durch KMB. vom 7. Mai 1897 (KMBl. S. 145); hinsichtlich § 74 durch KMB. vom 16. Juni 1897 (KMBl. S. 259); hinsichtlich §§ 88 und 89 durch KMB. vom 6. Juli 1897 (in den amtlichen Blättern nicht veröffentlicht); hinsichtlich §§ 26 und 27 Abs. 1 nach Notiz KMBl. 1899 S. 315; hinsichtlich der §§ 4, 5, 7, 8 durch KMB. vom 24. April 1906 (KMBl. S. 279), hierdurch auch neuer § 16a.

Jeder Studierende erhält bei der Immatrikulation ein Exemplar der Satzungen ausgehändigt.

2. Wer nicht eines der beiden ersten Semester schon dem Studium der Rechtswissenschaft widmet, ist nach § 4 VO. nicht in der Lage, die Zwischenprüfung in dem frühesten zulässigen Zeitpunkt, d. i. am Schlusse des dritten Semesters, abzulegen.

§ 3. Wer den einjährig-freiwilligen Militärdienst vor der Universitätsschlußprüfung ableistet, soll sich dieser erst im fünften Jahre nach dem Abgange von der Mittelschule unterziehen. Er hat nach § 56 der Verordnung keinen Nachteil.

1. In der MB. vom 6. Juli 1899 war in § 3 Abs. 1 ausdrücklich darauf hingewiesen, daß die Anforderungen des Studiums und des Militärdienstes nicht miteinander zu vereinbaren sind; vor allem war davor gewarnt, eines der drei letzten Universitätsjahre zur Ableistung des Militärdienstes zu verwenden.

2. „Er hat nach § 56 VO. keinen Nachteil" d. h. für die spätere amtliche Laufbahn schadet ihm, wie die MB. vom 6. Juli 1899 in § 3 Abs. 2 sagte, infolge der Vordatierung die spätere Ablegung der Prüfung regelmäßig nicht.

3. Ein Kandidat, der den in § 3 gegebenen Rat nicht befolgt, muß damit rechnen, daß man bei ihm nach § 55 II MB. verfährt.

§ 4. I. Die Kandidaten sollen bei der Einrichtung ihres Studienganges folgende Gesichtspunkte beachten:

II. Das Studium der Rechtswissenschaft soll mit dem Besuche der Vorlesungen über die Einführung in die Rechtswissenschaft und über die römische Rechtsgeschichte und die Grundzüge des römischen Privatrechts beginnen.

III. Die Vorlesung über das bürgerliche Recht soll in der Regel innerhalb der ersten Hälfte des dem Rechtsstudium gewidmeten Zeitraums gehört werden. Wird sie als Doppelvorlesung in einen ersten und einen zweiten Teil zerlegt, so soll die Vorlesung über den zweiten Teil nicht vor und nicht gleichzeitig mit der Vorlesung über den ersten Teil gehört werden.

IV. Neben den Vorlesungen über das bürgerliche Recht sollen nur einzelne Vorlesungen über öffentliches Recht, z. B. die Vorlesungen über allgemeines Staatsrecht, Kirchenrecht, Strafrecht gehört werden. Im übrigen ist es zweckmäßig, die Vorlesungen über das bürgerliche Recht denen über das öffentliche Recht vorangehen zu lassen.

V. Die Vorlesungen über das Handels-, Wechsel- und Seerecht, über das Zivilprozeßrecht und die Übersicht über die

Rechtsentwicklung in Bayern sollen erst nach den Vorlesungen über das bürgerliche Recht gehört werden, die Vorlesung über das Strafprozeßrecht erst nach der Vorlesung über das Strafrecht.

VI. Die Vorlesungen über das Zivilprozeßrecht und das Strafprozeßrecht sollen nicht in dem nämlichen Semester gehört werden.

VII. Das Studium der staatswirtschaftlichen Fächer soll neben dem Studium der juristischen Fächer betrieben werden. Das Hören der Vorlesungen über die Nationalökonomie soll dem Hören der Vorlesungen über die Finanzwissenschaft und über die Wirtschaftspolitik vorangehen.

1. Die Berücksichtigung der hier angegebenen Gesichtspunkte ist natürlich nicht Voraussetzung für die Zulassung zur Prüfung, doch soll in allen Fällen, in denen der Studiengang eines Kandidaten ungeordnet oder lückenhaft ist, nach § 55 II MB. bei der Prüfung mit besonderer Strenge und Genauigkeit verfahren werden.

2. Es ist weiter zu empfehlen, diejenigen Fächer, die regelmäßig Gegenstand der schriftlichen Prüfung sind, nicht erst im achten Semester zu hören, da die schriftliche Prüfung nicht erst nach Schluß, sondern schon gegen Ende des Sommersemesters stattfindet. Nach § 40 MB. kann zwar der Inhalt der Aufgaben der schriftlichen Prüfung sämtlichen Prüfungsgegenständen entnommen werden. Ihrer Natur nach aber werden Aufgaben aus den Vorlesungen über die Rechtsentwicklung in Bayern, über die Hauptgrundsätze des Völkerrechts, über katholisches und protestantisches Kirchenrecht und über die wirtschaftlichen Fächer verhältnismäßig selten zu erwarten sein.

3. Über die Einrichtung des Studiums sind von den drei Universitäten Studienpläne herausgegeben worden; sie sind im Anhang abgedruckt.

§ 5. I. Die Kandidaten haben sich auf der Universität nicht nur die nötigen theoretischen Kenntnisse für ihre künftige amtliche Laufbahn zu erwerben, sondern sich auch eine genügende formelle juristische Bildung anzueignen. Sie sollen zu scharfer juristischer Auffassung, zur Selbständigkeit des Urteils, zu einer korrekten juristischen Ausdrucksweise erzogen werden und die nötige Gewandtheit erlangen, um einfachere Rechtsfälle richtig erfassen und logisch richtig bearbeiten zu können.

II. Dieses Ziel werden sie nur schwer durch das Hören der theoretischen Vorlesungen und das Selbststudium allein erreichen. Die Kandidaten müssen auch lernen, wie die Rechtssätze auf die Verhältnisse des Lebens anzuwenden sind. Zu dem Zwecke, das Verständnis der praktischen Anwendung des

Erlernten zu vermitteln, sind an den Universitäten die Übungsvorlesungen eingerichtet.

III. Es wird das größte Gewicht darauf gelegt, daß die Kandidaten sich an diesen Vorlesungen und zur Erlangung der für ihren künftigen Beruf unentbehrlichen Gewandtheit im schriftlichen Ausdruck auch an den mit den Vorlesungen verbundenen schriftlichen Arbeiten fleißig beteiligen.

IV. Die Übungsvorlesung soll mit der systematischen Vorlesung über das Fach in innerer Verbindung stehen. Sie wird daher am zweckmäßigsten in dem auf das Hören der systematischen Vorlesung folgenden Semester besucht werden.

V. Soll die Übungsvorlesung ihren Zweck erreichen, so darf die Zahl der Teilnehmer nur eine beschränkte sein. Bei Beachtung der in den Absätzen IV, IX enthaltenen Ratschläge werden sich die Kandidaten auf die einzelnen Übungsvorlesungen angemessen verteilen.

VI. Die Übungsvorlesungen sollen nur diejenigen Kandidaten besuchen, welche die systematische Vorlesung über das Fach schon gehört haben oder, wenn die Übungsvorlesung im unmittelbaren Anschluß an die systematische Vorlesung gehalten wird, diese Vorlesung im nämlichen Semester hören.

VII. Der Bedeutung des bürgerlichen Rechtes entspricht es, mindestens zwei darauf bezügliche Übungsvorlesungen und außerdem eine das bürgerliche Recht mitumfassende zivilprozeßrechtliche Übungsvorlesung zu besuchen.

VIII. Da es für jeden Juristen unerläßlich ist, von den Quellen des römischen und des deutschen Rechtes wenigstens die leichteren Teile im Urtexte zu verstehen, und da insbesondere diejenigen, welche sich dem bayerischen Staatsdienste widmen wollen, noch für lange Zeit das Verständnis der Quellen des römischen Rechtes im Urtexte nicht entbehren können, werden sich die Kandidaten auch an wenigstens einer exegetischen Übung im römischen Rechte und, wenn es irgend möglich ist, auch an einer solchen Übung im deutschen Rechte zu beteiligen haben.

IX. Die Kandidaten werden jedoch davor gewarnt, zu viele Übungsvorlesungen, namentlich im nämlichen Semester, zu besuchen, weil sie im Falle der Beteiligung an einer zu großen Zahl von schriftlichen Übungen Gefahr laufen, die theoretischen Studien zu vernachlässigen. Wenn sie schon von

ihrem zweiten Studiensemester an mit dem Besuche von Übungsvorlesungen beginnen, wird es im allgemeinen genügen, daß sie sich in jedem Semester — abgesehen von den exegetischen Übungen — an einer Übungsvorlesung, mit der schriftliche Arbeiten verbunden sind, beteiligen.

X. Die Kandidaten sind berechtigt, von dem Leiter der Übungsvorlesung die Ausstellung eines Zeugnisses darüber zu verlangen, ob sie mit Fleiß an der Übung teilgenommen haben und mit welchem Erfolge (§ 37 der Universitätssatzungen).

1. Die Beteiligung an den mit den Vorlesungen verbundenen schriftlichen Arbeiten wird die Kandidaten nicht nur im schriftlichen Ausdruck ihrer Gedanken üben; die Nötigung, die Gedanken in Worte zu fassen, wird ihnen oft auch zeigen, daß sie eine Frage, über die sie sich im klaren zu sein glaubten, doch nicht klar und folgerichtig durchdacht hatten.

2. Den jungen Juristen kann nicht genug empfohlen werden, während ihrer Studienzeit soviel als möglich Gerichtsverhandlungen anzuwohnen, damit das, was ihnen in Vorlesungen und Büchern gesagt wird, für sie Gestalt und Leben gewinnt und die rechtsgeschichtlichen Vorlesungen durch die Möglichkeit des Vergleichs mit der Gegenwart mehr Interesse für sie erhalten.

3. § 37 der Universitätssatzungen bestimmt: „Die Studienzeugnisse werden regelmäßig nur in der Form von Inskriptionszeugnissen ausgestellt.

Wenn jedoch das Privatinteresse des Studierenden oder seiner Eltern und Angehörigen eine Prüfung wünschenswert erscheinen läßt oder fordert, wie z. B. bei Bewerbung um ein Stipendium oder um Honorarbefreiung, dann bei seminaristischen und sonstigen mit Übungen verbundenen Vorlesungen, sind den Studierenden auf Verlangen Prüfungszeugnisse bzw. Zeugnisse über Fleiß und Leistungen auszustellen."

§ 6. I. Nach den Universitätssatzungen wird als Semester des philosophischen Studiums nur dasjenige Semester gezählt, in welchem der Studierende als Studierender der Philosophie immatrikuliert und wenigstens auf eine ordentliche philosophische Vorlesung inskribiert war, als juristisches Semester nur dasjenige, in welchem der Studierende als Studierender der Rechtswissenschaft immatrikuliert und wenigstens auf eine ordentliche juristische Vorlesung inskribiert war.

II. Hiemit ist nur das Mindestmaß dessen bestimmt, was erforderlich ist, damit ein Semester auf die vorgeschriebene Studienzeit angerechnet werden darf. In der Regel wird sich aber kein Studierender auf das Hören einer einzigen ordentlichen Vorlesung in einem Semester beschränken können.

III. Die Studierenden werden zunächst Vorlesungen über die sämtlichen Fächer zu hören haben, die Gegenstand der Prüfungen sind. Sie sollen sich aber nicht hierauf beschränken, sondern daneben, soweit die Gelegenheit dazu gegeben ist, auch Vorlesungen über solche Gegenstände hören, die ihnen das Verständnis der übrigen Vorlesungen erleichtern oder ihnen für die künftige Stellung im Staatsdienste von Nutzen sein können, z. B. Vorlesungen über Rechtsphilosophie, römischen Zivilprozeß, gerichtliche Medizin, Psychiatrie, Statistik u. dgl.

IV. Die acht ordentlichen Vorlesungen aus dem Lehrkreise der philosophischen Fakultät, die zu hören die Studierenden verpflichtet sind, sollen sie auf die Studienzeit angemessen verteilen. Die Auswahl der Vorlesungen ist ihnen freigestellt. Sie sollen aber auch hiebei stets ihren künftigen Beruf vor Augen haben und sich dessen bewußt sein, daß ein tüchtiger Justiz- und Verwaltungsbeamter nur dann allen an ihn herantretenden Anforderungen gerecht werden kann, wenn er sich eine umfassende allgemeine Bildung erworben und alle Verhältnisse des Lebens von einem höheren Gesichtspunkt aus zu beurteilen gelernt hat.

1. Was eine ordentliche, eine philosophische oder juristische Vorlesung ist, sagt § 7.

2. Zu Abs. II vgl. § 55 II MB.

§ 7. I. Als rechtswissenschaftliche Vorlesungen gelten nicht nur die juristischen Vorlesungen im engeren Sinne, sondern auch die Vorlesungen über Nationalökonomie, Finanzwissenschaft und Statistik.

II. Die Vorlesungen über Statistik und über Rechtsphilosophie dürfen auch ferner als juristische oder als philosophische Vorlesungen, die Vorlesung über Wirtschaftsgeschichte darf als philosophische Vorlesung gezählt werden.

III. Im übrigen beantwortet sich die Frage, was unter einer philosophischen Vorlesung zu verstehen ist, sowie die Frage, welche Vorlesungen als ordentliche Vorlesungen zu betrachten sind, nach den Universitätssatzungen. Nach § 27 dieser Satzungen sind unter philosophischen Vorlesungen im allgemeinen Vorlesungen aus dem Lehrkreise der philosophischen Fakultät, unter ordentlichen Vorlesungen diejenigen Privatvorlesungen zu verstehen, welche mindestens vierstündig in der Woche gelesen werden; doch sind zwei Privatvorlesungen, die zusammen vierständig in der Woche gelesen werden, einer ordentlichen Privatvorlesung gleichzuachten.

IV. Studierenden der Universität München, die an der allgemeinen Abteilung der Technischen Hochschule Vorlesungen hören, werden diese auf die vorgeschriebene Zahl von philosophischen Vorlesungen angerechnet, wenn sie nach ihrem Gegenstande zum Lehrkreise der philosophischen Fakultät gehören.

§ 28 der Universitätssatzungen empfiehlt, die philosophischen Vorlesungen aus dem Lehrkreise der beiden Sektionen der philosophischen Fakultät zu wählen.

§ 8. I. Semester, in denen ein Studierender weder für das Rechtsstudium immatrikuliert noch für eine ordentliche juristische Vorlesung inskribiert war, können überhaupt nicht, Semester, in denen ein Studierender zwar für das Rechtsstudium immatrikuliert, aber nicht wenigstens auf eine ordentliche juristische Vorlesung inskribiert oder in denen er zwar auf eine ordentliche juristische Vorlesung inskribiert, aber nicht für das Rechtsstudium immatrikuliert war, können nur mit ministerieller Genehmigung auf die juristische Studienzeit angerechnet werden.

II. Ein Nachlaß an dem im § 2 Abs. 2 des Gerichtsverfassungsgesetzes vorgeschriebenen dreijährigen Studium der Rechtswissenschaft ist ausgeschlossen.

1. Gesuche um die ministerielle Genehmigung (Abs. I) sind bei dem Kultusministerium einzureichen § 74 MB.

2. Die Vorschrift des Abs. II — für denjenigen, der die Fähigkeit zum Richteramt erlangen will, selbstverständlich — hat ihre Bedeutung für die Bewerber um Anstellung im höheren Verwaltungs- oder Finanzdienste.

§ 9. I. Als deutsche Universitäten im Sinne des § 9 Nr. 2 der Verordnung gelten die Universitäten des Deutschen Reichs.

II. Bezüglich der Anrechnung der an einem bayerischen Lyzeum zugebrachten Studienzeit und der an ausländischen Universitäten zugebrachten Studiensemester sind die Bestimmungen der §§ 29, 30 der Universitätssatzungen (vgl. auch § 2 Abs. 2 Satz 2 des Gerichtsverfassungsgesetzes) maßgebend.

1. §§ 29 und 30 der Universitätssatzungen bestimmen: „Die an einem Lyzeum zugebrachte Studienzeit wird hinsichtlich

des philosophischen (und theologischen) Studiums der Universitätsstudienzeit gleichgeachtet."

„Der Besuch von Universitäten außerhalb des Deutschen Reichs bedarf ministerieller Genehmigung, wenn die dort zugebrachten Studiensemester auf die vorgeschriebene Studienzeit angerechnet werden sollen."

2. § 2 GVG. s. Bem. 1 zu § 1 VO.

Zweiter Abschnitt.

Zwischenprüfung und Universitätsschlußprüfung.

1. Termine der Zwischenprüfung und der Universitätsschlußprüfung.

§ 10. Die Zwischenprüfung hat den Zweck, die Universitätsschlußprüfung von einem Teile des Prüfungsstoffs zu entlasten, der durch die Neugestaltung des gesamten bürgerlichen Rechtes einen großen Zuwachs erhalten hat, die Kandidaten zu einem systematischen Studiengange sowie dazu anzuhalten, daß sie schon beim Beginne der Studienzeit sich den fleißigen Besuch der Vorlesungen und das gründliche Studium des Gehörten angelegen sein lassen, endlich dahin zu wirken, daß die dem juristischen Studium nicht gewachsenen Kandidaten schon in einem möglichst frühen Zeitpunkte zu der Einsicht von der Notwendigkeit gebracht werden, einen anderen Beruf zu wählen.

§ 11. I. Der Zweck der Zwischenprüfung macht es nötig, einerseits ihre Ablegung in einem möglichst frühen Zeitpunkte des juristischen Studiums zu ermöglichen, andererseits den Kandidaten einen genügenden Zeitraum zwischen der Ablegung der Zwischenprüfung und der der Universitätsschlußprüfung zur Vorbereitung für diese zu sichern.

II. Nach § 4 der Verordnung darf der Kandidat die Zwischenprüfung nicht früher als am Schlusse des dritten Semesters des akademischen Studiums ablegen; von den drei Semestern müssen mindestens zwei dem Studium der Rechtswissenschaft gewidmet gewesen sein. Zwischen dem Bestehen der Zwischenprüfung und der Ablegung der Universitätsschlußprüfung muß das Studium der Rechtswissenschaft noch mindestens drei Semester lang fortgesetzt werden.

III. **Als Zeitpunkte für die Ablegung der Zwischenprüfung werden der Anfang und das Ende des Wintersemesters und der Anfang des Sommersemesters eines jeden Jahres bestimmt.**

1. Vgl. die Bem. zu § 4 VO.
2. Zu Abs. III vgl. § 22 VI MB.

§ 12. I. Die Universitätsschlußprüfung muß im unmittelbaren Anschluß an das Universitätsstudium abgelegt werden.

II. Der schriftliche Teil der Prüfung findet gegen Ende des Sommersemesters statt. Der mündliche Teil wird am Ende des Sommersemesters und vor dem Anfange des Wintersemesters abgehalten.

Zu Abs. II vgl. § 26 III, 27 und 30 IV MB.

§ 13. Es ist nicht erforderlich, daß der Kandidat an der Universität, an deren Sitze er sich der Zwischenprüfung oder der Universitätsschlußprüfung unterziehen will, zur Zeit der Ablegung der Prüfung immatrikuliert ist.

Vgl. § 7 Abs. 1 VO.

2. Prüfungskommissionen.

§ 14. I. Für die Zwischenprüfung und die Universitätsschlußprüfung werden an den Sitzen der Landesuniversitäten München, Würzburg und Erlangen Kommissionen gebildet.

II. Die Vorsitzenden und die Mitglieder der Kommissionen werden durch Ministerialentschließung auf die Dauer eines Jahres oder mehrerer Jahre bestellt.

III. Diejenigen Mitglieder der Kommissionen für die Universitätsschlußprüfung, welche mit der Zensur der schriftlichen Arbeiten zu betrauen sind, werden durch Ministerialentschließung alljährlich bestimmt.

Zu §§ 14 ff. vgl. §§ 5, 6 und 25 VO.

§ 15. An der Prüfung jedes Kandidaten haben außer dem Vorsitzenden bei der Zwischenprüfung in der Regel zwei, bei dem mündlichen Teile der Universitätsschlußprüfung in der Regel vier Mitglieder teilzunehmen.

§ 16. I. Dem Vorsitzenden liegt die Leitung der Prüfung und die Führung der Geschäfte der Kommission ob. Er ist dafür verantwortlich, daß die Art der Einrichtung und der

Durchführung der Prüfung den Absichten der Verordnung und dieser Vorschriften entspricht.

II. Er beruft die Mitglieder der Kommission zur Teilnahme an der Prüfung der einzelnen Kandidaten nach seinem Ermessen, jedoch in der Weise, daß für jeden Prüfungsgegenstand ein geeignetes prüfendes Mitglied teilnimmt und daß die Mitglieder im allgemeinen ziemlich gleichmäßig in Anspruch genommen werden. Nach Benehmen mit den Mitgliedern bestimmt er diejenigen, welche sich an der Aufsicht bei der Abhaltung des schriftlichen Teiles der Universitätsschlußprüfung zu beteiligen haben. Er weist für die mündlichen Prüfungen die Prüfungsgegenstände den einzelnen Mitgliedern zu, bestimmt die Reihenfolge, in der sie zu prüfen haben, und verfügt, wie lang jedes Mitglied zu prüfen hat.

III. Der Vorsitzende ist bei den mündlichen Prüfungen berechtigt, selbst Fragen zu stellen.

§ 17. Ist durch Ministerialentschließung ein Stellvertreter des Vorsitzenden nicht bestellt, so wird er im Falle der Verhinderung durch den Dekan der juristischen Fakultät und bei dessen Verhinderung durch das dem Dienstalter nach älteste Mitglied der Kommission vertreten.

Stellvertretung für den Vorsitzenden in Erlangen § 46 III MB.

§ 18. I. Die Kommissionsmitglieder sind, soweit sie Rechtslehrer sind, zunächst zur Prüfung aus denjenigen Fächern berufen, für welche sie Lehraufträge haben, soweit sie nicht Rechtslehrer sind, zur Prüfung aus denjenigen Fächern, welche ihnen besonders übertragen sind. Sie sind verpflichtet, nötigenfalls auf Anordnung des Vorsitzenden auch die Prüfung aus einem anderen Fache zu übernehmen.

II. Jedes Mitglied kann gelegentlich auch Fragen aus den ihm nicht zugeteilten Prüfungsgegenständen stellen.

III. Die Mitglieder haben auf Einladung des Vorsitzenden zu den Prüfungen pünktlich zu erscheinen. Wenn sie durch Krankheit, besonders dringende und unaufschiebliche Berufsgeschäfte oder andere zwingende Gründe am Erscheinen verhindert sind, haben sie dem Vorsitzenden sofort Mitteilung davon zu machen. Von einer längeren Abwesenheit vom Prüfungsorte haben sie dem Vorsitzenden Anzeige zu erstatten.

§ 19. Der Vorsitzende oder ein Mitglied einer Kommission darf sich an der Prüfung eines Kandidaten nicht beteiligen, der mit ihm in gerader Linie verwandt, verschwägert oder durch Annahme an Kindesstatt verbunden, in der Seitenlinie bis zum dritten Grade verwandt oder bis zum zweiten Grade verschwägert ist, auch wenn die Ehe, durch welche die Schwägerschaft begründet ist, nicht mehr besteht.

1. Die Ausschließungsgründe sind die gleichen wie in § 41 Ziff. 3 ZPO.
2. Vgl. auch § 51 III MB.

§ 20. Werden an dem Sitze einer Universität zwei Prüfungskommissionen gebildet, so wird dem Vorsitzenden der einen Kommission die Oberleitung des ganzen Prüfungsgeschäfts übertragen.

Vgl. VO. § 5 Satz 2, zweiter Halbsatz.

§ 21. I. Den Kommissionen in München und Würzburg sind zur Führung des Protokolls und zur Besorgung der sonstigen Schreibgeschäfte geeignete Personen aus dem Sekretariatspersonale der Regierung und zur Besorgung der Botendienste geeignete Personen aus dem Botenpersonale der Regierung beizugeben. Die Bestimmung dieser Personen erfolgt durch das Regierungspräsidium.

II. In Erlangen wird das geeignete Personal auf Ersuchen des Vorsitzenden von der Universität, dem Bezirksamt oder dem Amtsgerichte zur Verfügung gestellt werden.

III. Für die etwa nötige Stellvertretung hat der Vorsitzende zu sorgen.

3. Meldung und Zulassung zur Zwischenprüfung und zur Universitätsschlußprüfung.

§ 22. I. Diejenigen Kandidaten, welche die Zwischenprüfung am Ende des Wintersemesters oder am Anfange des Sommersemesters ablegen wollen, haben in der Zeit vom 1. bis 15. Januar, diejenigen Kandidaten, welche die Zwischenprüfung am Anfange des Wintersemesters ablegen wollen, haben in der Zeit vom 15. bis 30. Juni in einer an den Admissionsausschuß gerichteten Eingabe um Zulassung zur Zwischenprüfung nachzusuchen.

II. Dem Gesuche sind die nach § 8 der Verordnung erforderlichen Belege beizufügen.

III. Zur Anerkennung des Reifezeugnisses einer ausländischen Lehranstalt bedarf es ministerieller Genehmigung. Diese wird nur ausnahmsweise und nur dann erteilt, wenn das Zeugnis mit einem Reifezeugnisse der in Betracht kommenden deutschen Lehranstalten gleichwertig ist.

IV. Das Gesuch ist in einem verschlossenen, mit der Adresse des Dekans der juristischen Fakultät und der Aufschrift „Anmeldung zur Zwischenprüfung" versehenen Umschlag entweder persönlich auf der Universitätskanzlei oder frankiert durch die Post einzureichen.

V. In dem Gesuche sind die juristischen Vorlesungen, die der Kandidat gehört hat, anzugeben sowie der Ort und die Wohnung zu bezeichnen, wo die Benachrichtigung von dem Termine der Prüfung dem Kandidaten zugestellt werden kann.

VI. Diejenigen Kandidaten, welche sich in der Zeit vom 1. bis 15. Januar zur Zwischenprüfung melden, haben in dem Gesuche zugleich anzugeben, ob sie am Ende des Wintersemesters oder am Anfange des Sommersemesters zur Prüfung einberufen zu werden wünschen. Kandidaten, für welche dringende Gründe bestehen, die Prüfung in einem bestimmten Zeitpunkt abzulegen, haben die Gründe im Gesuche näher zu bezeichnen und glaubhaft zu machen.

1. Die §§ 22—25 handeln von der Meldung und Zulassung zur Zwischenprüfung, die §§ 26—31 von der Meldung und Zulassung zur Universitätsschlußprüfung; die §§ 32—35 beziehen sich auf beide Prüfungen.

2. Verspätete Einreichung des Gesuchs § 34 MB.

3. Ein Muster für das Gesuch s. Bem. 2 zu § 8 VO.

4. Um die Genehmigung zur Anerkennung des Reifezeugnisses einer ausländischen Lehranstalt (Abs. III) hat der Kandidat beim Kultusministerium nachzusuchen § 74 MB.

§ 23. Die Zulassung zur Zwischenprüfung erfolgt, wenn keine Erinnerung gegen den Inhalt des Gesuchs besteht. Die Bekanntmachung der Zulassung erfolgt durch den Admissionsausschuß mittels Anschlags am schwarzen Brette der Universität.

Die Verbescheidung erfolgt durch den Admissionsausschuß § 10 Abs. 2 VO.

§ 24. I. Die Namen der zur Zwischenprüfung zugelassenen Kandidaten sind nach der Zeit der Anmeldung geordnet und, soweit sie sich in der Zeit vom 1. bis 15. Januar gemeldet haben, unter Scheidung derjenigen, welche am Ende des Wintersemesters zur Prüfung einberufen zu werden wünschen, und derjenigen, welche am Anfange des Sommersemesters einberufen zu werden wünschen, in Listen zusammenzustellen. Die Listen sind vom Admissionsausschusse bis 1. Februar und bis 15. Juli dem Vorsitzenden der Prüfungskommission vorzulegen, der nach Benehmen mit den Mitgliedern der Kommission die Termine für die einzelnen Prüfungen festsetzt und die Zuweisung der Kandidaten zu den einzelnen Terminen verfügt.

II. Der Admissionsausschuß benachrichtigt sodann jeden Kandidaten schriftlich von dem Termin, an dem er sich vor der Kommission zur Prüfung zu stellen hat.

III. Gesuche um Verlegung eines Termins sind unter Angabe der Gründe an den Vorsitzenden zu richten.

IV. Mit den Zwischenprüfungen am Ende des Wintersemesters soll nicht vor dem 15. Februar begonnen werden, mit den Zwischenprüfungen am Anfange des Sommersemesters nicht vor dem Anfange dieses Semesters und mit den Zwischenprüfungen am Anfange des Wintersemesters nicht vor der Beendigung des mündlichen Teiles der Universitätsschlußprüfung. Die Zwischenprüfungen sollen im Zeitraume von je vier Wochen beendigt sein. Können am Ende des Wintersemesters nicht alle für diesen Zeitpunkt zugelassenen Kandidaten geprüft werden, so ist ein Teil auf den Anfang des Sommersemesters zu verweisen.

Zu Abs. II vgl. §§ 33 und 35 V.

§ 25. An denjenigen Prüfungsorten, an welchen für die Abhaltung der Zwischenprüfung zwei Kommissionen gebildet sind, bestimmt der mit der Oberleitung des Prüfungsgeschäfts betraute Vorsitzende im Benehmen mit dem Vorsitzenden der anderen Kommission, vor welcher Kommission die einzelnen Kandidaten die Prüfung abzulegen haben. Hiebei sollen die Kandidaten in der Regel nach ihrer Reihenfolge in der Liste abwechselnd der einen und der anderen Kommission zugeteilt werden.

§ 26. I. Das Gesuch um Zulassung zur Universitätsschlußprüfung ist in der Zeit vom 1. bis 15. Mai unter Vorlage der vorgeschriebenen Belege (§ 9 der Verordnung, §§ 6 bis 9 dieser Vorschriften) bei dem Admissionsausschuß einzureichen.

II. Die Vorschrift in § 22 Abs. III findet Anwendung.

III. Hiebei hat der Kandidat ausdrücklich zu erklären, ob er die mündliche Prüfung am Ende des Sommersemesters oder vor dem Anfange des Wintersemesters abzulegen wünscht.

IV. Die unter Nr. 2 bis 4 des § 9 der Verordnung bezeichneten Nachweise und der Nachweis der unter Nr. 5 bezeichneten Fortsetzung des Studiums werden durch das Universitätsabgangszeugnis (§ 35 der Universitätssatzungen) erbracht.

V. In der Beschreibung des Lebenslaufs sind auch der Name, der Stand und die Staatsangehörigkeit der Eltern des Kandidaten anzugeben.

VI. Dem Gesuch um Zulassung zur Universitätsschlußprüfung können auch die dem Kandidaten über den Besuch von Übungsvorlesungen ausgestellten Zeugnisse und die von ihm für diese Vorlesungen verfaßten schriftlichen Arbeiten, sofern sie mit einer Zensur des Universitätslehrers oder seines Assistenten versehen sind, beigefügt werden.

1. Verspätete Einreichung des Gesuchs § 34 MB.

2. Als Beispiel für die äußere Form des Gesuchs vgl. das in Bem. 2 zu § 8 VO. gegebene Muster eines Gesuchs um Zulassung zur Zwischenprüfung; der Inhalt des Gesuchs und seine Beilagen ergeben sich aus § 9 VO., §§ 26 und 27 V MB. Wegen der Möglichkeit der Verweisung an einen anderen Prüfungsort (§ 7 Abs. 2 VO.) empfiehlt es sich, etwaige besondere Verhältnisse, die einer Verweisung entgegenstehen könnten, z. B. Gesundheits- oder Vermögensverhältnisse vorsorglich im Gesuch anzuführen und erforderlichenfalls näher zu begründen (§ 29 III MB.).

§ 27. I. Der Zeitpunkt der Abhaltung des schriftlichen Teiles der Universitätsschlußprüfung wird durch Ministerialentschließung bestimmt.

II. Zum mündlichen Teile der Prüfung am Ende des Sommersemesters werden nur so viele Kandidaten zugelassen, als ohne erhebliche Störung der Vorlesungen geprüft werden können.

III. Können bei der Prüfung am Ende des Sommersemesters nicht alle für diesen Zeitpunkt angemeldeten Kandidaten geprüft werden, so haben diejenigen, welche im Herbste als Einjährig-Freiwillige ihrer Militärpflicht genügen wollen, und nach diesen diejenigen den Vorzug, welchen besondere

Gründe, wie Gesundheits-, Familienverhältnisse u. dgl. zur Seite stehen.

IV. Unter den übrigen entscheidet das Los. Diejenigen, welche am Ende des Sommersemesters nicht geprüft werden können, sind zu der vor dem Anfange des Wintersemesters stattfindenden mündlichen Prüfung zu verweisen.

V. In dem Gesuch um Zulassung sind die Tatsachen, welche die vorzugsweise Berücksichtigung begründen können, anzugeben und glaubhaft zu machen; ferner sind der Ort und die Wohnung, wo die Entschließung über die Zulassung zur Prüfung zugestellt werden kann, genau anzugeben.

Zu Abs. I vgl. §§ 12 II und 43 I MB.

§ 28. I. Der Admissionsausschuß hat bis 20. Mai dem Staatsministerium des Innern für Kirchen- und Schulangelegenheiten zu berichten, wie viele Gesuche um Zulassung zur Universitätsschlußprüfung eingelaufen sind.

II. Das Staatsministerium des Innern für Kirchen- und Schulangelegenheiten wird hierauf alsbald dem Admissionsausschusse mitteilen, ob die Verweisung von Kandidaten an einen anderen Prüfungsort im Interesse der Herbeiführung einer tunlichst gleichmäßigen Belastung der Prüfungskommissionen mit den Prüfungsgeschäften (§ 7 Abs. 2 der Verordnung) in Aussicht genommen ist.

III. Der Admissionsausschuß hat unterdessen die bei ihm eingereichten Gesuche und ihre Belege zu prüfen und, wenn den Vorschriften genügt ist, die Zulassung zur Prüfung zu beschließen. Die Zulassung wird durch Anschlag am schwarzen Brette der Universität und zwar gegebenenfalls mit dem Beifügen bekannt gemacht, daß die Verweisung einzelner Kandidaten an einen anderen Prüfungsort vorbehalten bleibt.

§ 29. I. Der Admissionsausschuß hat über die zugelassenen Kandidaten zwei Listen anzulegen, von denen die eine die Namen der zur mündlichen Prüfung für das Ende des Sommersemesters, die andere die Namen der zur mündlichen Prüfung vor dem Anfange des Wintersemesters angemeldeten Kandidaten in alphabetischer Ordnung zu enthalten hat. In den Listen sind auch der Geburtsort und der Geburtstag der Kandidaten anzuführen.

II. Hat das Staatsministerium des Innern für Kirchen- und Schulangelegenheiten erklärt, daß die Verweisung von Kandidaten an einen anderen Prüfungsort in Aussicht genommen ist, so sind in den Listen auch die Semester anzugeben, die der Kandidat an dem gewählten Prüfungsorte dem Studium der Rechtswissenschaft gewidmet hat.

III. Da Kandidaten, die sich während der letzten drei Semester oder im ganzen während vier Semestern an dem gewählten Prüfungsorte dem Studium der Rechtswissenschaft gewidmet haben, in der Regel nicht an einen anderen Prüfungsort verwiesen werden sollen, können bei ihnen weitere Angaben unterbleiben. Bei den übrigen Kandidaten sind etwaige besondere Verhältnisse, wie z. B. Gesundheits- oder Vermögensverhältnisse, die einer Verweisung entgegenstehen könnten, eigens anzuführen und erforderlichenfalls näher zu begründen.

IV. Hat das Staatsministerium des Innern für Kirchen- und Schulangelegenheiten erklärt, daß eine Verweisung nicht in Betracht kommt, so genügt die Vorlage der Listen mit dem in Abs. I bezeichneten Inhalte.

V. Die Listen sind bis 1. Juni dem Staatsministerium des Innern für Kirchen- und Schulangelegenheiten vorzulegen. Es setzt die Zeitpunkte des Beginns der beiden Abteilungen der mündlichen Prüfung fest.

Zu Abs. V Satz 2 vgl. § 12 II Satz 2 MB.

§ 30. I. Die Verweisung von Kandidaten an einen anderen als den von ihnen gewählten Prüfungsort erfolgt durch das Staatsministerium des Innern für Kirchen- und Schulangelegenheiten im Benehmen mit den Staatsministerien der Justiz und des Innern.

II. Das Staatsministerium des Innern für Kirchen- und Schulangelegenheiten teilt die Namen der Kandidaten, die an einen anderen Prüfungsort verwiesen wurden, dem Admissionsausschusse des Prüfungsorts, an dem die Kandidaten die Prüfung ablegen wollten, und dem Admissionsausschusse des Prüfungsorts, an den die Kandidaten verwiesen wurden, mit.

III. Der Admissionsausschuß des gewählten Prüfungsorts benachrichtigt die Kandidaten von der Verweisung durch unmittelbare Zustellung gegen Empfangsbestätigung oder, wenn der Kandidat nicht am Orte des Admissionsausschusses anwesend ist, mittels eingeschriebenen Briefes durch die Post und übersendet die Nachweise hierüber sowie die Zulassungsgesuche der verwiesenen Kandidaten mit den Belegen hiezu dem Admissionsausschusse des Prüfungsorts, an dem die Prüfung abzulegen ist. Hiebei ist darauf hinzuweisen, ob der verwiesene Kandidat etwa aus besonderen Gründen die mündliche Prüfung am Ende des Sommersemesters abzulegen wünscht.

IV. Der Admissionsausschuß bestimmt hierauf unter Berücksichtigung der Vorschriften in § 27 Abs. II, III die Kandidaten, die am Ende des Sommersemesters und die vor dem Anfange des Wintersemesters die mündliche Prüfung abzulegen haben, stellt die Reihenfolge der Kandidaten durch das Los fest und benachrichtigt jeden schriftlich von dem Termin, in dem er sich vor dem Dekane der juristischen Fakultät zur Entgegennahme der Mitteilung über den Tag und die Stunde der Prüfung zu stellen hat. Diese Mitteilung erfolgt am Gestellungstage durch den Dekan nach Benehmen mit dem Vorsitzenden der Prüfungskommission.

V. An Orten, an denen zwei Kommissionen gebildet sind, ist am Gestellungstage durch das Los festzustellen, vor welcher Kommission die einzelnen Kandidaten die Prüfung abzulegen haben. Der mit der Oberleitung des Prüfungsgeschäfts betraute Vorsitzende ist berechtigt, in besonderen Fällen Abweichungen von der Zuteilung zuzulassen.

VI. Gesuche um Verlegung eines Prüfungstermins sind unter Angabe der Gründe an den Vorsitzenden der Prüfungskommission zu richten; diesem steht die Verbescheidung der Gesuche zu. Den Gesuchen soll nur beim Vorhandensein triftiger Gründe stattgegeben werden.

Zu Abs. IV vgl. §§ 33 und 35 Abs. V MB.

§ 31. I. Die Listen der zur mündlichen Prüfung für das Ende des Sommersemesters und der zur mündlichen Prüfung für die Zeit vor dem Anfange des Wintersemesters endgültig zugelassenen Kandidaten sind alsbald nach ihrer Anfertigung dem Vorsitzenden der Prüfungskommission zu übergeben. In den Listen sind die Tage anzugeben, an denen sich die einzelnen Kandidaten vor dem Dekane zu stellen haben (§ 30 Abs. IV).

II. Gleichzeitig sind dem Vorsitzenden die Zulassungsgesuche nebst den Belegen sowie das Protokoll über die Verhandlungen des Admissionsausschusses (§ 32) zur Verfügung zu stellen.

§ 32. Der Admissionsausschuß hat über die aus Anlaß der Gesuche um Zulassung zur Zwischenprüfung und der Gesuche um Zulassung zur Universitätsschlußprüfung gepflogenen Verhandlungen und gefaßten Beschlüsse je ein gesondertes fortlaufendes Protokoll zu führen.

§ 33. Die Benachrichtigung von dem Termine der Zwischenprüfung und dem Termine der Gestellung zum mündlichen Teile der Universitätsschlußprüfung (§ 24 Abs. II, § 30 Abs. IV) ist an die Kandidaten selbst zu richten und den am Orte der Prüfung anwesenden unmittelbar gegen Empfangsbestätigung zuzustellen, den abwesenden spätestens acht Tage vor dem Termine durch die Post mittels eingeschriebenen Briefes zu übersenden.

§ 34. I. Einem Kandidaten, der unter Versäumung der in den §§ 22, 26 bestimmten Fristen das Gesuch um Zulassung zur Zwischenprüfung oder das Gesuch um Zulassung zur Universitätsschlußprüfung verspätet einreicht oder das Gesuch nicht mit den vorgeschriebenen Belegen (§§ 8, 9 der Verordnung, §§ 22, 26 dieser Vorschriften) versieht und trotz der Aufforderung zur nachträglichen Vorlegung der fehlenden Belege diese nicht sofort vorlegt, ist die Zulassung zu versagen. Die Gründe der Versagung sind anzugeben.

II. Die Beschwerde gegen diese Verfügung ist an das Staatsministerium des Innern für Kirchen- und Schulangelegenheiten zu richten.

§ 35. I. Die Zulassung zur Zwischenprüfung und zur Universitätsschlußprüfung hat die Wirkung, daß der Kandidat verpflichtet ist, sich zu der festgesetzten Zeit der Prüfung zu unterziehen.

II. Die Zurücknahme des Gesuchs um Zulassung zur Prüfung ist als rechtzeitig im Sinne des § 15 und des § 21 Abs. 2 der Verordnung nur dann anzusehen, wenn der Kandidat die Zurücknahme ordnungsgemäß im Laufe des dritten Tages vor dem Termin (§ 24 Abs. II, § 30 Abs. IV) erklärt.

III. Den Beschluß, daß der Kandidat einem Kandidaten gleichzuachten ist, der die Prüfung nicht bestanden hat, hat die Prüfungskommission zu fassen. Der Beschluß ist in das Protokoll aufzunehmen.

IV. **Erfolgt nachträglich genügende Entschuldigung, so wird der Beschluß aufgehoben, der Kandidat aber in der Regel erst dann geprüft, wenn alle anderen Kandidaten geprüft sind.**

V. **Die Kandidaten sind bei der Benachrichtigung von dem Termin (§ 24 Abs. II, § 30 Abs. IV) auf die Bestimmungen im § 15 und im § 21 Abs. 2 der Verordnung und im obigen Abs. II ausdrücklich aufmerksam zu machen.**

1. Vgl. §§ 15 und 21 Abs. 2 VO. sowie die Bem. hierzu.

2. Termin im Sinne des Abs. II ist bei der Universitätsschlußprüfung nicht der Zeitpunkt der Prüfung selbst, sondern der Zeitpunkt, in dem sich der Kandidat bei dem Dekane der juristischen Fakultät zur Entgegennahme der Mitteilung über den Tag und die Stunde der Prüfung einzufinden hat.

4. Zwischenprüfung.

§ 36. I. Bei der Zwischenprüfung wird in der Regel der Kandidat vierzig Minuten lang aus den im § 3 der Verordnung bezeichneten Gegenständen geprüft.

II. Wurde gestattet, daß die Kommission gleichzeitig zwei Kandidaten prüft, so ist die Prüfungszeit auf eine Stunde zu verlängern. Auf achtzig Minuten ist sie zu verlängern, wenn die Kommission gleichzeitig drei Kandidaten prüft, auf eine und eine halbe Stunde, wenn die Kommission gleichzeitig vier Kandidaten prüft.

III. Bei der Prüfung aus der deutschen Rechtsgeschichte haben die Kandidaten auch Fragen über besonders wichtige Vorkommnisse der allgemeinen deutschen Geschichte zu gewärtigen.

Vgl. VO. § 11.

§ 37. I. Bei der Zwischenprüfung ist vor allem zu erforschen, ob der Kandidat die juristischen Grundbegriffe erfaßt hat; erst in zweiter Linie sind die positiven Einzelheiten des römischen und des deutschen Rechtes und der Rechtsgeschichte in Betracht zu ziehen. Kandidaten, die nach der ersten Richtung nicht genügen, sind zurückzuweisen, auch wenn sie genügende Kenntnisse der Einzelheiten dargetan haben. Um zu erforschen, ob der Kandidat den ganzen Prüfungsgegenstand beherrscht, sollen die Fragen stets mehrere Gebiete des Prüfungsgegenstandes berühren. Die Fragen sollen klar und leicht verständlich sein.

II. Zeigt ein Kandidat auf einem durch die Fragestellung berührten Gebiet offenbare Unkenntnis, so ist dieses Gebiet zu verlassen und ein anderes zur Fragestellung zu wählen. Es sollen nur Fragen gestellt werden, die den Gegenstand selbst betreffen und bei einem regelmäßigen Bildungsgange beantwortet werden können. Fragen, die eine besondere Richtung der Vorbereitung voraussetzen, z. B. Fragen nach besonderen Einteilungen, besonderen Definitionen, die nur von einem bestimmten Lehrer aufgestellt oder nur in einem bestimmten Lehrbuche gefunden werden, sind zu vermeiden.

III. Die Vorsitzenden der Prüfungskommissionen sind angewiesen, die Beachtung dieser Bestimmungen sorgfältig zu überwachen.

Abs. II und III gelten auch für die Universitätsschlußprüfung — § 55 III MB.

§ 38. Alle Kommissionsmitglieder sind verpflichtet, der Prüfung fortgesetzt beizuwohnen, um sich ein Urteil über den Gesamteindruck des Prüfungsergebnisses bilden zu können.

Die Bestimmung gilt auch für die Universitätsschlußprüfung — § 55 III MB.

§ 39. I. Die Beschlußfassung über das Ergebnis hat stets unmittelbar nach der Beendigung der Prüfung zu erfolgen. Jedes Mitglied hat hiebei seine Stimme nach dem Gesamtergebnisse der Prüfung abzugeben.

II. Die Beratung und die Beschlußfassung erfolgen nicht öffentlich. Die Reihenfolge bei der Abstimmung richtet sich nach dem Dienstalter; das jüngste Mitglied stimmt zuerst, der Vorsitzende zuletzt.

III. Daß ein Kandidat die Prüfung „mit Auszeichnung" bestanden hat, soll nur dann erklärt werden, wenn Einstimmigkeit darüber besteht, daß sein Wissen die Anforderungen, die an einen Kandidaten in der Regel gestellt werden können, erheblich übersteigt.

VO. §§ 12 und 13.

§ 40. I. Persönliche Verhältnisse der Kandidaten, die auf das Prüfungsergebnis einwirken, z. B. Erkrankung während der Vorbereitung zur Prüfung u. dgl., dürfen nicht berücksichtigt werden.

II. Wird ein Kandidat während der Prüfung von einem Unwohlsein befallen und wünscht er deshalb, daß die Prüfung abgebrochen werde, so hat die Kommission zu beurteilen, ob sich auf der Grundlage der von dem Kandidaten bis dahin

gegebenen Antworten ein sicheres Urteil abgeben läßt oder nicht. Im ersten Falle wird über das Ergebnis Beschluß gefaßt; im anderen Falle wird, sofern es tunlich ist, dem Kandidaten ein möglichst naher Termin zur erneuten Ablegung der Prüfung bestimmt.

Die Bestimmungen finden auf den mündlichen Teil der Universitätsschlußprüfung entsprechende Anwendung — § 57 IV MB.

5. Schriftlicher Teil der Universitätsschlußprüfung.

§ 41. I. Bei dem schriftlichen Teile der Universitätsschlußprüfung werden den Kandidaten in der Regel vier Aufgaben vorgelegt; ihr Inhalt kann dem Gebiete der sämtlichen Prüfungsgegenstände (§ 2 der Verordnung) entnommen sein.

II. Die Aufgaben werden in der Regel die Bearbeitung kurzer Rechtsfälle und die Beantwortung angereihter Fragen theoretischen Inhalts zum Gegenstande haben.

VO. § 18.

§ 42. I. Die juristischen Fakultäten der drei Landesuniversitäten oder einzelne ihrer Mitglieder werden alljährlich veranlaßt werden, Prüfungsaufgaben für bestimmte Gegenstände vorzuschlagen.

II. Hiebei sollen sie angemessene kleinere und einfachere Aufgaben mit starker Betonung der theoretischen Seite des Gegenstandes wählen; Rechtsfälle, die Gegenstand der Besprechung oder der schriftlichen Bearbeitung in einer Uebungsvorlesung waren, dürfen nicht vorgeschlagen werden. Wenn Rechtsfälle aus einem Werke entnommen sind, so ist das Werk anzuführen.

III. Jeder Aufgabe ist eine kurze Skizze der Lösung beizufügen. Aufgaben, die verschiedene rechtliche Beurteilungen und demgemäß verschiedene Lösungen zulassen, ist diejenige Lösung beizufügen, welche das Mitglied der Fakultät für die richtige hält, das die Aufgabe entworfen hat.

IV. Das Staatsministerium des Innern für Kirchen- und Schulangelegenheiten stellt im Benehmen mit den Staatsministerien der Justiz und des Innern die für die Prüfung des Jahres bestimmten Aufgaben fest und übersendet die erforderliche Anzahl von Exemplaren verschlossen dem Vorsitzenden der Prüfungskommission. Dieser öffnet an den zur Bearbeitung der einzelnen Aufgaben bestimmten Tagen den Verschluß in Gegenwart der Kandidaten und verteilt die Aufgaben an sie.

§ 43. I. Der schriftliche Teil der Universitätsschlußprüfung wird an den drei Landesuniversitäten zu der gleichen Zeit abgehalten.

II. Den Kandidaten wird jeweils nur eine Aufgabe zur Bearbeitung vorgelegt. In der Regel wird für die Bearbeitung einer Aufgabe ein Zeitraum von vier bis fünf Stunden (vormittags 8 bis 12 oder 1 Uhr) festgesetzt.

III. Die Reihenfolge, in der die Aufgaben vorzulegen sind, wird jedesmal besonders bestimmt.

IV. Nach dem Ablaufe der festgesetzten Zeit sind die Bearbeitungen an den die Aufsicht führenden Beamten abzuliefern, auch wenn sie unvollendet sind.

V. Die Kandidaten dürfen erst nach der Ablieferung ihrer Bearbeitungen aus dem Prüfungsraum entlassen werden.

VI. Die Kandidaten haben auf der ersten Seite eines jeden Bogens der Bearbeitungen ihren Vornamen und ihren Familiennamen und auf der ersten Seite des ersten Bogens die Zahl der abgelieferten Bogen anzugeben. Die Richtigkeit der Zahl ist von dem Aufsichtsbeamten zu bestätigen, der zugleich die Zeit der Ablieferung auf der Bearbeitung vermerkt.

VII. Die Bearbeitungen müssen mit gut leserlicher Schrift geschrieben sein. Die Anwendung von Kurzschrift ist untersagt. Für Papier, Federn u. dgl. haben die Kandidaten selbst zu sorgen.

1. Zu Abs. I: VO. § 18 Abs. 2. — Eine Ausnahme von der gleichzeitigen Ablegung der schriftlichen Prüfung mit den gleichen Aufgaben durch alle Kandidaten läßt § 50 MB. zu.

2. Abs. IV will wohl nur ein Weiterarbeiten an den Bearbeitungen über die festgesetzte Zeit hinaus ausschließen, nicht aber dem Kandidaten die Möglichkeit nehmen, statt einer unvollendeten oder ihn sonst nicht befriedigenden Arbeit gar keine abzuliefern; er erhält dann für die Aufgabe die Zensur „ungenügend" (§ 49 IV MB.). Dementsprechend gilt auch Abs. V nur für den Kandidaten, der seine Bearbeitung zensiert haben will. Daß ein Kandidat erklärt hat, eine Bearbeitung nicht abliefern zu wollen, wird im Protokoll festzustellen sein.

3. Zu Abs. VII: Der Kandidat muß sich gefallen lassen, daß das, was er in Kurzschrift geschrieben hat, als nicht geschrieben angesehen wird.

§ 44. Als Hilfsmittel sind nur Gesetzestexte zulässig. Diese werden den Kandidaten von der Prüfungskommission für jede Arbeit besonders zur Verfügung gestellt.

Vgl. §§ 18 Abs. 3 und 19 VO. sowie die Bem. zu § 19.

§ 45. I. Die Sitzordnung der Kandidaten wird durch Ziehung des Loses bestimmt. Das Ergebnis der Ziehung ist im Protokoll anzugeben.

II. Vor der Ziehung des Loses sind den Kandidaten die Bestimmungen in den §§ 18, 19 der Verordnung und in den §§ 43, 44, 46, 47, 49 dieser Vorschriften vorzulesen.

Die Bestimmung der Sitzordnung erfolgt nicht für die einzelnen Prüfungstage besonders, sondern für die ganze schriftliche Prüfung.

§ 46. I. Die Aufsicht wird durch den Vorsitzenden der Prüfungskommission unter Mitwirkung der Kommissionsmitglieder geführt. Im Falle des Bedürfnisses kann das Staatsministerium des Innern für Kirchen- und Schulangelegenheiten auch andere Beamte zur Mitwirkung bei der Aufsicht bestimmen.

II. Sind zur Unterbringung der Kandidaten mehrere Räume nötig, so muß in jedem Raume ständig ein Aufsichtsbeamter anwesend sein. Sind in einem Raume mehr als dreißig Kandidaten vereinigt, so müssen ständig zwei Aufsichtsbeamte anwesend sein.

III. In Erlangen kann die Stellvertretung des Vorsitzenden bei dem schriftlichen Teile der Prüfung dem Dekane der juristischen Fakultät und für den Fall, daß dieser verhindert ist, einem anderen Mitgliede der Prüfungskommission übertragen werden.

IV. Die Aufsichtsbeamten haben mit größter Strenge darüber zu wachen, daß jeder Verkehr der Kandidaten untereinander oder mit Dritten vom Augenblicke der Übergabe der Aufgaben an die Kandidaten bis zur Ablieferung der Bearbeitungen ausgeschlossen bleibt.

V. Betrifft der Aufsichtsbeamte einen Kandidaten bei dem Gebrauch eines nicht zugelassenen Hilfsmittels oder bei der Benützung fremder persönlicher Hilfe, so hat er seine Wahrnehmung im Protokolle zu beurkunden. Die Beschlußfassung im Sinne des § 19 der Verordnung steht jedoch nur der Prüfungskommission zu.

Zu Abs. V vgl. § 18 Abs. 3 VO., § 44 MB.

§ 47. I. Die Zensur der Bearbeitungen erfolgt durch diejenigen Kommissionsmitglieder, welche hiezu besonders bestimmt sind (§ 14 Abs. III).

II. Der Vorsitzende hat die Bearbeitungen unmittelbar nach Beendigung des schriftlichen Teiles der Prüfung den Zensoren zu übergeben. Jeder Zensor erhält dabei auch eine Darstellung der Sitzordnung der Kandidaten.

III. Sind im Protokolle Wahrnehmungen des Aufsichtsbeamten beurkundet, die von Einfluß auf die Zensur sein können, so ist auch ein Auszug aus dem Protokolle beizufügen.

Die für das Prüfungsergebnis maßgebende Entscheidung darüber, wie die Aufgaben bearbeitet sind, erfolgt erst nach der mündlichen Prüfung durch die Prüfungskommission § 56 III MB.; es handelt sich also zunächst nur um eine vorläufige Bewertung.

§ 48. Jeder Zensor hat zunächst, um eine bestimmte Grundlage für die Beurteilung der Bearbeitungen zu erlangen, selbst die Aufgabe kurz schriftlich zu bearbeiten. Sind mehrere Mitglieder zur Zensur der Bearbeitungen einer Aufgabe bestimmt, so haben sie zur Vermeidung von Ungleichmäßigkeiten in der Zensur vor deren Beginn gemeinschaftlich mit dem Vorsitzenden festzusetzen, was als Fehler angerechnet werden muß und was nicht als Fehler angerechnet werden darf.

§ 49. I. Die Zensur ist auf die Abgabe eines Urteils darüber zu beschränken, ob die Aufgabe „sehr gut", „gut", „genügend" oder „nicht genügend" bearbeitet worden ist. Sie ist mit einer kurzen Begründung zu versehen.

II. Bei der Zensur soll nicht zu großes Gewicht darauf gelegt werden, ob die Art der Lösung der Aufgabe durch den Kandidaten mit der vom Zensor als richtig angenommenen Lösung übereinstimmt, sondern hauptsächlich darauf gesehen werden, ob der Kandidat bei der Bearbeitung der Aufgabe allgemeines juristisches Verständnis, genügende theoretische Kenntnisse und eine gewisse Gewandtheit in der Darstellung seiner Gedanken gezeigt hat.

III. Hat ein Kandidat die Bearbeitung einer Aufgabe nicht vollendet, so soll die Bearbeitung wegen dieses Umstandes allein noch nicht für „nicht genügend" erklärt werden, sondern es ist unter Berücksichtigung der dem Kandidaten zur Verfügung gestandenen Zeit sowie der Größe des bearbeiteten Teiles der Aufgabe und des Wertes der Arbeit zu prüfen, ob er nicht auch durch die Bearbeitung nur eines Teiles der Aufgabe den im Abs. II bezeichneten Anforderungen so weit entsprochen hat, daß die Aufgabe als „genügend" oder als „gut" bearbeitet anzusehen ist.

IV. Hat ein Kandidat eine Aufgabe gar nicht bearbeitet, so ist ihm für diese Aufgabe die Zensur „nicht genügend" zu erteilen.

V. Ergibt sich bei der Zensur der Verdacht, daß ein Kandidat bei der Bearbeitung ein nicht zugelassenes Hilfsmittel gebraucht oder sich fremder persönlicher Hilfe bedient hat, so ist dies unter Angabe der den Verdacht begründenden Umstände auf der Bearbeitung zu vermerken.

VI. Den Beschluß im Sinne des § 19 der Verordnung hat die Prüfungskommission zu fassen.

Zu Abs. IV vgl. § 50 MB., zu Abs. V § 18 Abs. 3 VO., § 44 MB.

§ 50. War ein Kandidat durch Krankheit oder andere zwingende Umstände verhindert, den schriftlichen Teil der Prüfung abzulegen, oder hat er aus einem solchen Grunde sich an der Bearbeitung der einen oder der anderen Aufgabe nicht beteiligen können, so kann der Vorsitzende durch das Staatsministerium des Innern für Kirchen- und Schulangelegenheiten ermächtigt werden, dem Kandidaten die nachträgliche Ablegung des schriftlichen Teiles der Prüfung oder die nachträgliche Bearbeitung einzelner Aufgaben zu gestatten und die hiezu nötigen Aufgaben im Benehmen mit dem Dekane der juristischen Fakultät festzustellen.

Es wird Sache des Kandidaten sein, bei dem Kultusministerium (§ 74 MB.) um die Vergünstigung des § 50 nachzusuchen und dabei seine Verhinderungsgründe glaubhaft zu machen; doch ist die Einreichung des Gesuchs bei dem Vorsitzenden der Prüfungskommission wohl nicht ausgeschlossen.

§ 51. I. Die zensierten Bearbeitungen der Kandidaten sind spätestens zehn Tage nach dem Ende der schriftlichen Prüfung dem Vorsitzenden der Prüfungskommission zu übergeben. Dieser nimmt Einsicht von ihnen und teilt sie nebst den von den Zensoren gefertigen Bearbeitungen den übrigen Kommissionsmitgliedern mittels Umlaufs oder durch Auflegen in einem geeigneten Raume der Universität zur Einsichtnahme mit.

II. Der Vorsitzende und die Mitglieder sind verpflichtet, von sämtlichen Bearbeitungen Einsicht zu nehmen und sich ein selbständiges Urteil über ihren Wert zu bilden.

III. **Mitglieder der Prüfungskommission, die nicht in der Lage sind, sich dieser unerläßlichen Pflicht zu unterziehen, können an der mündlichen Prüfung nicht teilnehmen.**

§ 52. Der Vorsitzende hat den Kandidaten auf Verlangen das Ergebnis der Zensur mitzuteilen.

Die Pflicht des Vorsitzenden zur Mitteilung der Zensur der Aufgaben entsteht selbstverständlich erst mit der nach § 51 MB. erfolgten Übergabe der Aufgaben an ihn. Über Zeit und Ort und die sonstigen Modalitäten der Aufschlußerteilung kann der Vorsitzende die erforderlichen Bestimmungen treffen. Zweifellos ist jedoch an eine Mitteilung vor dem mündlichen Teile der Prüfung gedacht, nicht an eine Mitteilung erst bei Aushändigung des Zeugnisses, wie sie Woerner (Sammlung der für Rechtskandidaten usw. geltenden Vorschriften Bem. 1 zu § 52) annimmt; denn § 52 bezieht sich auf die Zensur i. S. des § 47, die bei Aushändigung des Zeugnisses durch die Entscheidung nach § 56 III MB. ihre Bedeutung verloren hat.

6. Mündlicher Teil der Universitätsschlußprüfung.

§ 53. I. **Bei dem mündlichen Teile der Universitätsschlußprüfung wird der Kandidat in der Regel eine und eine halbe Stunde lang aus den im § 2 der Verordnung bezeichneten Gegenständen geprüft.**

II. **Wurde gestattet, daß die Kommission gleichzeitig zwei Kandidaten prüft, so ist die Prüfungszeit auf zwei und eine halbe Stunde zu verlängern. Auf drei Stunden ist sie zu verlängern, wenn die Kommission gleichzeitig drei Kandidaten prüft.**

Eine Verlängerung der Prüfungszeit tritt nur ein, wenn die Kommission gleichzeitig und ungetrennt mehrere Kandidaten prüft — vgl. § 20 VO., § 55 III MB.

§ 54. Bei der mündlichen Prüfung am Ende des Sommersemesters ist in der Regel nur an den Nachmittagen der Werktage zu prüfen, bei der Prüfung vor dem Anfange des Wintersemesters in der Regel an den Vormittagen und an den Nachmittagen der Werktage.

§ 55. I. **Bei dem mündlichen Teile der Prüfung ist insbesondere zu erforschen, ob sich der Kandidat die nötige formale juristische Bildung angeeignet hat (§ 5). Es ist zwar die vollständige Kenntnis des den Prüfungsgegenstand bildenden**

Stoffes zu fordern, doch ist auf untergeordnete Einzelheiten nicht einzugehen, sondern mehr darauf zu sehen, ob sich der Kandidat Fertigkeit im juristischen Denken erworben hat und einer freieren Behandlung des Prüfungsstoffs fähig ist. Auf bloßes Gedächtniswerk, das nur für die Prüfung erworben und nach der Prüfung wieder vergessen wird, ist kein ausschließliches Gewicht zu legen.

II. In allen Fällen, in denen der Studiengang des Kandidaten ungeordnet oder lückenhaft ist, haben die Vorsitzenden der Prüfungskommissionen darauf hinzuwirken, daß bei der Prüfung mit besonderer Genauigkeit und Strenge verfahren wird.

III. Im übrigen sind die Bestimmungen im § 37 Abs. II, III und im § 38 auch hier anzuwenden. Werden von der Kommission gleichzeitig, aber getrennt mehrere Kandidaten geprüft, so haben die Kommissionsmitglieder abwechselnd der Prüfung sämtlicher Kandidaten zu folgen.

Zu Abs. II vgl. die für die Einrichtung des Studiengangs gegebenen Ratschläge in §§ 2 ff. MB.

§ 56. I. Unmittelbar nach der Beendigung der mündlichen Prüfung eines Kandidaten ist über das Gesamtergebnis der schriftlichen und der mündlichen Prüfung zu beraten und zu beschließen.

II. Bei der Beratung haben die mit der Zensur der schriftlichen Arbeiten betrauten Kommissionsmitglieder oder, soweit diese an der Prüfung nicht teilgenommen haben sollten, vom Vorsitzenden bestimmte andere Mitglieder über das Ergebnis der schriftlichen Prüfung zu berichten.

III. Zu beschließen ist zuerst darüber, wie der Kandidat jede einzelne Aufgabe bearbeitet hat (§ 49 Abs. I Satz 1), sodann darüber, ob der Kandidat bei dem mündlichen Teile der Prüfung den Anforderungen entsprochen hat, endlich über das Gesamtergebnis der Prüfung nach Maßgabe der Bestimmungen im § 13 und im § 21 Abs. 1 Satz 2 und 3 der Verordnung. Die einzelnen Abstimmungen sind im Protokolle zu beurkunden.

IV. Die Abstimmung über das Ergebnis des mündlichen Teiles der Prüfung hat sich nach dem Ergebnisse der mündlichen Prüfung aus den sämtlichen Prüfungsgegenständen, nicht nach dem Ergebnisse der Prüfung aus dem dem einzelnen Mitgliede zur Prüfung zugewiesenen Fache zu bemessen, die Schlußabstimmung über das Gesamtergebnis und die Erklärung der Kommission, in der es auszudrücken ist, nach dem Gesamteindrucke des schriftlichen und des mündlichen Teiles der Prüfung.

V. Die Vorschriften im § 12 Abs. 2 der Verordnung und im § 39 Abs. II dieser Vorschriften finden Anwendung.

1. Vgl. § 21 VO.

2. Durch Abs. IV ist nicht ausgeschlossen, daß bei einem Kandidaten lediglich wegen ganz ungenügender Leistungen bei dem schriftlichen oder dem mündlichen Teile der Prüfung erklärt wird, er habe die Prüfung nicht bestanden (§ 59 MB.). Vgl. Bem. 3 zu § 17 VO.

§ 57. I. Daß ein Kandidat die Prüfung bestanden hat, soll nur dann erklärt werden, wenn die Prüfungskommission die Überzeugung davon gewonnen hat, daß der Kandidat für seinen künftigen Beruf theoretisch gründlich gebildet und geschult ist, so daß eine ersprießliche Dienstleistung im höheren Staatsdienste von ihm erwartet werden kann. Bezüglich derjenigen Kandidaten, von welchen anzunehmen ist, daß sie sich nicht in allen Prüfungsgegenständen entsprechend vorbereitet haben, ist daher in der Regel zu erklären, daß sie die Prüfung nicht bestanden haben.

II. Falls das Ergebnis zweifelhaft ist, hat der Vorsitzende von der ihm nach § 23 der Verordnung zustehenden Befugnis Gebrauch zu machen.

III. Daß ein Kandidat die Prüfung „mit Auszeichnung" bestanden hat, soll nur dann erklärt werden, wenn Einstimmigkeit darüber besteht, daß sein Wissen die Anforderungen, die an einen Kandidaten in der Regel gestellt werden können, erheblich übersteigt.

IV. Die Vorschriften des § 40 finden entsprechende Anwendung.

1. Vgl. §§ 13 und 21 Abs. 1 VO.

2. Zu Abs. II vgl. Bem. zu § 23 VO.

§ 58. I. Hat ein Kandidat die Universitätsschlußprüfung auch bei der zweitmaligen Ablegung nicht bestanden, so hat die Prüfungskommission sofort darüber Beschluß zu fassen, ob für den Fall, daß der Kandidat um die Zulassung zur drittmaligen Ablegung nachsuchen sollte, die Zulassung empfohlen werden kann.

II. Der Beschluß ist in das Protokoll aufzunehmen und dem Kandidaten bei der Verkündung des Prüfungsergebnisses durch den Vorsitzenden bekannt zu machen.

Nach § 22 VO. kann ein Kandidat zur drittmaligen Ablegung der Prüfung nur mit der in § 59 VO. vorgesehenen ministeriellen Genehmigung zugelassen werden. Das Gesuch um die Genehmigung ist bei dem Kultusministerium einzureichen (§ 74 MB.). Beizufügen sind die für die Zulassung erforderlichen Nachweise. Beruft sich der Gesuchsteller auf besondere Umstände, die auf das Ergebnis der früheren Prüfungen ungünstig eingewirkt haben, nach § 40 I MB. aber von der Prüfungskommission bei der Entscheidung nicht berücksichtigt werden durften, so hat er für diese Umstände, soweit als möglich, Beweis zu erbringen.

§ 59. Mußte bezüglich eines Kandidaten mit Rücksicht auf seine ungenügenden Leistungen bei dem schriftlichen Teile der Prüfung erklärt werden, daß er die Prüfung „nicht bestanden" hat, so ist ihm dies bei der Verkündung des Prüfungsergebnisses ausdrücklich mitzuteilen.

Vgl. § 56 IV MB. und die Bem. hierzu.

7. Protokoll über die Zwischenprüfung und die Universitätsschlußprüfung.

§ 60. I. Über den Gang des Prüfungsgeschäfts bei der Zwischenprüfung, bei dem schriftlichen und bei dem mündlichen Teile der Universitätsschlußprüfung, sowie über die dabei gepflogenen Verhandlungen und gefaßten Beschlüsse ist je ein gesondertes fortlaufendes Protokoll zu führen.

II. Im Protokolle sind alle wichtigeren Vorkommnisse (vgl. für die Zwischenprüfung insbesondere die §§ 12, 15, 16, 23, 24 der Verordnung, den § 16 Abs. II Satz 1, 3, den § 17, den § 18 Abs. III Satz 2, 3, den § 19, den § 24 Abs. III, den § 35 Abs. II bis IV, die §§ 39, 40 dieser Vorschriften; für den schriftlichen Teil der Universitätsschlußprüfung den § 19 der Verordnung, den § 16 Abs. II Satz 2, die §§ 43, 45, den § 46 Abs. IV, V dieser Vorschriften; für den mündlichen Teil der Universitätsschlußprüfung die §§ 21, 23, 24 der Verordnung, den § 17, den § 18 Abs. III Satz 2, 3, den § 19, den § 30 Abs. VI, den § 35 Abs. II bis IV, den § 55 Abs. II, den § 56 Abs. III, IV, den § 57 Abs. II, die §§ 58, 59 dieser Vorschriften) zu beurkunden.

III. Das Protokoll über den schriftlichen Teil der Universitätsschlußprüfung ist nach der Beendigung dieses Teiles der Prüfung von dem Vorsitzenden und denjenigen Mitgliedern der Kommission, welche an der Aufsicht teilgenommen haben, zu unterschreiben, das Protokoll über die Zwischenprüfung und das Protokoll über den mündlichen Teil der Universitätsschlußprüfung je nach dem Ablauf eines Prüfungstags von dem Vorsitzenden und den beteiligten prüfenden Mitgliedern.

1. Schreibkräfte zur Führung des Protokolls § 21 MB.

2. Außer den Protokollen des § 60 werden nach § 32 MB. auch Protokolle über die Verhandlungen und Beschlüsse des Admissionsausschusses geführt.

8. Prüfungszeugnisse.

§ 61. I. Den Kandidaten, welche die Zwischenprüfung, und den Kandidaten, welche die Universitätsschlußprüfung abgelegt haben, ist unmittelbar nach der Beschlußfassung über das Ergebnis der Prüfung ein Zeugnis über das Ergebnis auszustellen.

II. Das Zeugnis hat den Namen des Kandidaten, die Erklärung der Prüfungskommission, daß er die Prüfung „mit Auszeichnung bestanden" oder „bestanden" oder „nicht bestanden" hat, den Tag des Beschlusses der Kommission sowie eine Bemerkung darüber zu enthalten, ob der Kandidat die Prüfung zum ersten Male abgelegt oder die Ablegung wiederholt hat.

III. Der Vorsitzende hat das Zeugnis zu unterschreiben und dem Kandidaten sogleich zu übergeben. Die mit dem Gesuch um Zulassung zur Prüfung eingereichten Zeugnisse und die etwa vorgelegten Arbeiten sind dem Kandidaten zurückzugeben. Das Zeugnis über die Ablegung der Zwischenprüfung
Anlage I. ist nach dem Muster in der Anlage I, das Zeugnis über die Ablegung der Universitätsschlußprüfung nach dem Muster in
Anlage II. der Anlage II auszustellen.

1. Sonstige Eröffnungen bei Übergabe des Zeugnisses §§ 58 und 59 MB.

2. Wer nach §§ 15 oder 21 Abs. 2 VO. einem Kandidaten gleich geachtet wird, der die Prüfung nicht bestanden hat, erhält kein Prüfungszeugnis § 62 II MB.

§ 62. I. Der Vorsitzende hat denjenigen Kandidaten, welche die Zwischenprüfung nicht bestanden haben, sowie den nach § 15 der Verordnung diesen gleichgeachteten Kandidaten in das Kollegienbuch, denjenigen Kandidaten, welche die Universitätsschlußprüfung nicht bestanden haben, sowie den nach § 21 Abs. 2 der Verordnung diesen gleichgeachteten Kandidaten in das letzte Universitätsabgangszeugnis einen entsprechenden Vermerk einzutragen.

II. Ein Prüfungszeugnis wird denjenigen Kandidaten, über welche die im § 15 oder die im § 21 Abs. 2 der Verordnung bezeichnete Folge ausgesprochen wurde, nicht ausgestellt.

9. Berichterstattung des Vorsitzenden.

§ 63. I. In jedem Jahre hat nach der Beendigung der Geschäfte der Zwischenprüfung und der Universitätsschlußprüfung der Vorsitzende über den Verlauf der Prüfungen, über etwaige besondere Vorkommnisse und Beobachtungen sowie über die Ergebnisse der Prüfungen an das Staatsministerium des Innern für Kirchen- und Schulangelegenheiten zu berichten.

II. Mit dem Berichte sind einzureichen:

1. ein Verzeichnis der Kandidaten, die zur Zwischenprüfung zugelassen wurden, unter Angabe ihrer Familienverhältnisse und des Ergebnisses der Prüfung oder der Gründe, aus denen ein Kandidat die Prüfung nicht abgelegt hat;
2. ein Verzeichnis der Kandidaten, die zur Universitätsschlußprüfung zugelassen wurden, unter Angabe ihrer Familienverhältnisse und des Ergebnisses der Prüfung oder der Gründe, aus denen ein Kandidat die Prüfung nicht abgelegt hat;
3. ein alphabetisch geordnetes Verzeichnis derjenigen Kandidaten, welche die Universitätsschlußprüfung bestanden haben;
4. die bei der Zwischenprüfung, bei dem schriftlichen Teile der Universitätsschlußprüfung und bei dem mündlichen Teile dieser Prüfung geführten Protokolle;
5. die von den Kandidaten bei der Universitätsschlußprüfung gelieferten Bearbeitungen der Aufgaben.

III. Das Verzeichnis unter Nr. 1 ist nach dem Muster
Anlage III. in der Anlage III, das Verzeichnis unter Nr. 2 nach dem
Anlage IV. Muster in der Anlage IV, das Verzeichnis unter Nr. 3 nach
Anlage V. dem Muster in der Anlage V herzustellen.

IV. Die Verzeichnisse unter Nr. 1 und 3 sind zum Gebrauche für die beteiligten Staatsministerien in je zwei Exemplaren einzureichen.

§ 64. I. Der Vorsitzende hat ein Verzeichnis derjenigen Kandidaten, welche die Zwischenprüfung nicht bestanden haben, und der nach § 15 der Verordnung diesen gleichgeachteten Kandidaten unmittelbar nach dem Schlusse einer Abteilung der Zwischenprüfung, also am Schlusse des Wintersemesters, am Anfange des Sommersemesters und am Anfange des Winter-
Anlage VI. semesters nach dem Muster in der Anlage VI, ferner ein Verzeichnis derjenigen Kandidaten, welche die Universitätsschlußprüfung nicht bestanden haben, und der nach § 21 Abs. 2 der Verordnung diesen gleichgeachteten Kandidaten nach dem
Anlage VII. Muster in der Anlage VII unmittelbar nach dem Schlusse der Universitätsschlußprüfung den juristischen Fakultäten der beiden anderen Universitäten zu übersenden.

II. Je einen Abdruck der im § 63 Abs. 2 unter Nr. 1, 2 bezeichneten Verzeichnisse hat er dem Senate der Universität, an deren Sitze die Prüfung abgehalten wurde, für die Zwecke des Stipendienreferats zu übersenden.

§ 65. Gleichzeitig mit der im § 63 vorgeschriebenen Berichterstattung, jedoch in einem gesonderten Berichte, hat der Vorsitzende seine etwaigen Vorschläge für die Bewilligung von Vergütungen an die bei den Prüfungen beteiligt gewesenen Personen bei dem Staatsministerium des Innern für Kirchen- und Schulangelegenheiten einzureichen. In dem Berichte sind die Dienstleistungen der einzelnen Personen näher zu bezeichnen. Dem Bericht ist ein summarischer Rechnungsausweis über die Einnahmen an Gebühren und über die auf die Zwischenprüfung und auf die Universitätsschlußprüfung erwachsenen Ausgaben beizufügen.

10. Prüfungsgebühren.

§ 66. I. Die Kandidaten haben außer den im § 26 der Verordnung bestimmten besonderen Gebühren von 15 Mark für die Zwischenprüfung und von 40 Mark für die Universitätsschlußprüfung eine Gebühr von je 4 Mark zu entrichten für das Zeugnis über die Ablegung der Zwischenprüfung und für das Zeugnis über die Ablegung der Universitätsschlußprüfung (Art. 214 des Gebührengesetzes vom 13. Juli 1910).

II. Die Gebühren sind bei der Einreichung des Gesuchs um Zulassung zur Prüfung bei der Universitätskanzlei einzuzahlen. Die Gebühren für die Zeugnisse sind durch Verwendung von Gebührenmarken zu erheben.

Gebührennachlaß § 67, Einhebung §§ 66 II und 68, Folge der Nichtzahlung § 69, Zurückzahlung § 70 MB.

An und für sich schuldet jeder Kandidat, der um Zulassung zu einer der beiden Prüfungen nachsucht, die besondere Gebühr des § 26 BL. und die Gebühr für das Prüfungszeugnis. Von der Entrichtung der ersteren Gebühr kann er unter Umständen befreit werden (§ 67 MB.). Die Gebühr für das Zeugnis erhält er stets zurück, wenn er die Prüfung nicht abgelegt hat (§§ 70 I und 61 I MB.), die beiden Gebühren jedoch nur dann, wenn er zur Prüfung nicht zugelassen oder sonst durch zwingende Gründe verhindert worden ist, sie abzulegen (§ 70 II MB.).

§ 67. I. Bei nachgewiesener Dürftigkeit eines Kandidaten können ihm die besonderen Gebühren für die Prüfungen oder ein Teil dieser Gebühren nachgelassen werden.

II. Ein Kandidat, der um Nachlassung einer Gebühr bittet, hat dies in dem Gesuch um Zulassung zur Prüfung zu tun.

III. Der Nachweis der Dürftigkeit wird in der im § 79 der Universitätssatzungen bestimmten Weise erbracht.

IV. Die Verbescheidung der Gesuche liegt der Prüfungskommission ob. An der Beschlußfassung über die Nachlassung der Gebühr für die Zwischenprüfung müssen mit Einschluß des Vorsitzenden wenigstens drei Mitglieder teilnehmen, an der Beschlußfassung über die Nachlassung der Gebühr für die Universitätsschlußprüfung mit Einschluß des Vorsitzenden wenigstens fünf Mitglieder. Die Vorschriften im § 12 Abs. 2 der Verordnung finden entsprechende Anwendung.

V. Die Beschlußfassung über die Nachlassung der Gebühr für die Zwischenprüfung erfolgt vor dem Beginne der Zwischenprüfung am Ende des Wintersemesters und vor dem Beginne der Zwischenprüfung am Anfange des Wintersemesters, die Beschlußfassung über die Nachlassung der Gebühr für die Universitätsschlußprüfung vor dem Beginne des schriftlichen Teiles dieser Prüfung.

1. Die Gebühr für das Prüfungszeugnis wird nicht nachgelassen.

2. § 79 der Universitätssatzungen bestimmt:

„Der Dürftigkeitsnachweis wird durch ein von der zuständigen Behörde in gehöriger Form ausgestelltes Vermögenszeugnis erbracht. Das Zeugnis muß ersehen lassen:

1. Namen, Geburtsort, Heimat (Wohnort der Eltern) des Kandidaten,
2. Stand und Gewerbe der Eltern,
3. ob Vater und Mutter noch leben,
4. Zahl, Alter und Stellung der lebenden Geschwister und ob sie versorgt sind oder nicht,
5. den Betrag des Vermögens der Eltern und des selbständigen Vermögens des Kandidaten, soweit es amtlich zu ermitteln oder sonst bekannt ist,
6. das Einkommen der Eltern und die Quellen desselben,
7. den Betrag und die Gattung der Steuern, welche der Studierende oder dessen Eltern zu entrichten haben,
8. den Betrag von Schulden des Studierenden oder seiner Eltern,
9. die Quellen und Hilfsmittel, durch welche der Kandidat bisher sich erhalten und seine Studienkosten bestritten hat, sowie den Betrag seines aus diesen Quellen fließenden Einkommens, insbesondere der Unterstützungen aus öffentlichen und Privatmitteln.

Im Falle wiederholter Bewerbung genügt eine Bescheinigung der zuständigen Behörde darüber, daß eine Änderung in den Vermögensverhältnissen nicht eingetreten ist."

§ 68. I. Der Gebührenperzipient hat die Einzahlung der Gebühren auf dem Rande der ersten Seite des Gesuchs um Zulassung zur Prüfung zu bestätigen.

II. Ist in einem Zulassungsgesuch um Nachlaß der besonderen Prüfungsgebühr gebeten, so hat der Gebührenperzipient auf den Rand der ersten Seite des Gesuchs statt der Bestätigung der Einzahlung der Gebühr die Bemerkung zu setzen: „Hat um gänzliche (teilweise) Nachlassung der besonderen Prüfungsgebühr gebeten."

III. Nach der Beschlußfassung über die Nachlassung hat der Vorsitzende der Prüfungskommission auf dem Gesuche den Inhalt des Beschlusses kurz zu vermerken.

IV. Die Kandidaten, deren Gesuche um Nachlassung der Gebühr abschlägig verbeschieden wurden, und die Kandidaten, denen nur ein Teil der Gebühr nachgelassen wurde, haben die Gebühr oder den Rest der Gebühr nachträglich einzuzahlen. Die Einzahlung ist auf dem Zulassungsgesuche zu bestätigen (Abs. I).

§ 69. Ein Kandidat, der die Gebühren nicht erlegt hat und dem auch die Nachlassung nicht bewilligt wurde, darf vor der nachträglichen Einzahlung in die Prüfung nicht eintreten.!

§ 70. I. Die Gebühr für das Prüfungszeugnis wird in allen Fällen zurückgezahlt, in denen ein Prüfungszeugnis nicht ausgestellt wird.

II. Die besondere Gebühr für die Prüfung wird nur denjenigen Kandidaten zurückgezahlt, welche nachweisen, daß sie aus zwingenden Gründen an der Ablegung der Prüfung gehindert wurden.

Vgl. Bem. zu §§ 66 MB. und Bem. 5 zu § 15 BO.

11. Rechnungsstellung.

§ 71. I. Der Vorsitzende der Prüfungskommission hat am Schlusse des Jahres über die auf die Zwischenprüfung und auf die Universitätsschlußprüfung erwachsenen Einnahmen und Ausgaben Rechnung zu stellen und diese dem Staatsministerium des Innern für Kirchen- und Schulangelegenheiten in dreifacher Ausfertigung vorzulegen. Hiebei sind, soweit tunlich, die Einnahmen und Ausgaben für die Zwischenprüfung und die für die Universitätsschlußprüfung auseinander zu halten.

II. Die Rechnung ist nach dem Muster in der Anlage VIII aufzustellen. Anlage VIII.

§ 72. I. In lit. A des Rechnungsschemas „Einnahmen" ist sowohl bei der Gebühr für die Prüfungszeugnisse als bei der besonderen Prüfungsgebühr zu unterscheiden zwischen dem Gebühren-Soll und wirklichen Einnahmen.

II. Das Gebühren-Soll bemißt sich nach der Zahl der Kandidaten, die um Zulassung zur Prüfung nachgesucht haben. Die wirklichen Einnahmen ergeben sich durch Abzug der Beträge der Nachlässe und der Rückzahlungen (§§ 67, 70) vom Gebühren-Soll.

§ 73. I. Zur rechnerischen Bedeckung der Einnahmen sind vorzulegen:

1. eine Bestätigung des Dekans der juristischen Fakultät
   a) über die Zahl der Kandidaten, die um Zulassung zur Zwischenprüfung, und der Kandidaten, die um

Zulassung zur Universitätsschlußprüfung nachgesucht haben,

b) über die Zahl der Kandidaten, die bei der Zwischenprüfung, und der Kandidaten, die bei der Universitätsschlußprüfung geprüft wurden,

c) über die Zahl der Kandidaten, die aus zwingenden Gründen an der Ablegung der Zwischenprüfung, und der Kandidaten, die aus zwingenden Gründen an der Ablegung der Universitätsschlußprüfung gehindert waren;

2. eine vom Dekane der juristischen Fakultät beglaubigte Abschrift der Beschlüsse der Prüfungskommission über die Nachlassungen an besonderen Prüfungsgebühren. Durch die Bestätigung Nr. 1 a wird das Einnahmen-Soll sowohl an den Gebühren für die Prüfungszeugnisse als an den besonderen Prüfungsgebühren nachgewiesen, durch die Bestätigung Nr. 1 b die wirkliche Einnahme an Gebühren für die Prüfungszeugnisse, durch die Bestätigung Nr. 1 c sowie die Beschlüsse unter Nr. 2 die wirkliche Einnahme an besonderen Prüfungsgebühren.

II. Zur rechnerischen Bedeckung der Ausgaben sind vorzulegen:

A. 1. für alle persönlichen Ausgaben die Quittungen der Empfänger;

2. für die Remunerationen der prüfenden Mitglieder ferner

a) eine vom Vorsitzenden der Prüfungskommission nach dem Muster in der Anlage IX hergestellte Übersicht über die Beteiligung der prüfenden Mitglieder an den einzelnen Prüfungshalbtagen der Zwischenprüfung und eine nach dem nämlichen Formulare hergestellte Übersicht über die Beteiligung der prüfenden Mitglieder an den einzelnen Prüfungshalbtagen des mündlichen Teiles der Universitätsschlußprüfung (die Übersichten entweder in Urschrift oder in einer vom Dekane der juristischen Fakultät beglaubigten Abschrift),

Anlage IX.

b) die Ministerialentschließungen, durch welche die prüfenden Mitglieder zu diesem Amte berufen wurden;

3. für die sonstigen Remunerationen die Bewilligungsentschließungen;

B. für die sächlichen Ausgaben die Quittungen über die Bezahlung der Liquidationen und Rechnungen.

Wenn angeschaffte Gegenstände im Rechnungsjahre nicht vollständig verbraucht werden, wie z. B. Prüfungszeugnisse, oder wenn ein angeschaffter Gegenstand eine bleibende Bestimmung für die Kommission hat, wie z. B. ein Kommissionssiegel, so ist den Rechnungen über die Kosten der Anschaffung solcher Gegenstände der Nachweis der gehörigen Abgabe zur weiteren Verwahrung beizulegen.

III. Sämtliche Einnahme- und Ausgabe-Belege sind fortlaufend und selbständig zu numerieren.

Die in Einnahmen und Ausgaben abgeglichene Rechnung ist mit dem Siegel der Kommission und der Unterschrift des Vorsitzenden der Prüfungskommission zu versehen.

12. Gesuche.

§ 74. Gesuche, die sich auf die Universitätsprüfungen beziehen, sind, soweit ein Anderes nicht bestimmt ist, bei dem Staatsministerium des Innern für Kirchen- und Schulangelegenheiten mit den erforderlichen Nachweisen einzureichen.

1. Andere Bestimmungen über die Einreichung eines Gesuchs sind getroffen in § 10 VO., §§ 22 IV, 24 III, 26 I, 30 VI MB.; sie betreffen die Gesuche um Zulassung zu den Prüfungen und die um Verlegung des Prüfungstermins.

2. Wegen der äußeren Form eines Gesuchs vgl. das in Bem. 2 zu § 8 gegebene Muster.

Dritter Abschnitt.

Der Vorbereitungsdienst.

1. Allgemeine Vorschriften.

§ 75. I. Der Vorbereitungsdienst ist in Bayern abzuleisten.

II. Der gerichtliche oder rechtsanwaltschaftliche Vorbereitungsdienst darf zum Teil in einem anderen Bundesstaat abgeleistet werden, wenn vorher die Erlaubnis des Staatsministeriums der Justiz erholt worden ist.

III. Der Rechtsanwalt, bei dem der Vorbereitungsdienst abgeleistet werden soll, muß bei einem Landgericht oder Oberlandesgerichte zugelassen sein.

1. Vgl. Bem. 2 zu § 27 VO.

2. In den früheren Vorschriften (MB. vom 6. Juli 1899 § 74) war von einer teilweisen Ableistung des rechtsanwaltschaftlichen Vorbereitungsdienstes außerhalb Bayerns keine Rede.

3. Für das Gesuch um die Erlaubnis i. S. des Abs. II vgl. § 92 MB.

4. Zu Abs. III vgl. Bem. 3 zu § 30 VO.

§ 76. Zum Vorbereitungsdienste darf nur zugelassen werden, wer die Zeugnisse darüber vorlegt, daß er die Zwischenprüfung und die Universitätsschlußprüfung in Bayern mit Erfolg abgelegt hat.

Vgl. § 27 VO. und Bem. 2 hierzu.

§ 77. Die Wahl des Gerichts, der Verwaltungsbehörde und des Rechtsanwalts ist den Rechtspraktikanten überlassen. Sie haben aber keinen Anspruch darauf, zum Vorbereitungsdienste da, wo sie ihn ableisten wollen, zugelassen zu werden.

1. Gründe für die Versagung der Zulassung ergeben sich aus §§ 81 und 83 MB.

2. Das Recht der freien Wahl geht nicht soweit, daß ein Praktikant nach dem Eintritte bei einer Behörde oder einem Anwalt einen beliebigen Wechsel vornehmen könnte (§§ 78 und 79 II u. III MB.). Bei den Verwaltungsbehörden tritt eine Beschränkung des Wahlrechts nicht erst mit dem Eintritte, sondern schon mit der Zulassung bei einer Behörde ein (§ 82 VII MB.).

3. Einen Verlust des Rechts der freien Wahl sieht § 82 VIII MB. vor.

§ 78. I. Der bei einem Amtsgerichte, bei einem Landgericht oder bei einem Rechtsanwalte begonnene Vorbereitungsdienst darf bei einem anderen Amtsgerichte, Landgericht oder Rechtsanwalte nur mit Genehmigung des Präsidenten des Oberlandesgerichts fortgesetzt werden, in dessen Bezirke der Vorbereitungsdienst fortgesetzt werden will.

II. Die Genehmigung darf nur erteilt werden, wenn triftige Gründe vorliegen.

Für das Gesuch um die Genehmigung vgl. § 92 MB.

§ 79. I. Der Vorbereitungsdienst bei den Verwaltungsbehörden ist entweder ganz bei einem Bezirksamt oder in je sechs aufeinander folgenden Monaten bei zwei Bezirksämtern abzuleisten. Er kann auch zur einen Hälfte bei einem Bezirksamte, zur anderen bei einem kreisunmittelbaren Stadtmagistrat oder der Polizeidirektion München abgeleistet werden. Der Vorbereitungsdienst bei einem Stadtmagistrat oder der Polizeidirektion München kann vor oder nach dem bezirksamtlichen Vorbereitungsdienst abgeleistet werden.

II. Der bei einer Verwaltungsbehörde begonnene Vorbereitungsdienst muß, soweit nicht im Abs. I ein Anderes zugelassen ist, bei dieser Behörde vollendet werden.

III. Die Regierung, Kammer des Innern, in deren Bezirke der Vorbereitungsdienst fortgesetzt werden will, kann eine andere Einteilung des Vorbereitungsdienstes oder einen Wechsel der Behörden genehmigen. Die Genehmigung darf nur erteilt werden, wenn triftige Gründe vorliegen.

1. Beachtung verdient, daß § 79 im Gegensatze zu den früheren Vorschriften die Verteilung des Vorbereitungsdienstes mit je sechs Monaten auf zwei Bezirksämter vorsieht. Die Verteilung des Vorbereitungsdienstes auf zwei Bezirksämter kann sich z. B. empfehlen, wenn das eine von ihnen eine so überwiegend ländliche Bevölkerung hat, daß der Vorbereitungsdienst dort zu wenig Einblick in die Handhabung der Gewerbepolizei und der sozialen Gesetzgebung bietet.

2. Für das Gesuch um die Genehmigung (Abs. III) vgl. § 92 MB.

§ 80. I. Während des Vorbereitungsdienstes bei den Gerichten und Verwaltungsbehörden darf sich der Rechtspraktikant bei einem Rechtsanwalte nicht beschäftigen und die Vertretung von Parteien, sofern er dazu nicht vom Gerichte bestellt wird (§ 116 der Zivilprozeßordnung, § 144 Abs. 2

der Strafprozeßordnung), weder im eigenen Namen noch für einen Anderen übernehmen.

II. Bei Zuwiderhandlungen wird nach § 32 Abs. 2 der Verordnung eingeschritten.

Die Strafandrohung in Abs. II ist wesentlich schärfer als die in §§ 77 der bisherigen Vorschriften.

§ 81. I. Die Zahl der Rechtspraktikanten darf bei den Gerichten die der Richter, bei den Verwaltungsbehörden die doppelte Zahl der rechtskundigen Beamten nicht übersteigen.

II. Bei jedem Bezirksamte müssen, wenn nicht die Regierung, Kammer des Innern, aus besonderen Gründen ein Anderes verfügt, mindestens zwei Rechtspraktikanten zum Vorbereitungsdienste zugelassen werden.

III. Meldet sich eine größere Zahl zum Vorbereitungsdienste für den gleichen Zeitraum, so haben jene den Vorzug, denen triftigere Gründe zur Seite stehen. Würde die im Abs. I festgesetzte Zahl überschritten werden, so ist, wenn die Möglichkeit genügender Ausbildung besteht, an das vorgesetzte Staatsministerium auf dem Dienstwege zu berichten.

IV. Für einzelne Gerichte oder Verwaltungsbehörden wird die Zahl der Rechtspraktikanten von den zuständigen Staatsministerien besonders bestimmt werden.

1. Rechtskundige Beamte i. S. des Abs. I sind bei den Bezirksämtern außer dem Bezirksamtmann und den Assessoren wohl auch geprüfte Rechtspraktikanten oder Regierungsakzessisten, soweit sie zur Geschäftsaushilfe dort verwendet werden, nicht aber, soweit sie nach § 1 Abs. 2 VO. vom 13. April 1910 über die Dienstleistung der Bewerber um Anstellung im höheren Dienste der inneren Staatsverwaltung zur Dienstleistung zugeteilt sind; mögen sie auch Beamte i. S. des Art. 1 des Beamtengesetzes sein (vgl. § 6 a. a. O.), so befinden sie sich doch zu ihrer eigenen Ausbildung bei dem Bezirksamt und kommen als Beamte i. S. des § 81 I ebensowenig in Betracht, wie ihre dem Magistrat einer unmittelbaren Stadt zugewiesenen Kollegen, denen die Beamteneigenschaft abgeht (a. M. Woerner, Sammlung der für die Rechtskandidaten usw. in Bayern geltenden Vorschriften Bem. 1 zu § 81).

2. Mit Rücksicht auf die Bestimmung im Abs. III Satz 1 empfiehlt es sich für den Praktikanten, in dem Gesuch um Zulassung die besonderen Gründe für die Wahl des angegangenen Gerichtes (Wohnsitz rc.) anzugeben, und für den Gerichtsvorstand, die Zulassung zunächst nur widerruflich zu bewilligen um Bewerbern mit triftigeren Gründen die ihnen gebührende vorzugsweise Berücksichtigung zuteil werden lassen zu können. Für die Gesuche um Zulassung zum Vorbereitungsdienste bei den Verwaltungsbehörden vgl. § 82 MB.

3. Übergangsvorschrift zu Abs. IV § 168 MB.

§ 82. I. Die Gesuche um Zulassung zum Vorbereitungsdienste bei den Verwaltungsbehörden sind, wenn der Rechtspraktikant den einjährigen Vorbereitungsdienst ungeteilt bei einer Behörde ableisten will, bei dieser Behörde, wenn er ihn bei zwei Behörden ableisten will, gleichzeitig bei diesen Behörden einzureichen. Die Gesuche sind alljährlich im Oktober für das nächste Jahr einzureichen.

II. In den Gesuchen sind anzugeben Beginn und Ende der erbetenen Zulassungsdauer, die Gründe für die Wahl der Behörden, der Wohnsitz des Rechtspraktikanten und der seiner Eltern, ferner im Falle einer beabsichtigten Teilung des Vorbereitungsdienstes die Behörde, an die das weitere Zulassungsgesuch gerichtet wird.

III. Bei mehreren Behörden Zulassungsgesuche für den gleichen Zeitraum einzureichen, ist verboten; dagegen ist es gestattet, in dem Zulassungsgesuch eine oder zwei Verwaltungsbehörden zu bezeichnen, bei denen der Vorbereitungsdienst für den Fall der Abweisung des Gesuchs abgeleistet werden will.

IV. Wird das Zulassungsgesuch von der angegangenen Behörde abgewiesen, so ist das Gesuch nach Verständigung des Gesuchstellers an die etwa weiter benannten Behörden in der im Gesuch angegebenen Reihenfolge zur Verbescheidung abzugeben.

V. Ist von sämtlichen angegangenen Behörden den Gesuchen keine Folge gegeben worden, so ist die gleichzeitige Einreichung von Zulassungsgesuchen an mehrere Behörden unbenommen. Sollte hiebei ein Rechtspraktikant für den gleichen Zeitraum von mehreren Verwaltungsbehörden zugelassen werden, so hat er sich binnen acht Tagen nach Zustellung des Bescheids für eine Behörde zu entscheiden und dies den übrigen Behörden, die ihn gleichzeitig zugelassen haben, anzuzeigen.

VI. Die Zulassungsgesuche sind stets mit tunlichster Beschleunigung, jedoch nicht vor Ablauf der im Abs. 1 bestimmten Anmeldungsfrist zu verbescheiden.

VII. Sucht ein bei einer Verwaltungsbehörde bereits zugelassener Rechtspraktikant vor Eintritt bei dieser Behörde um Zulassung bei einer anderen Verwaltungsbehörde nach, so darf diesem Gesuche nur aus wichtigen Gründen und nach Zustimmung der Behörde, bei welcher der Rechtspraktikant bereits zugelassen ist, stattgegeben werden.

VIII. Rechtspraktikanten, welche die Anmeldungsfrist des Abs. I oder die Anzeige nach Abs. V versäumen oder das Verbot des Abs. III nicht beachten oder in Zulassungsgesuchen die bereits erfolgte Zulassung verschweigen, verlieren das Recht auf Wahl der Verwaltungsbehörden (§ 77) und, wenn sie bereits bei einer Verwaltungsbehörde eingetreten sind, das Recht auf Fortsetzung des Vorbereitungsdienstes bei dieser Behörde. Sie werden nach dem Ermessen der Regierung, Kammer des Innern, in deren Bezirke sie ihren Wohnsitz haben, einer Verwaltungsbehörde des Regierungsbezirkes zugeteilt.

1. Vgl. VO. § 30 Abs. 2, MB. §§ 79, 81.
2. Geltungsbeginn § 170 MB.

§ 83. I. Bei einem Rechtsanwalte darf in der Regel nur ein Rechtspraktikant im Vorbereitungsdienste sein.

II. Zwei oder drei Rechtspraktikanten dürfen bei einem Rechtsanwalte, der bei einem Landgerichte zugelassen ist, nur mit Genehmigung des Präsidenten des Landgerichts und bei einem Rechtsanwalte, der bei mehreren Landgerichten, bei einem Oberlandesgericht oder bei einem solchen und bei einem Landgerichte zugelassen ist, nur mit Genehmigung des Präsidenten des Oberlandesgerichts gleichzeitig Vorbereitungsdienst leisten. Die Genehmigung wird nur erteilt, wenn eine genügende Ausbildung möglich ist. Das Gutachten des Vorstandes der Anwaltskammer ist vorher einzuholen.

Um die Genehmigung i. S. des Abs. II kann sowohl der Rechtsanwalt als der Praktikant nachsuchen; für das Gesuch des letzteren gilt § 92 MB.

§ 84. I. Die Rechtspraktikanten sind in allen Zweigen des Dienstes zu unterweisen. Ihre wissenschaftliche Ausbildung soll durch die Lösung schwierigerer Aufgaben des praktischen Dienstes vertieft und erweitert werden. Unablässig ist darauf hinzuwirken, daß ihre Arbeiten praktisch verwendbar werden.

II. Sie sind während des Vorbereitungsdienstes bei den Behörden in angemessenem Wechsel den mit der Bearbeitung der verschiedenen Gegenstände des Dienstes betrauten Beamten zur Beaufsichtigung zuzuteilen.

III. Der Beamte, dem der Rechtspraktikant jeweils zugewiesen ist, hat ihn mit geeigneten Arbeiten zu beschäftigen und auf deren rechtzeitige Erledigung unter entsprechender Belehrung, Richtigstellung und Ergänzung zu bringen. Er hat dem Rechtspraktikanten die Richtpunkte zu geben, die im öffentlichen Auftreten, im Verkehre mit der Bevölkerung und mit den Behörden aus Gründen des Taktes, zur Vermeidung zweckloser Reibungen und zur Vereinfachung der Geschäfte einzuhalten sind.

IV. Bei der Zuteilung der Arbeiten ist auf deren Ausbildungswert besondere Rücksicht zu nehmen. Arbeiten, die zur Anwendung des theoretischen Wissens oder zur Erweiterung der praktischen Kenntnisse keine Gelegenheit bieten, sind dem Rechtspraktikanten nicht zuzuweisen.

V. Die Zuteilung von bloßem Schreibwerk ist verboten.

1. Nähere Vorschriften über die Unterweisung der Praktikanten finden sich in §§ 95—102 und 105 MB.

2. Zu Abs. II vgl. § 99 II MB.

3. Die Bestimmungen, die den Praktikanten vor einer Ausnützung als Schreibkraft schützen und ihm eine seiner Ausbildung dienliche Beschäftigung sichern sollen, sind gegen früher wesentlich verschärft.

4. Abs. V schließt die Verwendung als Protokollführer nicht aus §§ 96 II und 100 IV. — Zu Abs. V vgl. auch § 100 III Satz 2 MB.

§ 85. Die sachgemäße Ausbildung der Rechtspraktikanten während des Vorbereitungsdienstes bei den Amtsgerichten und Landgerichten ist von den Präsidenten der Oberlandesgerichte, diejenige während des Vorbereitungsdienstes bei den Verwaltungsbehörden von den Regierungen, Kammern des Innern, sorgfältig und streng zu überwachen. Insbesondere ist darauf zu achten, daß die in den §§ 97, 98 Abs. II, 101, 102, 105, vorgeschriebenen Übungen und Unterweisungen zweckentsprechend abgehalten werden.

Die Berichte, die nach den früheren Vorschriften alljährlich über die Zahl der bei den Gerichten und Verwaltungsbehörden im Vorbereitungsdienste gewesenen Praktikanten, über die Einrichtung des Vorbereitungsdienstes und seine Ergebnisse zu erstatten waren, sind jetzt nicht mehr gefordert.

§ 86. I. Die Rechtspraktikanten haben die Amtsstunden einzuhalten.

II. Sie können hievon entbunden werden, wenn die Geschäftsverhältnisse und der Stand der ihnen übertragenen Arbeiten es gestatten.

III. An Sonntagen und allgemeinen Feiertagen sollen sie zur Dienstleistung nicht herangezogen werden.

IV. Werden sie durch Erkrankung oder andere Umstände an der Dienstleistung gehindert, so haben sie unverzüglich Anzeige zu erstatten.

Mit der Anzeige, die der Praktikant nach Abs. IV erstattet und die während des Vorbereitungsdienstes bei Gerichten und Behörden an deren Vorstand zu richten ist, hat er den besonderen Pflichten noch nicht genügt, die sich für ihn ergeben, wenn er zum Verteidiger oder zum Vertreter einer Partei in einem bürgerlichen Rechtsstreite bestellt worden ist und an der Erfüllung dieser Aufgabe durch Erkrankung oder sonstwie verhindert wird.

Über die Unterbrechung des Vorbereitungsdienstes durch Krankheit oder andere unverschuldete Hindernisse vgl. §§ 37 und 56 Ziff. 2 VO., §§ 89 II u. III und 90 MB.

Unter Umständen ist Feststellung und Bezeugung der Krankheit durch einen Amtsarzt geboten — vgl § 159 III MB.

§ 87. **Ermahnungen oder Warnungen werden mündlich oder schriftlich erteilt.**

Vgl. VO. § 32.

§ 88. **Das Jahr des Vorbereitungsdienstes, für das dem Rechtspraktikanten Urlaub von zwei Wochen bewilligt werden darf, wird vom Tage des Eintritts in den Vorbereitungsdienst bei dem Amtsgericht an berechnet.**

Vgl. VO. § 33 und die Bem. 2 hiezu sowie die Übergangsbestimmung in § 166 II MB.

§ 89. **I. Die Präsidenten der Oberlandesgerichte und die Regierungen, Kammern des Innern, können die Unterbrechung, die der Vorbereitungsdienst durch einen nach § 33 Abs. 3 Satz 2 der Verordnung bewilligten Urlaub erleidet, im gegenseitigen Benehmen auf den Vorbereitungsdienst bei den Gerichten, auf jenen bei den Verwaltungsbehörden und auf den rechtsanwaltschaftlichen Vorbereitungsdienst bei der Anrechnung des Urlaubs angemessen verteilen.**

II. Das Gleiche gilt für die Anrechnung von Unterbrechungen des Vorbereitungsdienstes nach § 37 Abs. 1 der Verordnung.

III. Um Anrechnung einer Unterbrechung des Vorbereitungsdienstes nach § 37 Abs. 2 der Verordnung ist alsbald nach ihrer Beendigung und, wenn ihre Dauer von vorneherein bestimmt ist, schon vor ihrem Eintritte nachzusuchen. Der Grund der Unterbrechung ist nachzuweisen.

1. Ein Urlaub, der zwei Wochen nicht überschreitet, wird ohne weiteres auf die Dauer des Vorbereitungsdienstes angerechnet und zwar auf den Dienst bei der Behörde, während dessen der Praktikant den Urlaub genossen hat (§ 33 Abs. 1 Satz 3). Ein zwei Wochen überschreitender nach § 33 Abs. 3 Satz 2 bewilligter Urlaub kann gleichfalls in dieser Weise auf den Vorbereitungsdienst angerechnet werden; soweit ein solcher Urlaub zwei Wochen überschreitet, kann jedoch auch eine Verlängerung des Vorbereitungsdienstes zur Auflage gemacht werden, bei einem Urlaub von zehn Wochen also eine Verlängerung um acht Wochen, doch muß die Verlängerung nicht so viel betragen (§ 33 Abs. 3 Satz 3). Die Verlängerung hat zur Folge, daß der Praktikant den Dienst bei der nächsten Stelle entsprechend später beginnt und beendigt und schließlich mit dem ganzen Vorbereitungsdienste später fertig wird, so daß er unter Umständen die Staatsprüfung erst ein Jahr später ablegen könnte. Die Vorschrift in § 89 I will nun einen Ausgleich schaffen zwischen den Nachteilen, die einerseits für die Ausbildung des Praktikanten entstehen, wenn die Unterbrechung ganz auf den Abschnitt des Vorbereitungsdienstes angerechnet wird, in den sie gefallen ist, und anderseits den Nachteilen, die eine Verlängerung des Vorbereitungsdienstes für den Praktikanten hätte. Sie ermöglicht zu diesem Zweck eine Kürzung des Dienstes bei der folgenden oder den folgenden Stellen des Vorbereitungsdienstes zugunsten einer Verlängerung des durch den Urlaub gekürzten Abschnitts.

2. Während im Falle des § 89 Abs. I das Interesse an der Ausbildung des Praktikanten auf Grund der VO. einfach durch eine Verlängerung des Vorbereitungsdienstes gewahrt werden könnte, fehlt diese Möglichkeit bei den Fällen des Abs. II, den nach § 37 Abs. 1 VO. auf den Vorbereitungsdienst anzurechnenden Unterbrechungen. Im Interesse der allseitigen Ausbildung des Praktikanten eröffnet der § 89 hier die Möglichkeit zu verhindern, daß die Kürzung, die der Vorbereitungsdienst durch eine solche Unterbrechung erleidet, ausschließlich auf Kosten des Dienstes bei der Behörde erfolgt, in dessen Zeit die Unterbrechung fällt.

3. Zur Ausführung des § 89 haben die Staatsministerien der Justiz und des Innern die folgende autographierte Entschließung (Nr. 920 vom 19. Januar 1911) erlassen:

„I. Unterbrechungen des Vorbereitungsdienstes durch außerordentlichen Urlaub oder durch militärische Übungen, Krankheit oder andere unverschuldete Hindernisse (§ 33 Abs. 3 Satz 2, § 37 Abs. 1 der Verordnung vom 18. Oktober 1910) sind, wenn sie in einem Jahre des Vorbereitungsdienstes die Dauer von acht Wochen nicht übersteigen, auf die Teile des Vorbereitungsdienstes anzurechnen, in die sie fallen; eine Verteilung auf andere Abschnitte des noch abzuleistenden Vorbereitungsdienstes und eine Verlängerung des Vorbereitungsdienstes finden nicht statt.

II. Übersteigt der in einem Jahre des Vorbereitungsdienstes gemäß § 33 Abs. 3 Satz 2 der Verordnung vom 18. Oktober 1910 bewilligte außerordentliche Urlaub die Dauer von acht Wochen, so ist zunächst zu prüfen, ob die Ausbildung des Rechtspraktikanten eine Verlängerung des Vorbereitungsdienstes erfordert und ob der Rechtspraktikant im Falle einer Verlängerung des Vorbereitungsdienstes diesen noch vor dem Beginne der Staatsprüfung des Jahres vollenden kann, in dem er die Prüfung bei regelmäßigem Verlaufe des Vorbereitungsdienstes abzulegen hätte. Treffen diese Voraussetzungen zu, so ist der durch die Unterbrechung am meisten verkürzte Abschnitt des Vorbereitungsdienstes angemessen zu verlängern. Erfordert die Ausbildung des Rechtspraktikanten keine Verlängerung seines Vorbereitungsdienstes oder würde der Rechtspraktikant bei einer Verlängerung des Vorbereitungsdienstes sich der Staatsprüfung in dem Jahre, in dem er sie außerdem abzulegen hätte, nicht unterziehen können, so ist die Unterbrechung auf die einzelnen Abschnitte des Vorbereitungsdienstes möglichst gleichmäßig zu verteilen.

III. Wird der Vorbereitungsdienst durch militärische Übungen, Krankheit oder andere unverschuldete Hindernisse unterbrochen (§ 37 Abs. 1 der Verordnung vom 18. Oktober 1910), so kann eine Verlängerung des Vorbereitungsdienstes auch dann nicht zur Auflage gemacht werden, wenn die Unterbrechung länger als acht Wochen in einem Jahre des Vorbereitungsdienstes dauert.[1] Dagegen kann in diesem Falle die Unterbrechung auf die verschiedenen Abschnitte des noch abzuleistenden Vorbereitungsdienstes verteilt werden. Die Verteilung soll aber nur dann erfolgen, wenn die Ausbildung des Rechtspraktikanten in wichtigen Dienstzweigen des Vorbereitungsabschnittes, der durch die Unterbrechung am meisten in Mitleidenschaft gezogen ist, besonders zurückgeblieben ist.

IV. Für die Verteilung sollen die Dauer der einzelnen Abschnitte des Vorbereitungsdienstes und der Grad, in dem der Rechtspraktikant in den wichtigsten Dienstzweigen der einzelnen Abschnitte des Vorbereitungsdienstes bereits ausgebildet ist, maßgebend sein. Insbesondere ist zu berücksichtigen, daß der Vorbereitungsdienst für das Justizfach zwei Jahre, der für das Verwaltungsfach ein Jahr dauert. Der amtsgerichtliche und der rechtsanwaltschaftliche Vorbereitungsdienst sind, wenn irgend möglich, mit Unterbrechungen weniger zu belasten als der Vorbereitungsdienst bei dem Landgerichte. Wird der Vorbereitungsdienst bei den Gerichten durch militärische Übungen in der Dauer von mehr als acht Wochen unterbrochen, so darf eine Verteilung auf den Vorbereitungsdienst bei den Verwaltungsbehörden nur erfolgen, wenn feststeht, daß nicht auch dieser Vorbereitungsdienst durch militärische Übungen unterbrochen wird.

V. Ist einem Rechtspraktikanten während seines Vorbereitungsdienstes schon einmal Urlaub von mehr als acht Wochen bewilligt worden, so ist ihm in der Regel ein weiterer außerordentlicher Urlaub während des Vorbereitungsdienstes nicht mehr zu bewilligen.

VI. Über die Anrechnung eines Urlaubs von mehr als vierzehn Tagen, über die Verteilung der Unterbrechung des Vor-

[1]) Anders selbstverständlich, wenn die Unterbrechung das im § 37 Abs. 1 VO. bestimmte Maß überschreitet.

bereitungsdienstes auf dessen einzelne Abschnitte und über eine allenfallsige Verlängerung des Vorbereitungsdienstes ist bei der Bewilligung des Urlaubs gleichzeitig zu bestimmen.

VII. Über die Anrechnung und Verteilung von Unterbrechungen des Vorbereitungsdienstes nach § 37 Abs. 1 der Verordnung vom 18. Oktober 1910 ist alsbald nach Beendigung der Unterbrechung und, wenn ihre Dauer von vorneherein bestimmt ist, schon vor oder doch alsbald nach ihrem Eintritte zu bestimmen.

VIII. Eine Unterbrechung, deren Verteilung auf die für die Vorbereitung im Justiz- und im Verwaltungsfache bestimmten Abschnitte des Vorbereitungsdienstes geboten erscheint, ist durch gemeinschaftliche Entschließung des Präsidenten des Oberlandesgerichts und der Regierung, Kammer des Innern, anzurechnen, in deren Bezirken der Vorbereitungsdienst zur Zeit des Eintritts der Unterbrechung abgeleistet wird und nachher fortgesetzt werden will."

4. Absatz I dieser Entschließung hat den Fall im Auge, daß die Unterbrechungen der dort bezeichneten Art zusammengerechnet acht Wochen nicht übersteigen.

Mit Absatz II ist es nicht unvereinbar, daß nur ein Teil des Urlaubs angerechnet und verteilt wird — ein im letzten Jahre des Vorbereitungsdienstes genommener Urlaub von zehn Wochen z. B. mit fünf Wochen auf die Zeit bei der Verwaltungsbehörde, mit drei Wochen auf die Zeit bei dem Rechtsanwalt, während um den Rest von zwei Wochen der Vorbereitungsdienst verlängert wird, so daß der Vorbereitungsdienst, der sonst — beispielsweise — am 31. Oktober geendet hätte, nun am 14. November endigt.

Abs. III der Entschließung berührt den Fall nicht, daß die Unterbrechung die in § 37 Abs. 1 VO. vorgesehene Dauer überschreitet. Für solche Fälle gelten § 37 Abs. 2 VO. und § 89 III MB.; hier kann in der Ministerialentschließung eine Verteilung der Unterbrechung auf die einzelnen Abschnitte des Vorbereitungsdienstes vorgesehen werden, ebenso wie bei der Bewilligung eines mehr als zehnwöchigen Urlaubs nach § 33 Abs. 5 VO.

Die längste Unterbrechung, deren Verteilung nach § 89 durch die Präsidenten der Oberlandesgerichte und der Regierungen erfolgen kann, beträgt 36 Wochen (10 Wochen nach § 33 Abs. 3 Satz 2, 10 Wochen nach § 37 Abs. 1 Satz 1 und 16 Wochen nach § 37 Abs. 1 Satz 2 VO.).

5. Soll eine Unterbrechung der im § 89 Abs. I und II bezeichneten Art nur auf den Dienst bei den Gerichten angerechnet und verteilt werden und liegen Amtsgericht und Landgericht im Bezirke verschiedener Oberlandesgerichte, so werden deren Präsidenten im Benehmen miteinander die Verteilung vorzunehmen haben. Das Gleiche gilt bei einer Verteilung, die sich auf den Dienst bei zwei in verschiedenen Regierungsbezirken gelegenen Verwaltungsbehörden beschränkt.

6. Für das Gesuch nach Abs. III vgl. § 92 MB.

§ 90. Aus anderen Gründen als wegen Krankheit, Militärdienstes oder sonstiger unverschuldeter Hindernisse darf

der Vorbereitungsdienst nur mit Genehmigung der zuständigen Ministerien unterbrochen werden. Wird er ohne Genehmigung unterbrochen, so darf er nicht fortgesetzt werden.

1. Für das Gesuch um Genehmigung vgl. § 92 MB.

2. Wird der Dienst ohne die notwendige Genehmigung unterbrochen, so darf er erst fortgesetzt werden, wenn nachträglich die ministerielle Genehmigung erteilt ist.

§ 91. I. Die Zeugnisse nach § 34 der Verordnung sind nach dem Muster in der Anlage X auszustellen. Sie haben zu enthalten:

Anlage X.

1. den Tag des Eintritts in den Vorbereitungsdienst,
2. den Tag des Austritts aus dem Vorbereitungsdienste,
3. die Angabe der Zeit, während welcher der Rechtspraktikant beurlaubt war,
4. alle Unterbrechungen des Vorbereitungsdienstes unter Angabe ihrer Dauer und Veranlassung,
5. eine gedrängte Übersicht über die Beschäftigung des Rechtspraktikanten,
6. ein kurzes Urteil über die Leistungen des Rechtspraktikanten und über sein dienstliches und außerdienstliches Verhalten. Schriftlich erteilte Warnungen sind unter knapper Angabe der Verfehlung zu vermerken; im übrigen ist eine außerdienstliche Verfehlung dann anzugeben, wenn sie für die spätere Beurteilung der Persönlichkeit von Bedeutung ist.

II. In dem Zeugnis über den Vorbereitungsdienst bei dem Amtsgericht ist auch anzugeben, an welchem Tage der nach § 29 Abs. 2 der Verordnung vorgeschriebene Eid geleistet worden ist.

§ 92. Gesuche, die den Vorbereitungsdienst betreffen, sind auf dem Dienstwege vorzulegen. Die Rechtspraktikanten sind hierüber bei ihrem Eintritt in den Vorbereitungsdienst zu belehren.

1. Will ein Praktikant bei einer Behörde ein Gesuch einreichen, die der Stelle übergeordnet ist, bei der er im Vorbereitungsdienste steht, so hat er sich nicht unmittelbar an die erstere zu wenden, sondern sich der Vermittelung der letzteren zu bedienen, die das Gesuch weitergibt. Damit ist nicht gesagt, daß der Praktikant zwei Eingaben zu machen hätte, das an die höhere Stelle gerichtete eigentliche Gesuch und daneben eine Eingabe an die zunächst vorgesetzte Stelle mit der Bitte um Vorlegung des Gesuchs bei der höheren Stelle. Dieses Ver-

fahren widerspräche den Anweisungen, die das Justizministerium zur Vereinfachung des dienstlichen Verkehrs erlassen hat (Ziff. 5 der autogr. Entschl. Nr. 27626 vom 19. Juli 1905); darnach hat beispielsweise ein Praktikant, der bei einem Amtsgericht im Vorbereitungsdienste stehend um einen Urlaub außerhalb der Gerichtsferien einkommen will, nur ein Gesuch einzureichen, das an den Vorstand des Amtsgerichts zu richten ist und die Bitte um Erwirkung des Urlaubs enthält.

2. Der bei einem Rechtsanwalt im Vorbereitungsdienste stehende Praktikant reicht sein Gesuch bei dem Präsidenten des Landgerichts ein.

§ 93. Ein Rechtspraktikant, der eine Ehe eingehen will, hat sein Vorhaben der Behörde, bei der er den Vorbereitungsdienst ableistet, und, wenn er bei einem Rechtsanwalt im Vorbereitungsdienste steht, dem Präsidenten des Landgerichts rechtzeitig anzuzeigen. Hiebei hat er den Vor- und Zunamen, den Wohnort und die Heimat der Braut, deren Stand und den ihrer Eltern anzugeben. Auch die erfolgte Eheschließung hat er anzuzeigen.

1. Einer dienstlichen Verehelichungsbewilligung i. S. des § 1315 BGB. bedarf der Praktikant nicht. § 93 macht ihm aber zur Pflicht, durch eine Anzeige eine dienstliche Würdigung seines Vorhabens herbeizuführen.

2. „Rechtzeitig" ist die Anzeige dann, wenn sie sobald erfolgt, daß vor der Eheschließung noch die dienstliche Würdigung erfolgen kann. Eine Anzeige „spätestens sechs Wochen vor der Eheschließung" ist für die Bewerber um Anstellung im höheren Dienst der inneren Staatsverwaltung vorgeschrieben (MB. vom 16. April 1910 Ziff. 15). Es wird sich empfehlen die Anzeige nach § 93 nicht später zu erstatten.

3. Die Bekanntmachung vom 20. August 1868 betr. die Verehelichung der Staatsdienstaspiranten (RBl. 1609) hatte und hat für die im Vorbereitungsdienste stehenden Praktikanten keine Geltung. Eine autographierte Entschließung der Staatsministerien der Justiz, des Innern und der Finanzen Nr. 126 vom 22. Januar 1897 ermöglichte ihnen jedoch, durch eine Anzeige eine dienstliche Würdigung ihres Vorhabens herbeizuführen. Die Anzeigen waren von der Behörde, an die sie gerichtet waren, an das vorgesetzte Ministerium einzubefördern; diese Bestimmung ist außer Kraft getreten.

2. Der Vorbereitungsdienst bei den Gerichten.

§ 94. I. Der Abnahme des Eides (§ 29 Abs. 2 der Verordnung) hat eine Belehrung über die Dienstpflichten und über die Bedeutung des Eides vorherzugehen. Über die Eidesleistung ist ein Protokoll aufzunehmen.

II. Die Rechtspraktikanten sind bei ihrem Eintritt in den Vorbereitungsdienst auf die Vorschriften der Verordnung und der gegenwärtigen Bekanntmachung mit dem ausdrücklichen Bemerken hinzuweisen, daß sie sich auf Unkenntnis dieser Vorschriften nicht berufen können. Sie sollen sich in den Besitz eines Abdrucks der Vorschriften setzen.

Belehrung nach § 92 MB. s. dort.

§ 95. I. Die Rechtspraktikanten sind vor allem im richterlichen Dienste auszubilden.

II. Zur Beratung und Fertigung von Urteilen, Beschlüssen und Verfügungen aller Art sind sie in ausgedehntem Maße heranzuziehen.

III. Zu Verteidigern und zu Vertretern von Parteien in bürgerlichen Rechtsstreiten sind sie so oft als möglich zu bestellen.

1. Nach § 84 sind die Praktikanten in allen Zweigen des Dienstes auszubilden, also auch in den Geschäften der Justizverwaltung. Sie werden auch zu den Geschäften des Gefängniswesens heranzuziehen sein.

2. Zu Abs. III vgl. § 144 Abs. 2 StPO., § 116 ZPO.

§ 96. I. Die Rechtspraktikanten sind auch im Gerichtsschreiberdienst, insbesondere im Rechnungswesen zu unterweisen. Zu den Verrichtungen des Gerichtsschreibers dürfen sie nur zum Zwecke ihrer Ausbildung, nicht zur Entlastung der Gerichtsschreiberei herangezogen werden. In der Aufnahme von Anträgen ist ein schätzenswertes Ausbildungsmittel zu erblicken.

II. Mit der Führung von Protokollen über Hauptverhandlungen sind die Rechtspraktikanten nur zu befassen, soweit es erforderlich ist, um sie mit den einschlägigen Vorschriften vertraut zu machen. Die Führung von Protokollen über Verhandlungen vor einem beauftragten oder ersuchten Richter ist ihnen nur ausnahmsweise in Sachen, die ihnen zur Bearbeitung überwiesen sind oder in denen die Verhandlung für den jungen Juristen ein besonderes Interesse bietet, zu übertragen.

1. Ziffernmäßig anzugeben, wie oft ein Praktikant als Protokollführer in Hauptverhandlungen verwendet werden darf, ist selbstverständlich unmöglich. Zeigen die Protokolle eines Praktikanten, daß er sich mit den Vorschriften nicht vertraut gemacht hat, so wird er sich über öftere Verwendung als Protokollführer nicht beklagen dürfen.

2. Über die Sitzungskleidung der Praktikanten vgl. die im Anhang abgedruckte JMB. vom 20. Februar 1909.

§ 97. I. Befinden sich an einem Gerichte zwei oder mehr Rechtspraktikanten im Vorbereitungsdienste, so sind für sie wöchentlich mindestens einmal praktische Übungen gemeinsam oder gruppenweise abzuhalten. Die Rechtspraktikanten sind zur Teilnahme an den Übungen verpflichtet.

II. Die Übungen sollen hauptsächlich in der schriftlichen Lösung lehrreicher Rechtsfälle bestehen. Die Aufgaben sind teils in einer ihrem Umfang und ihrer Schwierigkeit angemessenen Frist teils ohne Bestimmung einer solchen zu bearbeiten. Die Arbeiten sind zu würdigen und unter Erörterung der Gesetzesstellen, die in Frage kommen, in den Übungsstunden zu besprechen. Zur Schulung des mündlichen Vortrags soll den Rechtspraktikanten im Wechsel die Berichterstattung über die Lösung der Aufgaben aufgegeben werden. Einzelne Übungen sind in der Weise abzuhalten, daß bürgerliche Rechtsstreite und Strafprozesse in ihrer Entwicklung und Erledigung unter Verteilung der Rollen der Parteien und des Gerichts auf mehrere Rechtspraktikanten vorgeführt werden.

III. Jede Übung soll etwa zwei Stunden dauern.

IV. Ein Richter, den der Vorstand des Gerichts bestimmt, leitet die Übungen. Er ist in seiner ordentlichen Dienstaufgabe angemessen zu entlasten. Mehr als zwanzig Teilnehmer sollen einem Übungsleiter nicht zugeteilt werden.

1. Statt der Aufgaben aus früheren Staatsprüfungen, deren Bearbeitung zweifellos ein gutes Ausbildungsmittel für den Praktikanten ist, werden wegen des Umfangs und der Schwierigkeit dieser Aufgaben am Anfang des Vorbereitungsdienstes wohl besser kleinere und leichtere zur Bearbeitung gestellt werden.

2. Über den Wert der schriftlichen Bearbeitung der Aufgaben vgl. Bem. 1 zu § 5 MB.

3. Zu Abs. II letzter Satz: der Leiter der Übungen und seine Praktikanten können z. B. bis zum Schlusse der Beweisaufnahme einer größeren Verhandlung als Zuhörer anwohnen und sie dann mit verteilten Rollen — die Rollen können auch doppelt und dreifach besetzt sein — unter sich zu Ende führen.

§ 98. I. Bei den Amtsgerichten sind die Rechtspraktikanten insbesondere in der freiwilligen Gerichtsbarkeit, vor allem aber im Grundbuchwesen auszubilden.

II. Befinden sich an einem Amtsgerichte zwei oder mehr Rechtspraktikanten im Vorbereitungsdienste, so hat außer den in § 97 vorgeschriebenen Übungen eine besondere Unterweisung im Grundbuchwesen und auf dem Gebiete der Zwangsvollstreckung in das unbewegliche Vermögen unter Heranziehung praktischer Fälle in gemeinsamen Übungen durch einen auf diesen Gebieten besonders erfahrenen Richter stattzufinden.

An den Übungen nach Abs. II werden unter Umständen die im Vorbereitungsdienste bei den Rechtsanwälten stehenden Praktikanten teilnehmen (§ 105 IV MB.).

§ 99. I. Bei den Landgerichten sind die Rechtspraktikanten in der Regel drei Monate lang einer Strafkammer, fünf Monate lang einer Zivilkammer oder einer Kammer für Handelssachen zuzuteilen und während eines Monats im Gerichtsschreiberdienste zu unterweisen.

II. Vor dem Richter, dem der Rechtspraktikant zur besonderen Beaufsichtigung zugewiesen ist (§ 84 Abs. II), steht dem Vorsitzenden der Kammer, welcher der Rechtspraktikant zugeteilt ist, die Bestimmung über die Beschäftigung des Rechtspraktikanten zu.

III. Die Rechtspraktikanten haben insbesondere den Beratungen beizuwohnen und in den ihnen zur Bearbeitung übertragenen Angelegenheiten Vortrag zu erstatten. Sie sind zu veranlassen, auch in anderen Sachen ihre Ansicht in freier Rede zu begründen.

IV. In Rechtsstreiten, die zur Entscheidung noch nicht reif sind, werden die vorbereitende Sichtung des Prozeßstoffs und gutachtliche Äußerungen darüber, wie nach dem jeweiligen Stande der Sache zu entscheiden wäre, der Ausbildung förderlich sein.

Wie weit mit der Unterweisung im Gerichtsschreiberdienst eine praktische Verwendung als Gerichtsschreiber verbunden werden kann, ergibt § 96 MB.

3. Der Vorbereitungsdienst bei den Verwaltungsbehörden.

§ 100. I. Bei den Verwaltungsbehörden sind die Rechtspraktikanten zunächst in den formellen Geschäftsgang, sodann in die Aufgaben der Verwaltung in der Art einzuführen, daß sie jeden Geschäftszweig genügend kennen lernen. Insbesondere ist das Verständnis für wirtschaftliche, technische und hygienische Fragen zu wecken.

II. Zur Fertigung von Beschlüssen und Verfügungen aller Art, zur Aufnahme von Anträgen, zur mündlichen Verhandlung mit den Parteien, zur Erteilung von Auskünften auf Anfragen sind die Rechtspraktikanten in ausgedehntem Maße heranzuziehen. Auch sollen ihnen bereits abgeschlossene, für ihre Ausbildung geeignete Akten zum Studium und zur

Fertigung der Bescheide ausgehändigt werden. Der Beamte, dem der Rechtspraktikant zur besonderen Beaufsichtigung zugewiesen ist (§ 84 Abs. II), hat diese Arbeiten zu prüfen und zu besprechen.

III. Eine überwiegende Beschäftigung der Rechtspraktikanten im amtsanwaltschaftlichen Dienste ist unzulässig. Zur Führung der Anzeigeverzeichnisse und zur Fertigung von Strafregisterauszügen und Strafmitteilungen dürfen sie nicht herangezogen werden.

IV. Die Führung von Protokollen darf ihnen nur in Angelegenheiten übertragen werden, die für ihre Ausbildung von Wert sind.

V. Gewerbe- oder Kaufmannsgerichten dürfen sie nicht länger als auf höchstens zwei Monate zugeteilt werden.

§ 101. I. Befinden sich an einem Bezirksamte zwei oder mehr Rechtspraktikanten im Vorbereitungsdienste, so sind für sie wöchentlich mindestens einmal praktische Übungen gemeinsam oder gruppenweise abzuhalten. Jede Übung soll etwa zwei Stunden dauern. Die Rechtspraktikanten sind zur Teilnahme an den Übungen verpflichtet. Die Übungen sind in der Regel von den Nebenbeamten abzuhalten. An den Sitzen der Regierungen können die Regierungspräsidien die Leitung der Übungen auch anderen ihnen unterstellten Verwaltungsbeamten übertragen.

II. Sind bei den kreisunmittelbaren Stadtmagistraten, bei denen sich zwei oder mehr Rechtspraktikanten im Vorbereitungsdienste befinden, Übungen im gleichen Umfange nicht eingerichtet, so haben die Rechtspraktikanten an den Übungen bei den Bezirksämtern (Abs. I) teilzunehmen. Werden solche nicht abgehalten, so bestimmt die Regierung, Kammer des Innern, ob Übungen abzuhalten und wie sie einzurichten sind.

III. Die Regierungen, Kammern des Innern, können für mehrere Verwaltungsbehörden eines Ortes oder benachbarter Orte an Stelle der einzelnen Übungen gemeinschaftliche Übungen einrichten und die Rechtspraktikanten dieser Behörden zur Teilnahme verpflichten. Die Verwaltungsbehörden, bei denen Rechtspraktikanten im Vorbereitungsdienste stehen, haben veranlaßten Falles hierauf Antrag zu stellen.

IV. Bei der Zuteilung der geprüften Rechtspraktikanten nach Maßgabe der Verordnung vom 13. April 1910 (G.- u.

B.Bl. S. 169) wird auf die Bezirksämter, bei denen gemeinschaftliche Übungen abgehalten werden, entsprechend Rücksicht genommen werden.

V. Die Rechtspraktikanten bei der Polizeidirektion München haben nach Anordnung der Regierung von Oberbayern, Kammer des Innern, an Übungen teilzunehmen.

Nach den früheren Vorschriften waren praktische Übungen abzuhalten, wenn sechs oder mehr Praktikanten sich bei einem Amte befanden.

§ 102. Die Übungen haben sich auf das ganze Gebiet der Verwaltung einschließlich des Kirchenrechts und der Sozialgesetzgebung zu erstrecken. Sie sollen hauptsächlich in der schriftlichen Lösung lehrreicher Rechtsfälle bestehen. Jedoch sind theoretische Aufgaben aus dem Gebiete der Gesetzgebung, der Volkswirtschaftslehre und der Staatsfinanzwirtschaft nicht auszuschließen. Die Aufgaben sind teils in einer ihrem Umfang und ihrer Schwierigkeit angemessenen Frist teils ohne Bestimmung einer solchen zu bearbeiten. Die Arbeiten sind zu würdigen und unter Erörterung der einschlägigen Vorschriften in den Übungsstunden zu besprechen. Zur Schulung des mündlichen Vortrags soll den Rechtspraktikanten im Wechsel die Berichterstattung über die Lösung der Aufgaben aufgegeben werden.

4. Der rechtsanwaltschaftliche Vorbereitungsdienst.

§ 103. I. Der Rechtspraktikant hat seinen Eintritt in den Vorbereitungsdienst bei dem Rechtsanwalte dem Präsidenten des Landgerichts, in München dem Präsidenten des Landgerichts München I, und dem Vorstande der Anwaltskammer unverzüglich und unter Bestätigung des Rechtsanwalts schriftlich anzuzeigen.

II. Die Zeit, während der ein Rechtspraktikant unangemeldet bei einem Rechtsanwalte beschäftigt war, wird auf die vorgeschriebene Dauer des rechtsanwaltschaftlichen Vorbereitungsdienstes nicht angerechnet.

Der Rechtsanwalt ist verpflichtet den im Vorbereitungsdienste bei ihm beschäftigten Rechtskundigen Anleitung und Gelegenheit zu praktischen Arbeiten zu geben, § 40 RAO.

§ 104. Auch während des Vorbereitungsdienstes bei dem Rechtsanwalte sollen die Rechtspraktikanten von den Gerichten zu Verteidigern (§ 144 Abs. 2 der Strafprozeßordnung)

und zu Vertretern von Parteien in bürgerlichen Rechtsstreiten (§ 116 der Zivilprozeßordnung) bestellt werden.

Treffen die Geschäfte, die eine nach § 104 erfolgte Bestellung zum Verteidiger oder Parteivertreter mit sich bringt, zeitlich mit den Geschäften, die der Praktikant von seinem Anwalt übertragen erhält, so zusammen, daß er sie nicht nebeneinander erledigen kann, so wird er hievon seinem Anwalt und dem Richter, der ihn bestellt hat, unverzüglich Kenntnis geben und im Benehmen mit ihnen einen Ausweg zu finden suchen. In den meisten Fällen werden Richter und Anwalt ihn von dem einen oder dem anderen Geschäfte befreien können oder es wird sich eine Vertagung der einen Sache erwirken lassen. Gelingt es dem Praktikanten nicht, einen solchen Ausweg zu finden, so wird er sich für das Geschäft entscheiden, das ihm zuerst übertragen worden ist, und von seiner Verhinderung, das andere Geschäft wahrzunehmen, rechtzeitig Anzeige erstatten.

Verteidigungen und Vertretungen, die der Anwalt des Praktikanten nicht führen dürfte, weil er sonst in derselben Sache beiden Parteien dienen würde, sind auch seinem Praktikanten nicht zu übertragen und ihm selbst dann wieder abzunehmen, wenn der Anwalt das Mandat der anderen Partei erst nach der Bestellung des Praktikanten erhalten hat.

§ 105. I. **Befinden sich am Sitze eines Landgerichts drei oder mehr Rechtspraktikanten im rechtsanwaltschaftlichen Vorbereitungsdienste, so sind für sie bei dem Amtsgerichte zehn bis zwölf gemeinsame praktische Übungen abzuhalten, die sich mit Fragen des Grundbuchrechts und der Zwangsvollstreckung in das unbewegliche Vermögen befassen. Die Übungen finden zwischen dem 1. Mai und dem 15. Juli statt. Jede Übung soll etwa zwei Stunden dauern. Die Übungen leiten Richter des Amtsgerichts oder des Landgerichts. Die Übungsleiter bestimmt der Präsident des Landgerichts. Sie werden in ihrer ordentlichen Dienstaufgabe angemessen entlastet. Mehr als zwanzig Teilnehmer sollen einem Übungsleiter nicht zugeteilt werden.**

II. **Die Übungen haben der fortgeschrittenen Ausbildung der Rechtspraktikanten Rechnung zu tragen. Hauptsächlich sind Aufgaben zur häuslichen Bearbeitung zu geben, in denen schwierigere Rechtsfälle aus den bezeichneten Gebieten behandelt werden. Die Arbeiten sind in den Übungsstunden zu besprechen.**

III. **Die Rechtspraktikanten, die im rechtsanwaltschaftlichen Vorbereitungsdienste stehen, sind zur Teilnahme an den Übungen und zur Bearbeitung der Aufgaben verpflichtet. Andere Rechtspraktikanten kann der Präsident des Landgerichts mit Zustimmung des Vorstandes ihrer Behörde zu den Übungen zulassen.**

IV. Finden die Übungen nicht statt, weil die Zahl der Teilnehmer (Abs. I) zu gering wäre, so ist den Rechtspraktikanten, die im rechtsanwaltschaftlichen Vorbereitungsdienste stehen, die Teilnahme an den Unterweisungen zu gestatten, die nach § 98 Abs. II bei den Amtsgerichten abgehalten werden.

Vierter Abschnitt.

Die Staatsprüfung für den höheren Justiz- und Verwaltungsdienst.

1. Zeit der Prüfung.

§ 106. I. Der Beginn der ersten und der zweiten Abteilung der schriftlichen Prüfung und der Beginn der mündlichen Prüfung werden jährlich im Justizministerialblatt und im Amtsblatte der Staatsministerien des K. Hauses und des Äußern und des Innern bekannt gemacht.

II. Die Staatsministerien der Justiz und des Innern bestimmen, an welchem Tage in jeder Abteilung der schriftlichen Prüfung diese auszusetzen ist (§ 41 Abs. 1 der Verordnung).

Die Prüfung wird am Schlusse jedes Kalenderjahres abgehalten und beginnt nicht vor dem 25. November § 35 VO.

2. Anmeldung und Zulassung zur Prüfung.

§ 107. I. Wer sich der Prüfung unterziehen will, hat sich zwischen dem 1. und 15. Juni bei der Regierung, Kammer des Innern, in deren Bezirk er im Vorbereitungsdienste steht, vorläufig anzumelden. Wer die Prüfung freiwillig wiederholen will (§ 55 der Verordnung), hat sich bei der Regierung, in deren Bezirk er wohnt, vorläufig anzumelden.

II. Bei der Anmeldung sind die Heimat des Prüflings, Name, Stand und Wohnsitz der Eltern sowie die Behörden und die Rechtsanwälte anzugeben, bei denen der Vorbereitungsdienst abgeleistet wurde und zur Zeit der Anmeldung abgeleistet wird.

Die vorläufige Anmeldung zur Prüfung — zu unterscheiden von dem Gesuch um Zulassung nach § 36 VO., § 112 MB. — bietet den Ministerien die Grundlage für die Bestimmung der Prüfungsorte und die Zuteilung der Prüflinge an die Prüfungsorte (§ 110 MB.). Wünscht der Praktikant die Prüfung an einem bestimmten Ort abzulegen, so hat er diesen Wunsch unter Angabe des Grundes bei der Anmeldung zu äußern (§ 108 MB.).

§ 108. Kein Prüfling hat Anspruch darauf, die Prüfung an dem gewählten Prüfungsort abzulegen. Er darf aber bei der Anmeldung unter Angabe des Grundes die Regierung, an deren Sitze er die Prüfung abzulegen wünscht, bezeichnen.

§ 109. Die Regierungen, Kammern des Innern, fertigen auf Grund der Anmeldungen nach dem Muster der Anlage XI ein Verzeichnis der Prüflinge an und legen es bis 20. Juni dem Staatsministerium des Innern vor. Anlage XI.

§ 110. I. Die Staatsministerien der Justiz und des Innern bestimmen die Prüfungsorte und die Zuteilung der Prüflinge an die Prüfungsorte.

II. Die Bestimmungen werden im Justizministerialblatt und im Amtsblatte der Staatsministerien des K. Hauses und des Äußern und des Innern veröffentlicht.

Die Prüfung wird an Orten abgelegt, die der Sitz einer Regierung sind § 35 VO.

§ 111. Die Regierungen, Kammern des Innern, bestimmen die Prüfungsräume und verteilen auf sie die Prüflinge. Die Verteilung geschieht durch das Los. Die Regierung, Kammer des Innern, kann aus besonderen Gründen einzelne Prüflinge von der Verteilung nach dem Lose ausnehmen.

§ 112. I. Die Gesuche um Zulassung zur Prüfung sind in der Zeit vom 1. bis 15. Oktober bei der Regierung, Kammer des Innern, einzureichen, an deren Sitze die Prüfung nach der gemäß § 110 erfolgten Zuteilung abzulegen ist.

II. In dem Gesuche sind Ort und Zeit der Geburt, die Heimat, das Glaubensbekenntnis, der Familienstand (ob ledig oder verheiratet), der Wohnort und die Wohnung des Prüflings sowie dessen Militärverhältnisse und Namen, Stand und Wohnort der Eltern anzugeben.

III. Mit dem Gesuche sind die in § 36 der Verordnung bezeichneten Nachweise einzureichen. Der unter Nr. 2 des § 36 bezeichnete Nachweis wird durch die nach § 34 der Verordnung und § 91 dieser Vorschriften ausgestellten Zeugnisse geführt. Wurde dem Gesuchsteller eine Abweichung von den Vorschriften der Verordnung genehmigt oder nachgesehen, so ist die hierüber ergangene Entschließung beizulegen.

IV. Rechtspraktikanten, deren rechtsanwaltschaftlicher Vorbereitungsdienst noch nicht beendet ist, haben ein Zeugnis über die bisherige Ableistung des Vorbereitungsdienstes bei dem Rechtsanwalte beizufügen. Sie sind nur unter der Bedingung zur Prüfung zuzulassen, daß sie vor deren Beginn noch ein Zeugnis über die vorschriftsmäßige Vollendung des Vorbereitungsdienstes vorlegen.

1. Die Beilagen des Gesuchs um Zulassung erhält der Praktikant mit dem Prüfungszeugnis zurück.

2. Das Zeugnis über die Vollendung des Vorbereitungsdienstes (Abs. IV) ist bei der in Abs. I bezeichneten Regierung vorzulegen.

§ 113. I. Über die Zulassung entscheidet die Regierung, Kammer des Innern, an deren Sitze der Rechtspraktikant die Prüfung abzulegen hat.

II. Sie legt bis zum 10. November dem Staatsministerium des Innern ein nach dem Muster der Anlage XII hergestelltes Verzeichnis der zugelassenen Rechtspraktikanten in vierfacher Fertigung vor. In das Verzeichnis werden auch die bedingt zugelassenen Rechtspraktikanten eingetragen.

Anlage XII.

Vgl. § 38 VO.

3. Prüfungsausschüsse.

§ 114. Die Ausschüsse für die Abhaltung der schriftlichen Prüfung bestehen für die erste Abteilung aus Justizbeamten, für die zweite Abteilung aus Verwaltungsbeamten. Die Justizbeamten werden in der Regel aus den Mitgliedern der Oberlandesgerichte, der Landgerichte oder der Staatsanwaltschaften, die Verwaltungsbeamten in der Regel aus den Mitgliedern der Regierungen entnommen.

Vgl. § 45 VO.

§ 115. Die Ausschüsse für die mündliche Prüfung bestehen in der Regel aus einem Senatspräsidenten des Obersten Landesgerichts oder eines Oberlandesgerichts, aus einem Rate des Obersten Landesgerichts oder eines Oberlandesgerichts und aus einem Mitgliede des Verwaltungsgerichtshofs oder der Regierung des Prüfungsorts.

Vgl. § 46 VO.

§ 116. I. Die Ausschüsse für die Beurteilung der schriftlichen Prüfungsarbeiten bestehen für die erste Abteilung in der Regel aus einem Senatspräsidenten des Obersten Landesgerichts und zwei Räten dieses Gerichts oder aus einem Senatspräsidenten eines Oberlandesgerichts und zwei Oberlandesgerichtsräten, für die zweite Abteilung in der Regel aus einem Senatspräsidenten des Verwaltungsgerichtshofs und zwei Räten dieses Gerichtshofs oder aus einem Direktor und zwei Mitgliedern einer Regierung.

II. Den Vorsitz führt das rangälteste Mitglied.

Vgl. § 47 VO.

§ 117. I. Das zur Besorgung der Schreibgeschäfte und des Botendienstes nötige Personal bestimmt für die erste Abteilung der schriftlichen Prüfung und für die mündliche Prüfung der Präsident des Oberlandesgerichts, für die zweite Abteilung der schriftlichen Prüfung das Regierungspräsidium.

II. Die Schreibgeschäfte hat in der ersten Abteilung der schriftlichen Prüfung und in der mündlichen Prüfung der Sekretär eines Gerichts, in der zweiten Abteilung der schriftlichen Prüfung ein Regierungsakzessist zu besorgen.

Von den bei der schriftlichen und mündlichen Prüfung zu besorgenden Schreibgeschäften ist hauptsächlich die Protokollführung zu nennen — vgl. §§ 119, 123 VI, 127, 130 VI, 133 II, 134 III, 135, 155. In den Ausschüssen für die Beurteilung der schriftlichen Prüfungsarbeiten führt das dem Range nach jüngste Mitglied das Protokoll (§ 138).

4. Das Verfahren bei der Abhaltung der schriftlichen Prüfung.

§ 118. I. Die Regierung, Kammer des Innern, versammelt die an ihrem Sitze zur Ablegung der Prüfung zugelassenen Rechtspraktikanten an dem Werktage, der dem Beginne der Prüfung vorangeht.

II. Den Prüflingen werden die Vorschriften der §§ 44, 49 Abs. 3, 4 der Verordnung und die §§ 120, 121, 122, 123, 126 Abs. III, IV, 127 Abs. I und Abs. II Satz 1, 128, 129 Abs. IV, V, 130, 132, 133, 139, 140, 144, 145, 146, 147, 148 dieser Vorschriften bekannt gegeben. Jedem Prüflinge wird ein Abdruck der Vorschriften in § 128 Abs. III, IV und § 129 Abs. IV, V dieser Bekanntmachung ausgehändigt.

III. Die Mitglieder der Ausschüsse für die Abhaltung der schriftlichen Prüfung, die am Prüfungsorte wohnen, haben anwesend zu sein.

Beginn der Prüfung § 35 Abs. 2 VO., § 106 MB.

§ 119. Über die Abhaltung der schriftlichen Prüfung werden Protokolle geführt. Sie werden von den Mitgliedern des Prüfungsausschusses und dem Protokollführer unterschrieben.

1. Protokollführer § 117 MB.
2. Gesondertes Protokoll über die Verteilung der Plätze § 127.

§ 120. I. Als Hilfsmittel für die erste Abteilung der schriftlichen Prüfung dürfen die Prüflinge nur benützen je eine Textausgabe, eine mit Anmerkungen versehene Handausgabe und einen Kommentar zu folgenden Gesetzen und den dazu gehörenden Einführungs- und Ausführungsgesetzen:

1. Bürgerliches Gesetzbuch,
2. Zivilprozeßordnung,
3. Handelsgesetzbuch,
4. Wechselordnung,
5. Gerichtsverfassungsgesetz,
6. Konkursordnung,
7. Grundbuchordnung,
8. Gesetz über die freiwillige Gerichtsbarkeit,
9. Zwangsversteigerungsgesetz,
10. Anfechtungsgesetz,
11. Genossenschaftsgesetz,
12. Gesetz über die Gesellschaften mit beschränkter Haftung,
13. Urheberrechtsgesetze, Patent-, Gebrauchsmuster- und Warenbezeichnungsgesetz,
14. Gesetz gegen den unlauteren Wettbewerb,
15. Strafgesetzbuch,
16. Strafprozeßordnung,
17. Polizeistrafgesetzbuch,
18. Jagdgesetz und Forstgesetz.

II. Außerdem darf auch eine Sammlung der strafrechtlichen Nebengesetze benützt werden, und zwar dürfen sich die Prüflinge nicht nur einer Textausgabe und einer mit Erläuterungen versehenen Handausgabe, sondern auch eines Kommentars zu einer solchen Sammlung bedienen.

III. Berührt eine Aufgabe ein in Abs. I oder in Abs. II nicht bezeichnetes Gesetz, so werden die nötigen Hilfsmittel den Prüflingen geliefert.

Vgl. die Bem. nach § 122.

§ 121. I. Als Hilfsmittel für die zweite Abteilung der schriftlichen Prüfung dürfen die Prüflinge je eine Textausgabe, je eine mit Anmerkungen versehene Handausgabe und je einen Kommentar zu jedem Gesetz und zu jeder Verordnung Bayerns und des Reichs gebrauchen.

II. Neben den systematischen Handbüchern der inneren Verwaltung von Krais und Pechmann sind auch je ein systematisches Werk über Völkerrecht, Reichsstaatsrecht, bayerisches Staatsrecht und bayerisches Schulrecht, ferner zwei Lehrbücher oder systematische Werke allgemeinen Inhalts über Volks- und Staatsfinanzwirtschaft und endlich Lehrbücher des Kirchenrechts sowie Werke über einzelne Gebiete des Kirchenrechts gestattet.

III. Sammlungen von Gesetzen oder amtlichen Vorschriften sind, auch wenn sie von Privaten herausgegeben sind, zulässig.

Vgl. die Bem. nach § 122.

§ 122. I. Andere als die in den §§ 120 und 121 bezeichneten Hilfsmittel, insbesondere andere als die in § 121 Abs. II erwähnten Lehrbücher, Werke systematischen Inhalts, Handbücher, Abhandlungen und Sonderschriften, ferner Sammlungen von Entscheidungen, Lexika, Wörterbücher, Nachschlagbücher, Reichstags- und Landtags-Drucksachen, Zeitschriften und Zeitungen, Ausschnitte aus solchen, Abdrucke und Abschriften von Entscheidungen, Kollegienhefte, handschriftliche Aufzeichnungen aller Art usw. sind sowohl in der ersten als auch in der zweiten Abteilung der schriftlichen Prüfung verboten.

II. Dagegen sollen Textausgaben, Handausgaben oder Kommentare nicht deshalb ausgeschlossen werden, weil in ihnen noch andere als die in § 120 Abs. I und in § 121 Abs. I bezeichneten Gesetze und Verordnungen enthalten oder erläutert sind. Sie dürfen auch handschriftliche Randbemerkungen enthalten, es müßte denn sein, daß eine offenbare Umgehung des Verbots in Abs. I vorliegt. Das Gleiche gilt für die in § 121 Abs. II erwähnten systematischen Werke und Lehrbücher.

III. Einzelne Teile eines Kommentars können durch Teile eines anderen Kommentars ersetzt werden. Erscheint zur Zeit der Prüfung ein zugelassenes Werk neu in Lieferungen, so können diese neben dem abgeschlossenen Werke benützt werden.

1. Vgl. §§ 44 und 49 Abs. 3 PO.

2. Die Hilfsmittel sind sowohl der Art als der Zahl nach beschränkt. Die Beschränkungen sind für den ersten und den zweiten Teil der schriftlichen Prüfung verschieden.

Aus beiden Abteilungen verbannt sind Sammlungen von Entscheidungen, Lexika, Wörterbücher, Nachschlagebücher und was § 122 I im Anschluß daran noch an Hilfsmitteln aufführt. Die vorher ebendort genannten Hilfsmittel, nämlich Lehrbücher, Werke systematischen Inhalts, Handbücher, Abhandlungen und Sonderschriften sind im ersten Teile der Prüfung schlechthin unzulässig, für den zweiten Teil beschränkt zugelassen. Für das Kirchenrecht bestehen, was die Zahl solcher Hilfsmittel anlangt, keine Beschränkungen; Lehrbücher des Kirchenrechts und Werke über dessen einzelne Gebiete — z. B. Handbücher der Verwaltung des katholischen oder protestantischen Pfarramts, Abhandlungen über kirchliche Baulast, Einzeldarstellungen des Rechts der religiösen Kindererziehung — können beliebig viele mitgenommen werden. Aus der sprachlichen Zusammenfassung „Volks- und Staatsfinanzwirtschaft" in § 121 II wird zu folgern sein, daß für beide Gebiete zusammen nur zwei Lehrbücher oder systematische Werke allgemeinen Inhalts zulässig sein sollen. Im übrigen sind für den zweiten Teil an Werken systematischen Inhalts nur je eines über Völkerrecht, Reichsstaatsrecht, bayerisches Staatsrecht und bayerisches Schulrecht und die systematischen Handbücher der inneren Verwaltung von Krais und Pechmann zugelassen.

Textausgaben, Handausgaben mit Anmerkungen und Kommentare dürfen zu jedem Gesetz nur in je einer Ausgabe, in der zweiten Abteilung der Prüfung zu allen Gesetzen und Verordnungen Bayerns und des Reichs, in der ersten Abteilung nur zu den in § 120 bezeichneten Gesetzen mitgenommen werden.

Sammlungen von Gesetzen oder amtlichen Vorschriften sind in der zweiten Abteilung allgemein zulässig, in der ersten mit einer Ausnahme unzulässig (§§ 121 III, 120 II). Vgl. jedoch auch Bem. 8 Abs. 2.

3. Eine Textausgabe, in der den einzelnen Paragraphen nur Verweisungen auf andere Paragraphen beigefügt sind, wird dadurch noch nicht zu einer „mit Anmerkungen versehenen Handausgabe".

4. Eine genaue Grenzlinie zwischen einer Handausgabe mit Anmerkungen und einem Kommentar läßt sich nicht ziehen. Beispiele von Handausgaben sind die Ausgaben des BGB. von Fischer-Henle und von Achilles-Greiff, die der ZPO. von Sydow-Busch und von Neumiller, die der GBO. von Henle-Schmitt. Das Erscheinen einer Gesetzesausgabe in einer Sammlung von Textausgaben mit Anmerkungen z. B. der Guttentagschen Sammlung deutscher Reichsgesetze schließt nicht aus, daß sie wegen der erschöpfenden Erörterung der durch das Gesetz geregelten Fragen und wegen der Vollständigkeit, in der Rechtsprechung und Literatur berücksichtigt sind, theoretisch als Kommentar anzusprechen ist; doch wird ein Prüfling, der eine solche

Ausgabe als Handausgabe mit in die Prüfung nimmt, wohl keinen Beanstandungen begegnen, wie es ihm anderseits auch nicht verwehrt sein wird, sie neben einer Handausgabe mit Anmerkungen als Kommentar mitzunehmen.

5. Die Zulassung einer Sammlung der strafrechtlichen Nebengesetze in § 120 II bezieht sich sowohl auf die Reichs- wie auf die Landesgesetze. Es wird nichts dagegen zu erinnern sein, wenn ein Prüfling sich für die Reichs- und für die Landesgesetze je einer besonderen Sammlung bedient.

6. Einführungs- und Ausführungsgesetze i. S. des § 120 I sind nur die als solche bezeichneten Gesetze, nicht aber andere, die im Zusammenhange mit der Einführung eines neuen Gesetzes ergangen sind wie z. B. das neue NotG., das Gesetz über das Unschädlichkeitszeugnis und andere durch das neue bürgerliche Recht veranlaßte bayerische Gesetze (vgl. Müller, BayZfR. 1910 S. 417).

7. Zu den Werken, die durch § 122 I von der Benützung ausgeschlossen sind, gehören z. B. alle Lehrbücher des bürgerlichen Rechts und des Strafrechts, wie auch des allgemeinen Staatsrechts und sonstige systematische Darstellungen aus diesen Gebieten, ein Werk wie das von A. Schäffle über die Steuern — denn es beschränkt sich auf ein bestimmtes Gebiet der Staatsfinanzwirtschaft —, das Handwörterbuch der Staatswissenschaften herausgegeben von Conrad, Elster, Lexis und Loening, das Stengelsche Wörterbuch des deutschen Staats- und Verwaltungsrechts, die Zusammenstellung des in Bayern geltenden Reichs- und Landesrechts samt den Vollzugsbestimmungen von Glock und Schiedermair, das Jahrbuch des deutschen Rechts von Neumann, das Jahrbuch des Verwaltungsrechts von Stier-Somlo usw.

8. Nach § 122 II Satz 1 ist beispielsweise der Allfeldsche Kommentar zum LitUrhG. nicht deshalb von der Benützung ausgeschlossen, weil in demselben Buch auch das in § 120 I nicht aufgeführte Gesetz über das Verlagsrecht erläutert ist. Eine Textausgabe, eine Handausgabe oder ein Kommentar ist auch nicht deshalb ausgeschlossen, weil darin noch ein anderes der in § 120 bezeichneten Gesetze enthalten oder erläutert ist und der Prüfling für dieses Gesetz noch eine besondere Textausgabe, Handausgabe oder einen eigenen Kommentar mitbringt (Müller a. a. O. S. 416).

Mit Rücksicht auf § 122 II Satz 1 wird ferner nichts dagegen zu erinnern sein, wenn ein Prüfling statt einer anderen Textausgabe der in § 120 I bezeichneten Gesetze den ein solches Gesetz enthaltenden Band einer amtlichen oder privaten Gesetzessammlung oder eine Sammlung wie die Jaegerschen Zivilgesetze in der Ausgabe für das Reich oder für Bayern mitbringt. Es wird auch zulässig sein, daß er für das eine oder andere der in dieser Sammlung enthaltenen Gesetze sich einer eigenen Textausgabe bedient.

9. Die Zulassung von Büchern mit handschriftlichen Randbemerkungen gewährt die Möglichkeit auch Gesetzesausgaben mitzunehmen, die mit Schreibpapier durchschossen sind und auf diesem handschriftliche Bemerkungen enthalten; nur ist hier doppelt Veranlassung gegeben zu prüfen, ob nicht eine offenbare Umgehung des Verbots in § 122 I vorliegt.

Bemerkungen über oberstrichterliche Entscheidungen z. B. werden sich auf die Wiedergabe des Grundgedankens der Entscheidung oder einzelner den Gründen entnommener Sätze von allgemeiner Bedeutung beschränken müssen in ähnlicher Weise, wie die Entscheidungen in Kommentaren angeführt zu werden pflegen.

10. Nach § 122 III ist es beispielsweise zulässig, für das Sachenrecht den dritten Band des Staudingerschen Kommentars, im übrigen aber den Planckschen Kommentar zum BGB. zu benützen. Erscheint z. Zt. der Prüfung ein Werk neu in Lieferungen, so dürfen diese neben den entsprechenden Teilen der alten Auflage desselben Werkes, nicht aber neben einem anderen Werke über denselben Gegenstand benützt werden.

§ 123. I. Die zulässigen Hilfsmittel müssen vor den Nachmittagen der Werktage, die dem Beginn jeder Abteilung der schriftlichen Prüfung vorausgehen, in den Prüfungsraum gebracht sein. An diesen Nachmittagen haben sich die Mitglieder des für die Abteilung gebildeten Prüfungsausschusses in Gegenwart der Prüflinge davon zu überzeugen, daß nur zulässige Hilfsmittel in den Prüfungsraum gebracht sind.

II. Später dürfen einzelne Hilfsmittel nur ausnahmsweise und nur vor dem Beginne der täglichen Prüfungszeit mit Erlaubnis des Vorsitzenden des Prüfungsausschusses in den Prüfungsraum gebracht werden.

III. Die Hilfsmittel sind für jeden Prüfling in einem besonderen Büchergestell oder Schranke unterzubringen. Soweit solche nicht schon in hinreichender Zahl im Prüfungsraume vorhanden sind, haben die Prüflinge für ein Gestell oder für einen Schrank selbst zu sorgen. Jedem Prüfling ist nur die Benützung eines einzigen Schrankes oder Gestells von mäßigem Umfang erlaubt. Außerdem ist die Aufstellung je eines Handgestells neben dem Arbeitsplatze gestattet. Das Handgestell darf den Prüflingen, denen die benachbarten Arbeitsplätze angewiesen sind, nicht hinderlich sein.

IV. Schränke und Gestelle müssen so aufgestellt sein, daß die Aufsicht nicht gehindert wird. Verschließbare Schränke sind offen zu halten, wenn und so lang ein Mitglied des Prüfungsausschusses es verlangt.

V. Auch während der Prüfungszeit haben die Mitglieder des Ausschusses für die schriftliche Prüfung darauf zu achten, daß nicht unerlaubte Hilfsmittel in den Prüfungsraum gebracht sind. Werden solche Hilfsmittel vorgefunden, so sind sie aus dem Prüfungsraume zu entfernen.

VI. Wird ein Prüfling bei der Benützung unerlaubter Hilfsmittel betroffen, so ist dies im Protokolle festzustellen und zwar auch dann, wenn eine Förderung nicht eingetreten sein kann.

§ 124. I. In der ersten Abteilung der schriftlichen Prüfung werden den Prüflingen in der Regel fünf Aufgaben aus dem bürgerlichen Rechte und dem Zivilprozeßrecht und drei Aufgaben aus dem Strafrecht und Strafprozeßrechte zur Bearbeitung innerhalb je vier Stunden vorgelegt. Die Aufgabe mit neunstündiger Arbeitsfrist wird in der Regel dem Gebiete des bürgerlichen Rechts und des Zivilprozeßrechts entnommen sein.

II. In der zweiten Abteilung der schriftlichen Prüfung werden den Prüflingen in der Regel eine Aufgabe aus dem bayerischen oder deutschen Staatsrecht, eine Aufgabe aus dem Kirchenrechte, drei Aufgaben aus dem Verwaltungsrecht einschließlich des Gewerberechts, Schulrechts und Polizeirechts, eine Aufgabe aus der Sozialgesetzgebung und zwei Aufgaben aus der Volkswirtschaftslehre und der Staatsfinanzwirtschaft zur Bearbeitung innerhalb je vier Stunden vorgelegt. Die Aufgabe mit neunstündiger Arbeitsfrist wird in der Regel dem Verwaltungsrecht entnommen sein.

§ 125. I. Die Aufgaben werden vor dem Beginne der Prüfung in der erforderlichen Zahl von Abdrucken den Regierungspräsidien in versiegelten Paketen übersendet. Den Abdrucken der Aufgaben wird die für jeden Prüfungsraum erforderliche Zahl von durchlaufend numerierten Umschlagbogen nach dem Muster der Anlage XIII beigegeben. Anlage XIII.

II. Die Pakete sind aufzubewahren und täglich vor der Prüfungszeit dem Vorsitzenden des Prüfungsausschusses zu übergeben.

1. Der Zweck des Umschlagbogens — eine Zensur zu ermöglichen, bei der die Zensurkommission den Namen des Prüflings nicht kennt — ergibt sich aus §§ 128 ff.

2. Öffnung der Pakete mit den Aufgaben § 129 I.

§ 126. I. Den Prüflingen wird jeweils nur eine Aufgabe zur Bearbeitung vorgelegt.

II. Die Reihenfolge, in der die Aufgaben den Prüflingen vorzulegen sind, bestimmen für die erste Abteilung das Staats=

ministerium der Justiz und für die zweite Abteilung das Staatsministerium des Innern.

III. Die Prüfung beginnt an den Tagen, an denen die Aufgaben mit vierstündiger Arbeitsfrist zu bearbeiten sind, um $8^{1}/_{2}$ Uhr vormittags und um $3^{1}/_{2}$ Uhr nachmittags, an den Tagen, an denen die Aufgaben mit neunstündiger Arbeitsfrist zu bearbeiten sind, um 9 Uhr vormittags.

IV. Die Arbeitsfristen berechnen sich von dem Zeitpunkt an, in dem die Abdrucke der Aufgaben an alle Prüflinge verteilt sind (§ 129 Abs. II).

V. Besteht eine Aufgabe aus zwei Unteraufgaben (§ 41 Abs. 6 der Verordnung), so wird die zweite Unteraufgabe erst eine halbe Stunde nach dem Ablaufe der Arbeitsfrist für die erste Unteraufgabe und, wenn das Einsammeln der Bearbeitungen der ersten Unteraufgabe längere Zeit in Anspruch nahm, erst nach der Vollendung dieses Geschäfts den Prüflingen vorgelegt.

VI. Der Beginn der Arbeitsfrist ist im Protokolle festzustellen.

Die übliche Reihenfolge der Aufgaben, nach der z. B. in der ersten Abteilung zuerst die fünf Aufgaben aus dem bürgerlichen Recht und dem Zivilprozeßrecht gegeben werden, braucht durchaus nicht immer eingehalten zu werden; es empfiehlt sich deshalb nicht, bei der Beischaffung der Hilfsmittel damit zu rechnen, daß man die strafrechtliche Literatur erst später benötigt und seine Hilfsmittel auf diesem Gebiete noch nachträglich mit Zustimmung des Vorsitzenden (§ 123 II) ergänzen kann.

§ 127. I. Die Arbeitsplätze der Prüflinge werden in jedem Prüfungsraume durchlaufend numeriert; die Nummern werden auf den Arbeitsplätzen deutlich sichtbar angebracht.

II. Welche Arbeitsplätze die Prüflinge einzunehmen haben, wird täglich durch das Los bestimmt. Das Ergebnis der Ziehung wird in einem gesonderten Protokolle nach dem Muster
Anlage XIV. in der Anlage XIV beurkundet. Der Vorsitzende des Prüfungsausschusses kann einem Prüfling aus triftigen Gründen für einzelne Tage oder für die ganze Dauer einer Abteilung der schriftlichen Prüfung einen vom Lose unabhängigen, jedoch numerierten Platz anweisen. Die Verfügung ist im Protokolle zu vermerken.

III. Dem Protokolle wird eine im Grundrisse gezeichnete Darstellung der Sitzordnung der Prüflinge unter Angabe der Nummern ihrer Arbeitsplätze beigefügt.

1. Die Verteilung der Arbeitsplätze gilt auch für den Nachmittag.

2. Protokollführer § 117.

3. Vgl. auch §§ 134 III und 135 II u. III: von dem nach § 127 II geführten Protokoll erhalten die Ausschüsse für die Beurteilung der schriftlichen Prüfungsarbeiten keine Kenntnis, von der Sitzordnung nur ohne Nennung der Namen.

§ 128. I. Vor der Verteilung der Abdrucke der Aufgaben haben sich die Mitglieder des Prüfungsausschusses zu vergewissern, daß die Prüflinge die ihnen zugewiesenen (§ 127 Abs. II) Arbeitsplätze eingenommen haben.

II. Sodann wird jedem Prüflinge der mit der Nummer seines Arbeitsplatzes versehene Umschlagbogen durch die Mitglieder des Prüfungsausschusses ausgehändigt. Auch hierbei hat sich das Mitglied des Ausschusses, das den Umschlagbogen dem Prüfling aushändigt, davon zu überzeugen, daß der Prüfling auf dem ihm angewiesenen Arbeitsplatze sitzt.

III. Der Prüfling hat auf das Anhängeblatt des Umschlagbogens seinen vollständigen Vor- und Zunamen und ein von ihm gewähltes Kennwort zu schreiben; er hat das Kennwort auch auf die erste Seite des Umschlagbogens zu setzen. Beides hat im Beisein des Mitglieds des Ausschusses, das den Umschlag dem Prüfling aushändigt, unmittelbar nach der Aushändigung zu geschehen. Das Mitglied des Ausschusses hat darüber zu wachen, daß der Prüfling den Umschlagbogen und das Anhängeblatt richtig ausfüllt.

IV. Der Name des Prüflings darf als Kennwort nicht verwendet werden. Der Prüfling darf seinen Namen nur auf das Anhängeblatt des Umschlagbogens, nicht aber auf den Umschlagbogen selbst oder auf einen Bogen der Bearbeitung schreiben.

Bei der Verteilung der Umschlagbogen haben alle Mitglieder des Ausschusses anwesend zu sein § 133 I. Sie werden die Verteilung zweckmäßig gruppenweise etwa in der Art vornehmen, daß jedes Mitglied die Verteilung an die auf den Kopf treffende Zahl von Prüflingen übernimmt (Müller, BayZfR. 1910 S. 419). Die Umschlagbogen und Anhängeblätter bilden das Mittel für die Feststellung, welches Ergebnis der einzelne Prüfling erzielt hat; ihre richtige Ausfüllung muß darum mit peinlicher Sorgfalt überwacht werden.

§ 129. I. Sodann öffnet der Vorsitzende des Prüfungsausschusses in Gegenwart der Prüflinge das Paket, welches die Abdrucke der Aufgabe oder Unteraufgabe enthält.

II. Die Abdrucke werden an die Prüflinge unverzüglich verteilt.

III. Sie sind den Prüflingen zu belassen.

IV. Das zur Niederschrift der Bearbeitungen der Aufgaben erforderliche Papier wird den Prüflingen geliefert. Die ersten Seiten eines jeden Bogens müssen auf der linken Hälfte oben mit dem Vordrucke „Platznummer: . . ." und darunter mit dem Vordrucke „Kennwort: . . . . . ." versehen sein.

V. Der Prüfling hat auf jede erste Seite eines jeden Bogens seiner Bearbeitung die Nummer seines Arbeitsplatzes und darunter das Kennwort zu schreiben.

§ 130. I. Die Prüflinge dürfen den Prüfungsraum erst nach der Ablieferung ihrer Bearbeitungen verlassen.

II. Nach dem Ablaufe der Arbeitsfristen sind die Bearbeitungen den Mitgliedern des Prüfungsausschusses auch dann abzuliefern, wenn sie nicht vollendet sind.

III. Kein Prüfling darf über die Arbeitsfrist hinaus arbeiten.

IV. Der Vorsitzende des Prüfungsausschusses soll eine Viertelstunde vor dem Ablaufe der Arbeitsfrist die Prüflinge an die rechtzeitige Vollendung der Bearbeitungen erinnern.

V. Sofort nach dem Ablaufe der Arbeitsfrist haben die Mitglieder des Prüfungsausschusses die Prüflinge zu veranlassen, ihre Bearbeitungen abzuliefern, um mit dem Einsammeln der Bearbeitungen zu beginnen. An der raschen Durchführung des Einsammelns haben sich alle Mitglieder des Prüfungsausschusses zu beteiligen.

VI. Der Endpunkt der Arbeitsfrist darf nur dann verschoben werden, wenn infolge außergewöhnlicher Vorkommnisse der Beginn der Arbeitsfrist hinausgerückt oder die Arbeitszeit unterbrochen werden mußte. In solchen Fällen ändert sich die Anwendung der Vorschriften in Abs. II bis V entsprechend. Über den Vorgang ist an die Staatsministerien der Justiz und des Innern zu berichten. Der Vorgang ist im Protokolle festzustellen.

1. Dem Prüfling bleibt es trotz § 130 I u. II unbenommen, eine Bearbeitung überhaupt nicht abzuliefern; aber den Umschlagbogen und das Anhängeblatt muß er ausfüllen und abliefern; eine Feststellung im Protokoll über die Erklärung des Prüflings eine Bearbeitung nicht abliefern zu wollen ist zweckmäßig, mag sich auch aus der Ausfüllung des Umschlagbogens („Zahl der abgelieferten Bogen: 0") schon

ergeben, daß dem Prüfling für die Aufgabe nach § 140 V MB. die Note 7 zu erteilen ist.

2. Es wird sich empfehlen, daß die Mitglieder des Prüfungsausschusses das Einsammeln der Bearbeitungen gruppenweise besorgen und jedes Mitglied dieselbe Gruppe wie bei der Verteilung der Umschlagbogen übernimmt (s. Bem. zu § 128 MB.).

§ 131. Das Mitglied des Prüfungsausschusses, das die Bearbeitung der Aufgabe entgegennimmt oder einsammelt, hat

1. sich davon zu überzeugen, daß die auf der ersten Seite und auf dem Anhängeblatte des Umschlagbogens angebrachten Nummern, die Nummern auf den ersten Seiten der abgelieferten Bogen der Bearbeitung und die Nummer des dem Prüflinge durch das Los zugewiesenen Arbeitsplatzes übereinstimmen und daß das gleiche Kennwort auf der ersten Seite und auf dem Anhängeblatte des Umschlagbogens und auf den ersten Seiten der abgelieferten Bogen der Bearbeitung angebracht ist,
2. diese Übereinstimmung auf der ersten Seite des Umschlagbogens durch Unterschrift zu bestätigen,
3. den Zeitpunkt der Ablieferung der Bearbeitung auf der ersten Seite des Umschlagbogens zu vermerken.

§ 132. I. Die Bearbeitungen müssen leserlich geschrieben sein.

II. Die Anwendung von Kurzschrift ist untersagt.

III. Von den zur Niederschrift der Bearbeitungen verwendeten Bogen ist je nur die eine Hälfte der Seiten zu beschreiben.

Zu Abs. II vgl. Bem. 3 zu § 43 MB.

§ 133. I. Die Mitglieder des Prüfungsausschusses haben die Aufsicht mit größter Strenge ununterbrochen auszuüben. In jedem Prüfungsraume haben ständig zwei Mitglieder und, wenn die Zahl der Prüflinge 30 überschreitet, drei Mitglieder anwesend zu sein. Bei der Verteilung der Umschlagbogen und bei dem Einsammeln der Bearbeitungen haben sämtliche Mitglieder anwesend zu sein.

II. Von dem Augenblicke der Übergabe der Aufgaben an bis zur Ablieferung der Bearbeitungen muß jeder Verkehr der Prüflinge untereinander oder mit Dritten ausgeschlossen sein. Der Benützung fremder Hilfe, dem Zusammenarbeiten, der Unterstützung von Prüflingen durch andere Prüflinge, insbesondere durch Überlassung von Bearbeitungen und Aufzeichnungen oder durch Zuflüsterungen, und jedem derartigen Versuch ist unnachsichtlich entgegenzutreten. Die wahrgenommenen Tatsachen sind im Protokolle sofort und zwar auch dann festzustellen, wenn eine Förderung nicht eingetreten sein kann.

Nebenräume des Prüfungsraumes sind nicht als besonderer Prüfungsraum anzusehen.

§ 134. I. Nach der Ablieferung der Bearbeitungen trennt der Vorsitzende des Prüfungsausschusses die Anhängeblätter der Umschlagbogen ab.

II. Die abgetrennten Anhängeblätter der Umschlagbogen für die Bearbeitungen der in der ersten Abteilung der schriftlichen Prüfung gegebenen Aufgaben werden dem Staatsministerium der Justiz, jene der Umschlagbogen für die Bearbeitungen der in der zweiten Abteilung der schriftlichen Prüfung gegebenen Aufgaben dem Staatsministerium des Innern in für jede Aufgabe und für jede Unteraufgabe gesonderten und versiegelten Paketen als Einschreibsendungen sofort vorgelegt.

III. Das Protokoll über die Verteilung der Arbeitsplätze durch das Los (§ 127 Abs. II), die im Grundrisse gezeichnete Darstellung der Sitzordnung der Prüflinge (§ 127 Abs. III) und das Prüfungsprotokoll (§ 119) sind beizufügen. In der Darstellung der Sitzordnung sind die Namen der Prüflinge neben oder unter den Nummern ihrer Arbeitsplätze einzutragen. War ein Arbeitsplatz nicht besetzt, so ist seine Nummer zu durchstreichen.

§ 135. I. Nach der Abtrennung der Anhängeblätter von den Umschlagbogen werden die Bearbeitungen einer jeden Aufgabe und einer jeden Unteraufgabe mit dem Umschlagbogen in versiegelten Paketen als Einschreibsendungen sofort an die Behörde geschickt, bei welcher der Ausschuß für die Beurteilung der Bearbeitungen der Aufgabe gebildet ist.

II. Eine Darstellung der Sitzordnung und eine Abschrift des Prüfungsprotokolls (§ 119) sind beizufügen.

III. In der Darstellung der Sitzordnung und in der Abschrift des Prüfungsprotokolls sind nur die Nummern der

Arbeitsplätze einzutragen; die Namen der Prüflinge sind nicht anzugeben. War ein Arbeitsplatz nicht besetzt, so ist seine Nummer in der Darstellung der Sitzordnung zu durchstreichen.

IV. Wurden während der Abhaltung der schriftlichen Prüfung Wahrnehmungen gemacht, die auf die Beurteilung der Bearbeitungen von Einfluß sein können, so ist dies besonders mitzuteilen.

1. Von dem Protokoll über die Verteilung der Arbeitsplätze (§ 127 II) erhält der Ausschuß für die Beurteilung der Arbeiten keine Kenntnis.

2. Auch in den Mitteilungen nach Abs. IV werden die Prüflinge nur mit den Nummern ihrer Arbeitsplätze zu bezeichnen sein.

5. Die Beurteilung der schriftlichen Prüfungsarbeiten.

§ 136. I. Jedem Ausschusse für die Beurteilung der schriftlichen Prüfungsarbeiten wird die Würdigung der von allen Prüflingen gelieferten Bearbeitungen einer oder mehrerer Aufgaben übertragen.

II. Die Bestimmungen über die Ausschüsse für die Beurteilung der schriftlichen Prüfungsarbeiten und über die Zuteilung der Arbeiten, die von den Ausschüssen zu würdigen sind, werden den Regierungen, an deren Sitzen die Prüfung abgehalten wird, vor dem Beginne der Prüfung mitgeteilt.

§ 137. I. Die Vorsitzenden der Ausschüsse für die Beurteilung der schriftlichen Prüfungsarbeiten bestimmen für die Würdigung der einzelnen Arbeiten einen Berichterstatter und einen Mitberichterstatter.

II. Über die Lösung der Aufgabe ist Beschluß zu fassen.

III. Eine dem Beschluß entsprechende Bearbeitung ist, wenn die Aufgabe zur ersten Abteilung gehört, dem Staatsministerium der Justiz, wenn sie zur zweiten Abteilung gehört, dem Staatsministerium des Innern vor dem Beginne der Beurteilung der Prüfungsarbeiten vorzulegen.

§ 120 der früheren Vorschriften bestimmte für die von dem Ausschuß einzusendende Lösung der Aufgabe: „Bei der Bearbeitung ist hinsichtlich ihrer Art und ihres Umfangs auf die den Kandidaten gestattete Arbeitszeit und auf die ihnen gestatteten Hilfsmittel Rücksicht zu nehmen." Dies gilt jetzt für die einzusendende Bearbeitung nicht mehr, selbstverständlich aber für die Würdigung der Prüfungsarbeiten.

§ 138. Das dem Range nach jüngste Mitglied eines jeden Ausschusses für die Beurteilung der schriftlichen Prüfungsarbeiten führt ein Protokoll, in dem alle bei der Würdigung der Arbeiten gemachten besonderen Wahrnehmungen zu vermerken sind.

§ 139. Die Arbeiten sind, um ein etwaiges Zusammenarbeiten der Prüflinge ermitteln zu können, nach Prüfungsorten und Prüfungsräumen sowie nach der Reihenfolge der Arbeitsplätze zu würdigen.

§ 140. I. Bei der Würdigung der Arbeiten ist zu erforschen, ob und in welchem Grade der Prüfling für den höheren Justiz- und Verwaltungsdienst geeignet ist.

II. Das ausschlaggebende Gewicht ist stets darauf zu legen, wie der Prüfling seine Lösung begründet hat, welches Maß von Fähigkeiten und Kenntnissen, welches Verständnis, welchen Grad von Schärfe der Auffassung und von Unterscheidungsvermögen und welche Gewandtheit in der Entwicklung und Darstellung seiner Gedanken er gezeigt hat. Dies gilt insbesondere auch dann, wenn die Lösung der Aufgabe durch den Prüfling mit der des Ausschusses für die Beurteilung der Arbeit nicht übereinstimmt oder wenn die Bearbeitung der Aufgabe nicht vollendet ist.

III. Aus Hilfsmitteln entnommene wörtliche oder nahezu wörtliche Wiedergaben ohne eigene Gedankenarbeit haben, auch wenn sie nicht fehlerhaft verwendet sind, die ihnen gebührende Würdigung zu erfahren.

IV. Persönliche Verhältnisse der Prüflinge, die auf das Prüfungsergebnis eingewirkt haben können, z. B. Erkrankung während der Vorbereitung zur Prüfung oder während der Prüfung, Familienverhältnisse u. dgl., dürfen nicht berücksichtigt werden.

V. Hat ein Prüfling eine Aufgabe nicht bearbeitet, so ist ihm die Note 7 zu erteilen.

§ 141. I. Über die Bewertung jeder einzelnen Bearbeitung ist ein Beschluß zu fassen. Der Berichterstatter stimmt zuerst, der Vorsitzende zuletzt.

II. Die Noten, welche die einzelnen Mitglieder des Ausschusses erteilen, werden zusammengerechnet und durch die Zahl drei geteilt. Bei einem Reste von weniger als einhalb wird die nächsthöhere, bei einem Reste von mehr als einhalb die nächsttiefere Note erteilt.

III. Die von den einzelnen Mitgliedern des Ausschusses erteilten Noten und die Noten, die sich daraus nach Abs. II ergeben, sind auf die letzte Seite des Umschlagbogens einer jeden Arbeit zu setzen. Die Noten sind mit arabischen Ziffern zu schreiben und mit Worten auszudrücken.

Notensystem § 49 PO.

§ 142. I. Die Bewertung der Arbeiten ist binnen drei Monaten zu beenden.

II. Während dieser Zeit werden die Mitglieder der Ausschüsse in ihrer ordentlichen Dienstaufgabe angemessen entlastet.

III. Nach der Bewertung aller Arbeiten wird eine für jeden Prüfungsort und jeden Prüfungsraum gesonderte Übersicht der erteilten Noten nach dem Muster der Anlage XV hergestellt. Anlage XV.

IV. In die Übersicht werden eingetragen in der Spalte 2 die Nummern der Arbeitsplätze, welche die Prüflinge bei der Bearbeitung der Aufgabe inne hatten, in den Spalten 4, 5 und 6 die von den einzelnen Mitgliedern des Ausschusses für die Beurteilung der Arbeit erteilten Noten und in der Spalte 7 die Note, die sich nach § 141 Abs. II aus den Spalten 4, 5 und 6 ergibt.

V. Die Noten sind mit arabischen Ziffern zu schreiben. Außerdem sind in der Spalte 6 die Noten mit Worten auszudrücken.

VI. Die Übersichten für die Arbeiten der ersten Abteilung sind dem Staatsministerium der Justiz, die Übersichten für die Arbeiten der zweiten Abteilung dem Staatsministerium des Innern in dreifacher Fertigung bis spätestens 1. April vorzulegen. Die von dem Ausschusse beschlossene Lösung der Aufgabe (§ 137), die Darstellung der Sitzordnung (§ 135 Abs. II, III), die Abschriften der Prüfungsprotokolle (§§ 119, 135), das von dem Ausschusse für die Beurteilung der Arbeit geführte Protokoll (§ 138) und die sämtlichen, in die Umschlagbogen eingelegten Arbeiten der Prüflinge sind beizufügen.

In Abs. V soll es Spalte 7 heißen.

6. Die mündliche Prüfung.

§ 143. Die Vorsitzenden der Ausschüsse für die Abhaltung der mündlichen Prüfung erhalten die nötige Zahl von Abdrucken der Aufgaben, die nach § 43 Abs. 5 der Verordnung zur mündlichen Prüfung zu verwenden sind.

§ 144. I. Der Vorsitzende des Ausschusses für die mündliche Prüfung und, wenn an einem Prüfungsorte mehrere Ausschüsse gebildet sind, der rangälteste Vorsitzende bestimmt die Reihenfolge, in der die Prüflinge mündlich zu prüfen sind, durch das Los.

II. Sind an einem Prüfungsorte mehrere Ausschüsse gebildet, so werden die Prüflinge nach der in Abs. I bestimmten Reihenfolge in der Zahl nach möglichst gleich große Gruppen eingeteilt. Jede Gruppe wird durch das Los einem Ausschusse zugewiesen.

III. Die Prüflinge werden in der nach Abs. I bestimmten Reihenfolge von dem Ausschusse, dem sie zugewiesen sind, geprüft.

IV. Von der durch das Los bestimmten Verteilung und Reihenfolge darf nur abgewichen werden, wenn triftige Gründe vorliegen.

V. Der Vorsitzende des Ausschusses, vor dem der Prüfling die mündliche Prüfung abzulegen hat, bestimmt jedem Prüflinge Zeit und Ort der mündlichen Prüfung. Die Bestimmung wird dem Prüflinge gegen Empfangsbestätigung schriftlich ausgehändigt. Die Aushändigung kann während der zweiten Abteilung der schriftlichen Prüfung durch Vermittelung des Ausschusses für die Abhaltung dieser Prüfung erfolgen.

VI. Die Vorsitzenden der Ausschüsse für die mündliche Prüfung bestimmen für jeden Tag der mündlichen Prüfung ein Mitglied des Ausschusses oder einen Stellvertreter zur Entgegennahme der Gestellungsmeldungen der Prüflinge (§ 146 Abs. II) und zur Beaufsichtigung der Prüflinge während der Vorbereitung des Vortrags.

§ 145. I. Die mündliche Prüfung beginnt in der Regel am zweiten Werktage nach dem Schlusse der schriftlichen Prüfung.

II. Sie findet nur an Werktagen statt und soll vor 9 Uhr vormittags nicht beginnen.

Die mündliche Prüfung beginnt frühestens am zweiten Werktage nach der schriftlichen Prüfung; der Beginn wird durch MinEntschl. bestimmt (§ 43 Abs. 2 VO., § 106 MB.).

§ 146. I. Zur Vorbereitung des mündlichen Vortrags erhält der Prüfling eine Frist von einer Stunde.

II. Er hat sich eine Stunde vor dem Beginne der mündlichen Prüfung bei dem vom Vorsitzenden des Prüfungsausschusses nach § 144 Abs. VI bestimmten Mitgliede des Ausschusses zu melden.

III. Nach der Meldung wird die Aufgabe, über deren Gegenstand der Vortrag zu erstatten ist, durch das Los bestimmt. Der Prüfling zieht das Los. Dem Prüflinge wird ein Abdruck der Aufgabe ausgehändigt. Der Abdruck ist dem Prüflinge zu belassen.

IV. Von der Übergabe des Abdrucks bis zum Beginne der mündlichen Prüfung ist der Prüfling angemessen zu beaufsichtigen.

V. Nach dem Ablaufe der für die Vorbereitung des Vortrags bestimmten Stunde hat der Prüfling vor dem Prüfungsausschusse seinen Vortrag zu erstatten.

§ 147. Die mündliche Prüfung hat den besonderen Zweck, zu erforschen, welches Maß von Gewandtheit in der mündlichen Entwicklung und geordneten Darstellung seiner Gedanken der Prüfling besitzt, mit welcher Schärfe er den gegebenen Rechtsfall zu erfassen versteht, welcher Art sein Auftreten hiebei ist und welcher Grad von Entschlußfähigkeit ihm eigen ist.

§ 148. Als Hilfsmittel für die Erstattung des Vortrags und für dessen Vorbereitung werden dem Prüflinge nur das Reichs-Gesetzblatt, das Gesetz- und Verordnungsblatt und die Gesetz- und Verordnungssammlung von Weber zur Verfügung gestellt, wenn nicht die Staatsministerien ein Anderes bestimmen. Andere Hilfsmittel sind verboten.

1. Der Prüfling darf sich bei seinem Vortrage des Abdrucks der Aufgabe bedienen; er wird sich den Vortrag auch durch kurze Aufzeichnungen über die nach seiner Ansicht für die Beurteilung maßgebenden dem Rechtsfall zugrunde liegenden Tatsachen, besonders über

die in Betracht kommenden Zeitpunkte erleichtern dürfen. Dagegen stünde es im Widerspruch mit dem Begriff des mündlichen Vortrags, wenn der Prüfling schriftliche Ausführungen nach der Art eines Aufsatzes machen und vorlesen wollte. Selbstverständlich ausgeschlossen ist jede Verwertung von Aufzeichnungen, die der Prüfling nicht während der Vorbereitungszeit, sondern schon vorher — etwa bei der schriftlichen Prüfung — gemacht hat.

2. § 49 Abs. 3 VO. gilt auch für die mündliche Prüfung.

§ 149. Der Vorsitzende kann den Vortrag des Prüflings auch vor dem Ablaufe von zwanzig Minuten (§ 43 Abs. 4 der Verordnung) für beendet erklären, wenn er der Überzeugung ist, daß schon der bisherige Vortrag ausreicht, um den Prüfling in der im § 147 bezeichneten Richtung beurteilen zu können, oder wenn er an den Prüfling noch Fragen richten will.

§ 150. I. Nach der Beendigung des Vortrags kann der Vorsitzende Fragen an den Prüfling stellen, die ihm zur weiteren Erforschung der Vortragsgabe erforderlich erscheinen. Sodann hat er den übrigen Mitgliedern des Ausschusses nach Maßgabe der Zeit, die noch zur Verfügung steht, das Wort zur Fragestellung zu erteilen.

II. Die Fragen sollen dem Prüfling insbesondere zur Ergänzung seines Vortrags Gelegenheit geben.

§ 151. I. Bei der Würdigung des Ergebnisses der mündlichen Prüfung ist das maßgebende Gewicht darauf zu legen, wie der Prüfling seine Aufgabe nach dem besonderen Zwecke der mündlichen Prüfung gelöst hat.

II. Die Vorschrift des § 140 Abs. IV findet Anwendung.

1. Der Vortrag ist sofort nach seiner Beendigung zu bewerten § 48 VO.

2. Zweck der mündlichen Prüfung § 147.

§ 152. I. Bei der Beschlußfassung über das Ergebnis der mündlichen Prüfung stimmt das dem Range nach jüngste Mitglied des Prüfungsausschusses zuerst. Der Vorsitzende stimmt zuletzt.

II. Im übrigen gelten für die Erteilung der Note die Vorschriften in § 141 Abs. II.

§ 153. I. Wird der Prüfling durch Krankheit oder andere zwingende Ursachen an der rechtzeitigen Ablegung der mündlichen Prüfung gehindert, so hat er dies dem Vorsitzenden des Ausschusses für die Abhaltung der mündlichen Prüfung unverzüglich anzuzeigen.

II. Er hat sich sofort nach Beseitigung des Hindernisses bei dem Vorsitzenden des Prüfungsausschusses zu melden und sich der mündlichen Prüfung nachträglich zu unterziehen.

III. Die Verhinderungsursache und deren Dauer sind nachzuweisen. Im Falle der Krankheit hat dies durch das Zeugnis eines Amtsarztes zu geschehen.

IV. Die mündliche Prüfung kann beim Vorliegen der Voraussetzungen des Abs. I bis 1. April des Jahres, das der Ablegung der schriftlichen Prüfung folgt, nachgeholt werden.

1. Wer sich der mündlichen Prüfung nicht unterzieht, ohne durch einen zwingenden Grund gehindert zu sein, hat die Prüfung nicht mit Erfolg abgelegt, § 49 Abs. 4 VO.

2. Kann die Prüfung nicht bis zu dem in Abs. IV bezeichneten Zeitpunkt nachgeholt werden, so bleibt noch die Möglichkeit einer späteren Ablegung mit der in § 59 Satz 2 VO. vorgesehenen Genehmigung. Der Prüfling wird in einem solchen Falle sofort nach Beseitigung des Hindernisses ein Gesuch bei der Kreisregierung des Prüfungsorts einzureichen und mit den nötigen Nachweisen zu versehen haben (§§ 158 und 153 III MB.).

§ 154. I. Die Beschlüsse des Ausschusses über die Erteilung der Noten sind in eine fortlaufende Übersicht nach dem Muster der Anlage XVI jeweils sofort nach der Beschlußfassung einzutragen. Anlage XVI.

II. Die Eintragung erfolgt in der Reihenfolge, in der die Prüflinge geprüft worden sind.

III. In den Spalten 3, 4 und 5 werden die von den einzelnen Mitgliedern des Ausschusses für die mündliche Prüfung erteilten Noten eingetragen. Die Note, die sich nach § 141 Abs. II aus den Spalten 3, 4 und 5 ergibt, wird in der Spalte 6 eingetragen.

IV. Die Noten sind mit arabischen Ziffern zu schreiben. Außerdem ist in der Spalte 6 die Note mit Worten auszudrücken.

V. Jeder Beschluß ist nach der Eintragung in die Übersicht in dieser von jedem Mitgliede des Ausschusses zu unterschreiben.

VI. Die Übersichten sind in der Urschrift und in zwei Abschriften den Staatsministerien der Justiz und des Innern vorzulegen.

Vgl. § 50 Abs. 2 VO.

§ 155. I. Über die Abhaltung der mündlichen Prüfung ist ein fortlaufendes Protokoll zu führen. Das Protokoll ist von allen Mitgliedern des Prüfungsausschusses täglich zu unterschreiben.

II. Nach beendeter mündlicher Prüfung wird das Protokoll den Staatsministerien der Justiz und des Innern vorgelegt.

Protokollführer § 117 MB.

7. Festsetzung und Bekanntgabe des Prüfungsergebnisses.

§ 156. I. Die Staatsministerien der Justiz und des Innern setzen die Gesamtnotensummen und die Reihenfolge der Prüflinge fest.

II. Das Hauptverzeichnis, das sich hienach ergibt, wird mit einer Zusammenstellung der den Prüflingen erteilten Einzelnoten den Regierungen, Kammern des Innern, mitgeteilt.

In den Ministerien werden die Anhängeblätter den Umschlagbogen wieder beigefügt.

§ 157. I. Die Regierungen, Kammern des Innern, an deren Sitzen die Staatsprüfung abgehalten wurde, lassen die Prüfungszeugnisse auf Grund des Hauptverzeichnisses nach Anlage XVII. dem Muster der Anlage XVII ausfertigen und den Geprüften verschlossen aushändigen.

II. In dem Prüfungszeugnisse wird mitgeteilt, ob die Prüfung mit oder ohne Erfolg abgelegt worden ist. Ist sie „ausgezeichnet", „sehr gut" oder „gut" abgelegt worden, so wird auch dies hervorgehoben. Ferner werden die Gesamtnotensumme, die für den mündlichen Vortrag erteilte Note und der in der Reihe der Geprüften des Königreichs erlangte Platz angegeben. Auf der Rückseite werden die für die schriftlichen Prüfungsarbeiten erteilten Noten mitgeteilt.

1. Zu Abs. II vgl. § 52 VO.

2. Die Eignung für den mittleren Staatsdienst (§ 53 VO.) wird in dem Zeugnisse nicht erwähnt.

8. Gesuche.

§ 158. I. Gesuche, die sich auf die Staatsprüfung für den höheren Justiz- und Verwaltungsdienst beziehen, sind bei den Regierungen, Kammern des Innern, einzureichen und von diesen dem Staatsministerium des Innern vorzulegen.

II. Sie sind mit den erforderlichen Nachweisen zu belegen.

§ 159. I. Gesuche um Einstellung in die Reihenfolge der im vorhergegangenen Jahre Geprüften (§ 56 der Verordnung) sind binnen zwei Monaten nach dem Empfange des Prüfungszeugnisses bei der Regierung, Kammer des Innern, des Prüfungsorts einzureichen. Spätere Gesuche werden nicht berücksichtigt.

II. Die Gesuche sind dem Staatsministerium des Innern mit gutachtlicher Äußerung vorzulegen.

III. War in den Fällen des § 56 Nr. 2 und 3 der Verordnung Krankheit die Ursache des Hindernisses, so muß sie regelmäßig durch ein amtsärztliches Zeugnis nachgewiesen werden. Es ist daher geboten, Erkrankungen, die später zu einem Gesuch um Einstellung in die Reihenfolge früher Geprüfter Veranlassung geben können, sofort durch einen Amtsarzt feststellen und bezeugen zu lassen.

Zu beachten ist vor allem Abs. I Satz 2.

9. Kosten und Gebühren.

§ 160. I. Die Kosten der Bereitstellung der für die Abhaltung der Staatsprüfung nötigen Prüfungsräume, ihre Beheizung, Beleuchtung und Reinigung sowie die Kosten des den Prüflingen zu liefernden Schreibpapiers und der Tinte werden, soweit die Prüfung in einem Gerichtsgebäude oder in einem der Regierung unterstehenden Gebäude abgehalten wird, aus den Regiemitteln der Behörden bestritten, denen die Kosten für das Gebäude zur Last fallen. Soweit die Prüfung in einem anderen Gebäude abgehalten wird, werden die bezeichneten Kosten zur einen Hälfte aus den Regiemitteln der Regierungen der Prüfungsorte und zur anderen Hälfte aus den Regiemitteln der Oberlandesgerichte, in deren Bezirke die Prüfungsorte liegen, bestritten.

II. Die Lieferung des für den schriftlichen Teil der

Staatsprüfung erforderlichen Papiers (§ 129 Abs. IV) erfolgt durch die Regierungen des Prüfungsorts.

III. Im Falle des Abs. I Satz 2 hat die Regierung die Rechnung zu stellen.

IV. Für Federn, Schreibunterlagen, Löschblätter u. dgl. haben die Prüflinge selbst zu sorgen.

§ 161. Die Mitglieder der Ausschüsse für die Abhaltung des schriftlichen und mündlichen Teiles der Staatsprüfung erhalten, wenn sie nicht am Prüfungsorte wohnen, die verordnungsmäßigen Tagegelder und Reisekosten.

§ 162. I. Die in § 57 der Verordnung vorgeschriebene Gebühr von 30 ℳ ist bei der Einreichung des Gesuchs um Zulassung zur Prüfung (§ 112) bei der Regierung, Kammer des Innern, des Prüfungsorts einzuzahlen.

II. Wer um Nachlassung der Gebühr bittet, hat dies in dem Gesuch um Zulassung zu tun.

III. Zum Nachweise der Dürftigkeit genügt eine Bestätigung des Vorstandes der Behörde, bei welcher der Rechtspraktikant zuletzt im Vorbereitungsdienste stand, oder eine Bestätigung der Ortspolizeibehörde des Wohnorts.

IV. Über das Gesuch um Nachlassung der Gebühr entscheidet die Regierung, Kammer des Innern.

V. Wer die Gebühr nicht erlegt und auch Nachlassung der Gebühr nicht bewilligt erhalten hat, darf vor der nachträglichen Einzahlung in die Prüfung nicht eintreten.

VI. Die Regierung, Kammer des Innern, hat dem Vorsitzenden des Ausschusses für die Abhaltung des ersten Teiles der schriftlichen Prüfung die Namen der Prüflinge, welche die Gebühr nicht gezahlt haben, rechtzeitig mitzuteilen.

VII. Die Gebühr wird zurückgezahlt, wenn der Rechtspraktikant an der Ablegung der Prüfung durch unverschuldete Ursachen gehindert worden ist.

§ 163. I. Für das Zeugnis über die Ablegung der Staatsprüfung für den höheren Justiz- und Verwaltungsdienst ist eine Gebühr von vier Mark zu entrichten (Art. 214 des Gebührengesetzes vom 13. Juli 1910).

II. Die Gebühr wird durch Verwendung von Gebührenmarken erhoben.

Auf die Gebühr des § 163 findet § 57 Abs. 2 VO. keine Anwendung.

Fünfter Abschnitt.

Übergangsvorschriften.

§ 164. I. Die Vorschriften der §§ 106, 113, 114 bis 163 über die Staatsprüfung für den höheren Justiz- und Verwaltungsdienst finden auf die Staatsprüfung, die im Jahre 1910 stattfindet, Anwendung.

II. Ausgenommen sind jedoch

1. die Vorschriften der §§ 120 bis 123 über die für den schriftlichen Teil der Prüfung zulässigen Hilfsmittel; für sie gelten die Vorschriften in § 112 der Bekanntmachung vom 6. Juli 1899;
2. die Vorschriften des § 124 über die Gegenstände, denen die Aufgaben zu entnehmen sind; den Prüflingen werden im Jahre 1910 die Aufgaben nach den Vorschriften in § 117 der Bekanntmachung vom 6. Juli 1899 vorgelegt;
3. die Vorschriften in § 162 über die Prüfungsgebühr.

§ 165. Im übrigen treten die Vorschriften dieser Bekanntmachung am 1. Januar 1911 in Kraft.

§ 166. I. Ist der Vorbereitungsdienst nach den bisherigen Vorschriften bei den Verwaltungsbehörden begonnen worden, so ist er nach den bisherigen Vorschriften fortzusetzen.

II. In diesem Falle wird das Jahr des Vorbereitungsdienstes, für das dem Rechtspraktikanten Urlaub von zwei Wochen bewilligt werden darf, von dem Tage des Eintritts in den Vorbereitungsdienst bei den Verwaltungsbehörden an berechnet.

III. Auch ist in dem Zeugnis über den Vorbereitungsdienst bei der Verwaltungsbehörde der Tag der Beeidigung anzugeben.

§ 167. Die Geschäftsverzeichnisse der Rechtspraktikanten sind vom 1. November 1910 an nicht mehr zu führen.

Mit dem nach § 93 MB. vom 6. Juli 1899 geführten Geschäftsverzeichnis sind auch die in Abs. 7 daselbst vorgesehenen Übersichten über die Beschäftigung bei den Gerichten weggefallen.

§ 168. Die auf Grund des § 79 Abs. 1 Satz 2 der Bekanntmachung vom 6. Juli 1899 erlassenen besonderen Bestimmungen in Ansehung der Zahl der Rechtspraktikanten, die bei einer Behörde zur gleichzeitigen Ableistung des Vorbereitungsdienstes zugelassen werden dürfen, bleiben bis auf weiteres in Geltung.

§ 169. Die im § 92 Abs. VI der Bekanntmachung vom 6. Juli 1899 vorgeschriebene Berichterstattung hat für das Jahr 1910 noch zu erfolgen.

Sie betraf die bei den Bezirksämtern abgehaltenen praktischen Übungen.

§ 170. Die Vorschrift des § 82 findet erstmals auf die Zulassungen für das Jahr 1912 Anwendung.

Anlage 1.

Zeugnis

über die

Ablegung der juristischen Zwischenprüfung.

Die für das Jahr 19 .... bestellte Prüfungskommission hat heute erklärt, daß der Rechtskandidat Herr .... vom .... die juristische Zwischenprüfung .... bestanden hat.

Der Kandidat hat die Prüfung zum .... Male abgelegt

den 19

Die Prüfungskommission.

Der Vorsitzende

Der Protokollführer

Anlage II.

Zeugnis

über die

Ablegung der Universitätsschlußprüfung für den höheren Justiz- und Verwaltungsdienst.

Die für das Jahr 19............ bestellte Prüfungskommission hat heute erklärt, daß der Rechtskandidat Herr .... von .... die Universitätsschlußprüfung für den höheren Justiz- und Verwaltungsdienst .... bestanden hat.

Der Kandidat hat die Prüfung zum .... Male abgelegt

..............................., den .... 19............

Die Prüfungskommission.

Der Vorsitzende

Der Protokollführer

(1. Seite.)

Prüfungskommission in ....

Verzeichnis

der Kandidaten, die im Jahre 19...... zur juristischen Zwischenprüfung zugelassen wurden, mit Angabe des Ergebnisses der Prüfung oder der Gründe, aus denen ein Kandidat die Prüfung nicht abgelegt hat.

(2 Seite.)

Fortlauf. Nummer	Namen der Kandidaten	Namen, Stand und Wohnort der Eltern	Tag der Prüfung	Namen des Vorsitzenden und der prüfenden Mitglieder	Abstim ob der Kandidat überhaupt
					mit „ja" haben gestimmt

mung darüber,

b. Anforderungen entsprochen hat	in welchem Maße er entsprochen hat		Ergebnis der Prüfung	Bemerkungen
mit „nein" haben gestimmt	gestimmt hat	für		
....	....	....		
....	....	....		
....	....	....		

Anlage IV.

(1. Seite.)

Prüfungskommission in ....

Verzeichnis

der Kandidaten, die im Jahre 19...... zur Universitätsschlußprüfung für den höheren Justiz- und Verwaltungsdienst zugelassen wurden, mit Angabe des Ergebnisses der Prüfung oder der Gründe, aus denen ein Kandidat die Prüfung nicht abgelegt hat.

(2. Seite).

Fortlauf. Nummer	Namen der Kandidaten	Namen, Stand und Wohnort der Eltern	Tag der Prüfung	Namen des Vorsitzenden und der prüfenden Mitglieder	Ergebnis des schriftlichen Teiles der Prüfung		
					Aufgabe	Wie bearbeitet	Ob mit Stimmeneinheit oder mit Stimmenmehrheit
					I II III IV		

(3. Seite.)

Abstimmung über das Ergebnis des mündlichen Teiles der Prüfung		Abstimmung über das Gesamtergebnis der Prüfung		Ergebnis der Prüfung	Bemerkungen
Mit „ja" haben gestimmt	Mit „nein" haben gestimmt	gestimmt haben	für		

Anlage V.

Alphabetisches Verzeichnis

derjenigen Kandidaten, welche die Universitätsschlußprüfung für den höheren Justiz- und Verwaltungsdienst vor der Prüfungskommission in .... bestanden haben.

Fortlaufende Nummer	Namen und Heimat der Kandidaten	Ob der Kandidat die Prüfung bestanden oder mit Auszeichnung bestanden hat	Bemerkungen

Anlage VI.

Alphabetisches Verzeichnis

derjenigen Kandidaten, welche die juristische Zwischenprüfung vor der Prüfungskommission in .... am .... 19 ....
nicht bestanden haben.

Fortlaufende Nummer	Namen und Heimat der Kandidaten	Stimmenverhältnis	Bemerkungen

Anlage VII.

Alphabetisches Verzeichnis

derjenigen Kandidaten, welche die Universitätsschlußprüfung für den höheren Justiz- und Verwaltungsdienst vor der Prüfungskommission in .... nicht bestanden haben.

Fortlaufende Nummer	Namen und Heimat der Kandidaten	Stimmenverhältnis	Bemerkungen

Anlage VIII.

Rechnung

über

Einnahmen und Ausgaben

auf die

Zwischenprüfung

und die

Universitätsschlußprüfung

für den

höheren Justiz- und Verwaltungsdienst

in ....

im

Jahre 19

Gestellt von dem Vorsitzenden der Prüfungskommission

....

....

Mit ...... Beilagen.

am .... 19..............

A. Einnahmen.

Soll-Einnahme		Vortrag			Wirkliche Einnahme		Rückzahlungen		Nachlässe		Nr. der Belege
M	Pf	Kap.	§		M	Pf	M	Pf	M	Pf	
		I		**Zwischenprüfung.**							
			1	Gebühren für das Prüfungszeugnis:							
			2	Besondere Prüfungsgebühren:							
				Summe Kap. I							

A. Einnahmen.

Soll-Einnahme		Vortrag			Wirkliche Einnahme		Rückzahlungen		Nachlässe		Nr. der Belege
M	Pf	Kap.	§		M	Pf	M	Pf	M	Pf	
		II		**Universitätsschlußprüfung.**							
			1	Gebühren für das Prüfungszeugnis:							
			2	Besondere Prüfungsgebühren:							
				Summe Kap. II							
				Hiezu „ „ I							
				Summe der Einnahmen							

B. Ausgaben.

Vortrag			Ausgaben im einzelnen		Ausgaben im ganzen		Nr. der Belege	Bemerkungen
Kap.	§		M	Pf	M	Pf		
I		**Persönliche Ausgaben:**						
	1	Remunerationen aus Anlaß der Zwischenprüfung:						
	2	Remunerationen aus Anlaß der Universitätsschlußprüfung:						
		Seite						

B. Ausgaben.

Kap.	§	Vortrag	Ausgaben im einzelnen M	Ausgaben im einzelnen Pf	Ausgaben im ganzen M	Ausgaben im ganzen Pf	Nr. der Belege	Bemerkungen
		Übertrag						
	3	Remunerationen aus Anlaß der Zwischenprüfung und der Universitätsschlußprüfung:						
		Summe Kap. I						
II		**Sächliche Ausgaben:**						
	1	Diäten und Reisekosten .						
	2	Portoauslagen und Insertionsgebühren						
	3	Schreibmaterialien						
	4	Lithographien und Autographien						
	5	Gebührenmarken						
	6	Löhne						
	7	Sonstige Ausgaben . . .						
		Summe Kap. II						
		Hiezu " " I						
		Summe der Ausgaben						

C.

Abgleichung.

Einnahmen . . . . M . . . Pf

Ausgaben . . . . „ . . . „

Aktivrest . . . . M . . . Pf

(mit Worten) . . . .

, den . . . . . . 19 . . .

Anlage IX.

Beteiligung der einzelnen Examinatoren

an der $\frac{\text{Zwischenprüfung}}{\text{Universitätsschlußprüfung}}$ der Rechtskandidaten des Jahres 19.........

I. (II.) Kommission.

Examinatoren	Auf die einzelnen Examinatoren treffende Prüfungstage des Monats																		Summe der Halbtage
	V.	N.	V.	N.	V.	N.	V.	N.	V.	N.	V.	N.	V.	N.	V.	N.	V.	N.	
N. N.	*15*	*15*	—	—	—	—	—	—	—	—	—	—	—	—	—	—	—	—	*2*
N. N.	*15*	*15*	*16*	*16*	*17*	—	*18*	—	*19*	—	*20*	*20*	—	—	—	—	*26*	—	*10*
																			108

Summe der Halbtage

Bestätigt

.........................., den .... 19.........

Der Vorsitzende der Prüfungskommission.

Anlage X.

K. ....

Zeugnis.

Der Rechtspraktikant Herr ....

geboren am .... zu ....

hat den Vorbereitungsdienst bei dem

K. ....

am .... angetreten und

am .... beendet.

Er wurde am .... eidlich verpflichtet.

Er war beschäftigt:

vom ....

....

....

....

....

....

....

....

....

....

Seine Leistungen ....

....

....

....

Sein dienstliches Verhalten ....

....

(Rückseite der Anlage X.)

Sein außerdienstliches Verhalten

Er war beurlaubt vom

Der Vorbereitungsdienst war unterbrochen

a) durch Krankheit:

vom bis Tage,

vom bis Tage,

vom bis Tage;

b) durch Militärdienst:

vom bis Tage,

vom bis Tage;

c) durch andere unverschuldete Hindernisse:

vom bis = Tage

wegen

Bemerkungen:

den 19

K.

Anlage XI.

K. Regierung von

Verzeichnis

der Rechtspraktikanten, die sich zu der Staatsprüfung für den höheren Justiz- und Verwaltungsdienst des Jahres 19   vorläufig angemeldet haben.

(Geordnet nach der Reihenfolge der Anmeldungen.)

Fortlauf. Nummer	Namen	Heimat	Namen, Stand und Wohnort der Eltern	Behörden, bei denen der Rechtspraktikant im Vorbereitungsdienste stand	Name und Wohnsitz des Rechtsanwalts, bei dem der Rechtspraktikant im Vorbereitungsdienste steht	Bemerkungen *)
1	2	3	4	5	6	7

*) In die Spalte 7 sind insbesondere die Wünsche in Ansehung des Prüfungsorts und die Gutachten der Regierung einzutragen.

(1. Seite.) **Anlage XII.**

K. Regierung von ......

Verzeichnis

der Rechtspraktikanten, die um Zulassung zu der Staatsprüfung für den höheren Justiz- und Verwaltungsdienst des Jahres 19 nachgesucht und die Prüfung an dem Prüfungsort ...... abzulegen haben.

(Geordnet nach der Reihenfolge der Anmeldungen.)

(2. Seite.)

Fortlauf. Nummer	1. Vor- und Zunamen, 2. Zeit und Ort der Geburt, 3. Heimat, 4. Wohnort und Wohnung, 5. ledig oder verheiratet, 6. Glaubensbekenntnis, 7. Militärverhältnis.	Namen, Stand und Wohnort der Eltern	Ort und Zeit der Universitätsschlußprüfung	Ort und Zeit des Vorbereitungsdienstes bei den Gerichten
1	2	3	4	5

(3. Seite).

des Vorbereitungsdienstes bei den Verwaltungsbehörden	bei dem Rechtsanwalte	Bemerkungen, insbesondere, ob die Zulassung bedingt oder unbedingt ist, ob sich der Prüfling der Prüfung zum zweiten Male unterzieht u. dgl.
6	7	8

Platznummer: 7. **Anlage XIII.**

Umschlagbogen

für die

I. Aufgabe der ersten Abteilung der schriftlichen Prüfung.

Prüfungsort: München, Saal im Regierungsgebäude.

Vom Prüfling auszufüllen { Kennwort*):

Zahl der abgelieferten Bogen:

*) Als Kennwort darf der Name des Prüflings nicht verwendet werden. Der Prüfling darf seinen Namen nur auf das Anhängeblatt dieses Umschlagbogens, nicht aber auf den Umschlagbogen selbst oder auf einen Bogen der Bearbeitung schreiben.

Zeit der Ablieferung:

Uhr Minuten.

1. Die Übereinstimmung der obigen Platznummer mit den Platznummern auf den abgelieferten Bogen und mit der Nummer des Arbeitsplatzes,
2. Die Übereinstimmung des obigen Kennworts mit dem Kennwort auf dem Anhängeblatte des Umschlagbogens und auf den abgelieferten Bogen der Bearbeitung,
3. Die Richtigkeit der Zahl der abgelieferten Bogen bestätigt

....

Mitglied des Ausschusses für die Abhaltung der schriftlichen Prüfung.

Die Bearbeitung wurde gewürdigt:

1. vom Berichterstatter	mit der Note *3 (drei),*	
2. vom Mitberichterstatter	mit der Note *4 (vier),*	
3. vom Vorsitzenden	mit der Note *4 (vier).*	
	Note *4 (vier).*	

Der Ausschuß für die Beurteilung der Prüfungsarbeiten:

(Vorsitzender.)	(Mitberichterstatter.)	(Berichterstatter.)

Prüfungsort: *München, Saal im Regierungsgebäude.*

Protokoll

über die Verteilung der Arbeitsplätze an die zur Bearbeitung der *1. und 2. Aufgabe der ersten Abteilung der schriftlichen Prüfung* erschienenen Prüflinge.

Der Vorsitzende des Ausschusses für die Abhaltung der schriftlichen Prüfung legte die mit den Nummern der Arbeitsplätze versehenen Lose in die Urne ein. Sodann zogen die Prüflinge die Lose. Es erhielten

1.	*Rechtspraktikant*	*August Huber*	*die*	*Platznummer*	*3*
2.	„	*Hans Furtner*	„	„	*14*
3.	„	*Max Gebler*	„	„	*10*
4.	„	*Ernst Voss*	„	„	*27*
5.	„	*Max Wambs*	„	„	*21*
6.	„	*Ludwig Marx*	„	„	*15*

Dem Rechtspraktikanten Max Wambs, der glaubhaft vorbrachte, dass er an hochgradiger Kurzsichtigkeit leide, wies der Vorsitzende an Stelle des Arbeitsplatzes Nr. 21 den zunächst dem Fenster gelegenen Arbeitsplatz Nr. 14 und dem Rechtspraktikanten Hans Furtner an Stelle des von ihm ausgelosten Arbeitsplatzes Nr. 14 den Arbeitsplatz Nr. 21 zu.

Die Mitglieder des Ausschusses für die Abhaltung der schriftlichen Prüfung haben sich davon überzeugt, daß die Prüflinge die ihnen zugewiesenen Arbeitsplätze eingenommen haben.

Darstellung der Sitzordnung mit den Namen der Prüflinge liegt an.

München, den 19

Der Vorsitzende des Ausschusses für die Abhaltung der schriftlichen Prüfung

....

Der Protokollführer

(1. Seite.) **Anlage XV.**

Betreff:
Staatsprüfung für den höheren
Justiz- und Verwaltungsdienst
19

Übersicht

über die von dem Ausschusse für die Beurteilung der schriftlichen Prüfungsarbeiten bei de
für die Beurteilung der Aufgabe aus
erteilten Noten.

(2. Seite.)

Prüfungsort	Nummer des Arbeitsplatzes	Namen der Prüflinge *)	Abstimmung über die Note		
			Berichterstatter	Mitberichterstatter	Vorsitzender
1	2	3	4	5	6
München a. Saal im Regierungsgebäude					
	1		*3*	*2*	*3*
	2	....	*3*	*3*	*4*
	3		*7*	*7*	*7*

*) Spalte 3 ist vom Ausschusse für die Beurteilung der schriftlichen Prüfungs-

(3. Seite.)

Note	Bemerkungen
7	8
3 drei	
3 drei	
7 sieben	*Der Prüfling auf Arbeitsplatz 3 hat von dem Prüfling auf Arbeitsplatz 4 abgeschrieben.*

arbeiten freizulassen.

(1. Seite.) **Anlage XVI.**

Betreff:
Staatsprüfung für den höheren
Justiz- und Verwaltungsdienst
19

Übersicht

über die Noten, die der an dem Prüfungsort

unter dem Vorsitze des

für die Abhaltung des mündlichen Teiles der Staatsprüfung für den höheren Justiz- und Verwaltungsdienst gebildete Ausschuß erteilt hat.

(2. Seite.)

Fortlauf. Nummer	Namen der Prüflinge	Abstimmung			Note	Bemerkungen
1	2	3	4	5	6	7
1	*Bauer Hans*	*2*	*3*	*4*	*3 drei* *München, den*	
	(Unterschriften)					

Prüfungszeugnis.

Der Rechtspraktikant, Herr ....
von ...., geboren am .... zu ....
hat die Staatsprüfung für den höheren Justiz- und Verwaltungsdienst im Jahre 19 ..... abgelegt und

in der schriftlichen Prüfung die Gesamtnotensumme

43 (dreiundvierzig)
102 (einhundertundzwei)'

in der mündlichen Prüfung die Note

2 (zwei)
3 (drei)

erhalten.

Er hat die Prüfung *sehr gut* / *nicht* bestanden und unter den *206* Prüflingen des Königreichs den *4.* / *190.* Platz erlangt..

.... den ....

K. Regierung ....

Kammer des Innern.

(Unterschrift).

(L. S.)

An
den Rechtspraktikanten
Herrn ....

Mit den Beilagen des Gesuchs um Zulassung zur Staatsprüfung.

Zusammenstellung

der Einzelnoten, die dem Rechtspraktikanten in dem schriftlichen Teile der im Jahre 19 abgelegten Staatsprüfung für den höheren Justiz- und Verwaltungsdienst erteilt worden sind.

	Noten aus der ersten Abteilung										Noten aus der zweiten Abteilung									
	Aufgaben mit vierstündigen Arbeitsfristen								Aufgabe mit neunstündiger Arbeitsfrist (Doppelnote)		Aufgaben mit vierstündigen Arbeitsfristen								Aufgabe mit neunstündiger Arbeitsfrist (Doppelnote)	
	1. Aufgabe	2. Aufgabe	3. Aufgabe	4. Aufgabe	5. Aufgabe	6. Aufgabe	7. Aufgabe	8. Aufgabe	9. Aufgabe		1. Aufgabe	2. Aufgabe	3. Aufgabe	4. Aufgabe	5. Aufgabe	6. Aufgabe	7. Aufgabe	8. Aufgabe	9. Aufgabe	
Note	3	2	2	2	1	2	1	3	3	3	2	3	1	2	3	2	1	3	2	2

Bedeutung der Noten: 1 = ausgezeichnet, 2 = sehr gut, 3 = gut, 4 = zwischen gut und mittelmäßig, 5 = mittelmäßig, 6 = zwischen mittelmäßig und ungenügend, 7 = ungenügend.

III. Kgl. Verordnung vom 4. Januar 1901, die Praxis der Bewerber um Anstellung im höheren Justizstaatsdienste betreffend.

(GVBl. 31, JMBl. 50)

Regelmäßige Praxis.

§ 1. Die geprüften Rechtspraktikanten, die sich um Anstellung im höheren Justizstaatsdienste bewerben, haben alsbald nach dem Bestehen der zweiten Prüfung für den höheren Justiz- und Verwaltungsdienst die Praxis bei einer bayerischen Justizbehörde oder bei einem Rechtsanwalt oder als Rechtsanwalt in Bayern fortzusetzen.

Die vom Schlusse der zweiten Prüfung an bis zur Bekanntgabe des Prüfungsergebnisses erstandene Praxis wird der nach der Bekanntgabe des Prüfungsergebnisses fortgesetzten Praxis gleichgeachtet.

1. § 1 enthält den Grundsatz der ganzen Verordnung.

Jeder Bewerber um Anstellung im höheren Justizstaatsdienste hat vom Bestehen der zweiten Prüfung an bis zur Anstellung sich einer seine Ausbildung für den späteren Beruf fördernden Praxis zu unterziehen.

In welcher Weise der Bewerber sich beschäftigen will, ist ihm innerhalb des Rahmens des § 1 und des ihn ergänzenden § 2 der VO. an sich freigegeben.[1]

2. Wann der geprüfte Rechtspraktikant die Praxis fortzusetzen hat, ergibt sich aus § 4 MB. Der Eintritt in die Praxis hat — wenn Nachteile vermieden werden wollen (§ 7 MB.) — spätestens drei Monate nach der Bekanntgabe des Prüfungsergebnisses (Übergabe des Prüfungszeugnisses, § 157 MB. vom 25. Oktober 1910) zu erfolgen. Die Fortsetzung der Praxis alsbald nach der Staatsprüfung (also schon vor der Bekanntgabe ihres Ergebnisses) hat den Vorteil, daß dem Praktikanten diese Zeit auf die der Berechnung des Ruhegehalts zugrunde zu legende Dienstzeit angerechnet wird; er kann auf diese Weise die Anrechnung der ganzen Zeit seit dem Eintritt in den Vorbereitungsdienst erreichen

[1] § 3 VO. Beschränkungen ergeben sich aus §§ 4 und 5, 7 und 8 VO.

— MB. vom 22. Oktober 1909 die Versetzung der etatsmäßigen Beamten in den Ruhestand betr. § 10^{III} 2c (GVBl. 781). S. auch Bem. 8.

3. Unter Justizbehörden sind zu verstehen: Das Justizministerium, die Gerichte, die Staatsanwaltschaften bei dem Obersten Landesgerichte, den Oberlandesgerichten und den Landgerichten, die Notariate (Art. 6 NotG.), die Strafanstalten; s. jedoch die Einschränkungen in § 4 Satz 2 VO. und § 12 MB.

4. Die Amtsanwaltschaft wird in Bayern in der Regel von Organen der inneren Verwaltung oder (in der Mehrzahl der unmittelbaren Städte) durch Gemeindebeamte besorgt. Es können aber in besonderen Fällen auch besondere Amtsanwälte aufgestellt werden (Art. 55 AG. GVG. vom 23. Februar 1879 [GVBl. S. 273] und JMB. vom 27. September 1879 [JMBl. S. 1179]). In den beiden ersteren Fällen sind die Amtsanwaltschaften keine Justizbehörden; bei ihnen kann deshalb die Praxis nicht fortgesetzt werden. Soweit selbständige Amtsanwälte bestellt sind, können sie Justizbehörden sein. Die Beschäftigung als Amtsanwalt oder bei Amtsanwaltschaften kann aber auch in anderen Fällen im Wege des § 2 VO. als Praxis anerkannt werden (s. § 32 MB.).

5. Auch die Tätigkeit eines geprüften Rechtspraktikanten als Notariatsverweser ist Fortsetzung der Praxis im Sinne des § 1 (Autogr. JME. vom 10. Dezember 1902 Nr. 49001, § 21 MB.).

6. Militärjustizbehörden sind keine Justizbehörden im Sinne des § 1 VO.; die Praxis bei ihnen kann im Wege des § 2 VO. zugelassen werden.

7. Die geprüften Praktikanten, die bei Rechtsanwälten beschäftigt und in das Hauptverzeichnis der Bewerber um Anstellung im höheren Justizstaatsdienst eingetragen sind, haben auch Pflichtverteidigungen zu übernehmen. (Autogr. JME. vom 11. Juni 1904 Nr. 16102 mit Autogr. JME. vom 11. Juli 1902 Nr. 24143).

8. Aus Abs. 2 ergibt sich, daß der Rechtspraktikant mit dem Eintritt in die Praxis nicht bis zur Bekanntgabe des Prüfungsergebnisses zuwarten muß. Hat der schon vor dieser eingetretene Praktikant die Prüfung nicht bestanden und will er sie wiederholen, so **kann** der von der Prüfung bis zur Bekanntgabe des Ergebnisses geleistete Dienst auf die sechsmonatige Fortsetzung des Vorbereitungsdienstes angerechnet werden, die § 54 VO. vom 4. Juli 1899 / 18. Okt. 1910 fordert; aber zur Anrechnung bedarf es ministerieller Genehmigung nach § 59 Satz 2 a. a. O., da § 54 eine Fortsetzung des Vorbereitungsdienstes nach der Bekanntgabe des Prüfungsergebnisses fordert.

Außerordentliche Praxis.

§ 2. Mit Genehmigung des Staatsministeriums der Justiz können die geprüften Rechtspraktikanten auch Praxis bei einer Justizbehörde oder bei einem Rechtsanwalt in einem anderen deutschen Bundesstaate nehmen oder die Zulassung

zur Rechtsanwaltschaft bei einem Gericht eines anderen Bundesstaats erwerben oder sich bei einer nicht in dem § 1 genannten Behörde oder Stelle oder bei einer öffentlichen oder privaten Anstalt oder Unternehmung, welche die nötige Gewährschaft für gedeihliche Fortbildung gibt (z. B. Bankanstalt oder größeres Bankgeschäft, Handels- und Gewerbekammer, Berufsgenossenschaft, Versicherungsanstalt) beschäftigen lassen.

Diese Praxis oder Beschäftigung wird als Fortsetzung der Praxis im Sinne des § 1 erachtet.

1. § 2 gewährt dem Bewerber nicht nur die Möglichkeit, sich eine ihm passende Praxis zu wählen und bei seiner Beschäftigung seine persönlichen und wirtschaftlichen Verhältnisse zu berücksichtigen, sondern gestattet ihm auch, sich vorläufig einem anderen Berufe zuzuwenden, ohne jedoch die Anwartschaft auf Anstellung in Bayern zu verlieren.

Insbesondere kann der Bewerber auf Grund des § 2 gleichzeitig die Anstellung in einem anderen Bundesstaate oder im Reichsdienste anstreben; es steht auch nichts im Wege, daß er — mit Genehmigung des Justizministeriums — eine Anstellung im nichtbayerischen Staatsdienste wirklich erlangt und dennoch seine Bewerbung um Anstellung in Bayern aufrechterhält.

Eine andere Frage ist, ob das Ministerium die Genehmigung tatsächlich erteilen und in dem Hauptverzeichnis der Bewerber um Anstellung im höheren Justizstaatsdienste (§ 1 MB.) einen Praktikanten führen wird, der diese Anstellung zunächst gar nicht anstrebt, sondern sich einem anderen Amt oder Berufe zuwenden und nur für alle Fälle sich vorsichtshalber auch ein Unterkommen im Justizdienste sichern will.

2. Die nach § 2 notwendige Genehmigung kann von vornherein auf bestimmte Zeitdauer beschränkt, auch unter Bedingungen erteilt werden. Es ist auch jederzeit ein Widerruf zulässig (s. § 10 MB.).

3. Eine allgemeine Genehmigung auf Grund des § 2 ist durch § 3 MB. erteilt für die Beschäftigung bei dem Bureau einer Kammer des Landtags und bei dem stenographischen Bureau des Reichstags.

4. Über die Beschäftigung der Rechtspraktikanten bei Instituten, Anstalten, Unternehmungen und Firmen der im Abs. 1 bezeichneten Art vgl. die im Anhang abgedruckte JMB. vom 5. November 1907 (JMBl. 393) mit den Nachträgen dazu.

Freiheit der Wahl.

§ 3. Soweit nicht ein anderes bestimmt ist, sind die Wahl und der Wechsel der Praxis oder Beschäftigung freigegeben.

1. Dem Bewerber ist es freigegeben, unter den verschiedenen Beschäftigungen, die ihm die §§ 1 und 2 gestatten, die ihm zusagende zu wählen. Er kann auch von einer Art zu einer anderen übertreten, ebenso von einer Behörde zu einer gleichartigen andern. Der Praktikant hat jedoch bei der Auswahl und dem Wechsel der Beschäftigung auf eine möglichst allseitige Ausbildung Bedacht zu nehmen (§ 8 MB.). Beschränkungen in der Freiheit der Wahl ergeben sich aus §§ 4 und 5, 7 und 8 VL.

2. Über gleichzeitige Praxis bei mehreren Stellen s. § 9 MB.

Beschränkungen in der Wahl.

§ 4. Das Staatsministerium der Justiz kann die Praxis bei einzelnen Behörden oder Rechtsanwälten sowie die Beschäftigung bei einzelnen Anstalten oder Unternehmungen verbieten. Es kann die Bewilligung zum Eintritt in die Praxis bei einzelnen Justizbehörden von seiner Genehmigung abhängig machen.

1. Wegen besonderer Berichterstattung zum Zwecke des Vollzugs des § 4 s. § 10 MB.

2. Von der durch Satz 2 gegebenen Befugnis, die Praxis bei einzelnen Justizbehörden von einer Genehmigung abhängig zu machen, ist in § 12 MB. Gebrauch gemacht.

3. Folgen der Nichtbeachtung der gemäß § 4 erlassenen Verbote s. § 11 MB.

§ 5. Die Zahl der bei einer Justizbehörde zur Fortsetzung der Praxis zuzulassenden geprüften Rechtspraktikanten ist nach der Möglichkeit ihrer zweckmäßigen und vollständigen Ausbildung zu bemessen.

Die Bewilligung zum Eintritt in die Praxis bei einer Justizbehörde wird von dem Vorstande der Behörde erteilt.

1. Zu § 5 vgl. § 13 MB.

2. Die Bewilligung zum Eintritt in die Praxis bei einem Notariate hat der Notar zu erteilen. Eine Verpflichtung, geprüften Rechtspraktikanten den Eintritt zu gestatten, dürfte auch für die Notare bestehen; denn die Notariate sind Justizbehörden, die Zulassung bei einer Justizbehörde kann aber nur aus den in § 13 Abs. 2 MB. aufgeführten Gründen versagt werden.

Die Zubilligung eines Honorars an den Bewerber unterliegt dagegen selbstverständlich der freien Vereinbarung der Beteiligten.

3. Für Rechtsanwälte besteht keine Verpflichtung, geprüfte Rechtspraktikanten in ihre Kanzleien aufzunehmen, sie können auch den bei ihnen beschäftigten Bewerbern — vorbehaltlich zivilrechtlicher Ansprüche — jederzeit die weitere Beschäftigung in der Kanzlei versagen.

4. „Die Ernennung, Versetzung und Enthebung der ständigen rechtskundigen Hilfsarbeiter bei den Gerichten und Staatsanwaltschaften erfolgt durch das Staatsministerium der Justiz. Die Vorstände der

Gerichte und Staatsanwaltschaften haben jede Erledigung rechtzeitig anzuzeigen. Gesuche um Verleihung solcher Stellen sind auf dem Dienstweg einzureichen.“ MB. vom 17. Mai 1910 (JMBl. 605). Nach dem Etat für 1909/1910 gibt es gegenwärtig an bezahlten Hilfsarbeiterstellen 3 beim Ministerium, 1 bei den Oberlandesgerichten, 8 bei den Landgerichten, 6 bei den Amtsgerichten, 8 bei den Staatsanwaltschaften und 2 bei den Strafanstalten.

Verwendung der Praktikanten.

§ 6. Die Beamten der Justizbehörden, bei denen die geprüften Rechtspraktikanten in Praxis stehen, haben dafür zu sorgen, daß die Praxis den geprüften Rechtspraktikanten volle Gelegenheit bietet, sich in allen Geschäftszweigen wissenschaftlich und praktisch genügend auszubilden und den Dienst in materieller und formeller Hinsicht genau kennen zu lernen.

Die Beaufsichtigung und Leitung der Praxis liegt den Vorständen der Behörden ob, bei denen die geprüften Rechtspraktikanten die Praxis ableisten.

1. Vgl. hiezu §§ 14 ff. MB.

2. Durch Abs. 1 werden auch die Notare verpflichtet, den bei ihnen beschäftigten Rechtspraktikanten Gelegenheit zur Ausbildung zu geben. Eine Vernachlässigung dieser Verpflichtung würde unter Art. 67 NotG. fallen.

3. Für die Rechtsanwälte besteht keine Verpflichtung, die Ausbildung der geprüften Rechtspraktikanten zu fördern (§ 40 RAO. trifft hier nicht zu). Es muß dem einzelnen überlassen bleiben, sich eine ausreichende und belehrende Beschäftigung zu sichern. Mittelbar eröffnet allerdings § 4 VO. dem Ministerium die Möglichkeit, auch die Rechtsanwälte zur zweckentsprechenden Ausbildung ihrer Konzipienten anzuhalten.

4. Die Ausbildung hat sich nach § 6 regelmäßig auf alle Geschäftszweige der Stelle zu erstrecken, auch auf die Geschäfte der Justizverwaltung.

Im übrigen vgl. die Bemerkungen zu § 15 MB.

Besondere Praxis.

§ 7. Das Staatsministerium der Justiz kann, soweit nicht schon gesetzliche Bestimmungen bestehen, allgemein für die Bewerber um Anstellung in einem bestimmten Dienstzweig eine besondere Art und Dauer der Fortsetzung der Praxis vorschreiben.

1. Eine besondere Art und Dauer der Praxis ist gesetzlich vorgeschrieben für die Bewerber um Notariate und für die Notariatsverweser. Art. 9 und Art. 96 NotG. bestimmen hierüber:

„Zum Notar kann nur ernannt werden, wer die Fähigkeit zum Richteramt erlangt und den Nachweis einer zur Vorbereitung für das Amt eines Notars genügenden Beschäftigung bei einem Notariat erbracht hat.

Der Vorbereitungsdienst soll nach der Erlangung der Fähigkeit zum Richteramt abgeleistet werden und in der Regel nicht weniger als zwei Jahre dauern.

Von dem Erfordernisse des Vorbereitungsdienstes kann bei Bewerbern, welche das Richteramt bekleiden oder bekleidet haben, abgesehen werden." (Art. 9).

„Notariatsverweser kann nur werden, wer die Voraussetzungen für die Ernennung zum Notar erfüllt hat.

Von dem Erfordernisse der Ableistung eines Vorbereitungsdienstes kann für die Bestellung zum Notariatsverweser außer bei Personen, die das Richteramt bekleiden oder bekleidet haben, auch bei den zum Richteramt befähigten Gerichtsschreibern der Amtsgerichte abgesehen werden." (Art. 96 Abs. 1 und 2).

2. Die auf Grund des § 7 erlassenen Vorschriften waren in §§ 20—24 MB. enthalten. Sie forderten von den Bewerbern um Anstellung als Richter eine mindestens sechsmonatige amtsgerichtliche Praxis in der freiwilligen Gerichtsbarkeit und im Grundbuch- und Hypothekenwesen sowie in dem hierauf bezüglichen Teile des Gebühren- und Kostenwesens und außerdem von den Bewerbern um Anstellung als dritter Staatsanwalt noch vier Monate Praxis bei der Staatsanwaltschaft eines bayerischen Landgerichts, von den Bewerbern um Anstellung als Sekretär unter Umständen noch eine Praxis ausschließlich bei der Gerichtsschreiberei eines bayerischen Amtsgerichts oder Landgerichts; bei den Bewerbern um Anstellung als Notar wurde darauf Gewicht gelegt, daß sie vor Einreichung ihres Anstellungsgesuchs mindestens einmal als Verweser eines Notariats in der Dauer von wenigstens vier Wochen zur Zufriedenheit Dienste geleistet hatten. Die §§ 20—24 MB. vom 7. Januar 1901 sind durch die JMB. vom 15. Juli 1909 (JMBl. 325) aufgehoben und durch neue Bestimmungen ersetzt worden. Nach § 21 der MB. in der neuen Fassung haben die Bewerber um Anstellung als Notar nachzuweisen, daß sie wiederholt als Verweser eines Notariats zur Zufriedenheit Dienste geleistet haben; § 24 enthält eine Vorschrift über die Praxis derjenigen geprüften Praktikanten, die sich nur dem Gerichtsschreiberdienste widmen wollen. Im übrigen gibt die MB. in § 20 an Stelle der Forderung einer Praxis von bestimmter Art und Dauer den Bewerbern um Anstellung jetzt nur den allgemeinen Rat, die Praxis so einzurichten, daß sie in allen Geschäften der erstrebten Dienstesstelle genügend ausgebildet sind. Von desto größerer praktischer Bedeutung ist jetzt die Bestimmung in § 8 VO. mit § 23 MB., wonach das Ministerium dem einzelnen Bewerber um Anstellung vorschreiben kann, eine Praxis bestimmter Art zu nehmen oder die bisherige Praxis zu verlängern.

§ 8. Das Staatsministerium der Justiz kann im einzelnen Falle anordnen, daß ein Bewerber die auf Grund des § 7 allgemein vorgeschriebene Praxis verlängere oder eine

Praxis bestimmter Art nehme, wenn seine bisherige Praxis oder Beschäftigung ihrer Art, ihrer Dauer oder ihrem Ergebnisse nach für die erstrebte Anstellung nicht genügend erscheint.

Vgl. Bem. 2 zu § 7a E.

Dienstaufsicht.

§ 9. Die bei einer Justizbehörde in Praxis befindlichen geprüften Rechtspraktikanten unterstehen der Dienstaufsicht des Vorstandes der Behörde und der vorgesetzten Behörden; die bei einem Rechtsanwalt in Praxis befindlichen geprüften Rechtspraktikanten der Dienstaufsicht des Rechtsanwalts, des Vorstandes des Gerichts, bei dem der Rechtsanwalt zugelassen ist und der vorgesetzten Aufsichtsbehörden; die in Bayern in Beschäftigung nach § 2 stehenden geprüften Rechtspraktikanten der Dienstaufsicht des Präsidenten des Landgerichts und der vorgesetzten Aufsichtsbehörden.

Ist der Rechtsanwalt, bei dem sich ein geprüfter Rechtspraktikant in Praxis befindet, bei mehreren Gerichten verschiedener Ordnung zugelassen, so untersteht der geprüfte Rechtspraktikant der Dienstaufsicht des Vorstandes des Gerichts niederer Ordnung und der diesem vorgesetzten Aufsichtsbehörden, im Falle gleichzeitiger Zulassung des Rechtsanwalts bei den Landgerichten München I und II der Dienstaufsicht des Präsidenten des Landgerichts München I und der diesem vorgesetzten Aufsichtsbehörden.

1. Die Bestimmungen in § 9 haben nach Art. 103 Abs. 2 BG. ihre Bedeutung auch für die Bewerber behalten, die zu Beamten erklärt sind (vgl. Bem. 1 zu § 10 VO.) und den Bestimmungen des BG. über Dienstaufsicht (Art. 102—104) unterstehen.

2. Über die Qualifikation der Bewerber vgl. MB. vom 17. August 1883 (JMBl. 293) und vom 19. Juli 1905 Ziff. 4 (JMBl. 781).

3. Die Dienstaufsicht über die bei einem Notariate beschäftigten Bewerber, besonders die Qualifikation, kommt nach der MB. vom 17. August 1883 (JMBl. 293 ff.) und Ziff. 5 der MB. vom 19. Juli 1905 (JMBl. 781) dem Präsidenten des Landgerichts zu.

Dienstaufsicht über die Grundbuchkommissäre s. DA. für die Grundbuchämter § 11 (JMBl. 1905 S. 69).

4. Zur Aufsicht über die in Bayern in Beschäftigung nach § 2 stehenden geprüften Rechtspraktikanten werden die Präsidenten des Landgerichts und des Oberlandesgerichts zuständig sein, in deren Bezirk der Rechtspraktikant in Praxis steht.

Besondere Aufsichtsbehörden für die Bewerber, die nach § 2 VO. Praxis außerhalb Bayerns genommen haben oder ihre Praxis als Rechtsanwälte fortsetzen, sind nicht bestimmt.

Es kann übrigens auch von einer Dienstaufsicht gegenüber Praktikanten, die nach § 2 VO. in Bayern in Beschäftigung stehen (s. Abs. 1 letzter Satz), nur in sehr eingeschränktem Sinne die Rede sein. In erster Linie wird die Behörde, die den Praktikanten in Dienst nimmt, seine Dienste regeln und selbst die Aufsicht ausüben; eine private Anstalt oder Unternehmung wird noch weniger geneigt sein, eine Dienstaufsicht zuzulassen.

5. Vgl. wegen sonstiger Beaufsichtigung die §§ 25 und 26 MB.

6. S. a. § 15 MB. mit § 82 Abs. 1 MB. vom 6. Juli 1899.

Disziplin.

§ 10. Die bei einer Justizbehörde in Praxis befindlichen geprüften Rechtspraktikanten unterstehen der Disziplin des Amtsvorstandes, die Rechtspraktikanten, welche die Praxis bei einem Rechtsanwalte fortsetzen, der Disziplin des Präsidenten des Landgerichts.

Disziplinarmittel ist die Zurechtweisung. Ist diese fruchtlos oder mit Rücksicht auf die Verfehlung ungenügend, so ist an das Staatsministerium der Justiz zu berichten. Inzwischen kann der Inhaber der Disziplinargewalt dem Rechtspraktikanten die Fortsetzung der Praxis vorläufig untersagen.

Das Staatsministerium der Justiz kann je nach der Schwere des Verschuldens einen Verweis mit Androhung der Entlassung oder Ausschließung von der Praxis, die Entlassung aus der Praxis ohne Untersagung der anderweitigen Fortsetzung oder die zeitweilige oder dauernde Ausschließung von der Fortsetzung der Praxis überhaupt verfügen.

Für die zur Rechtsanwaltschaft zugelassenen Bewerber bewendet es bei den Vorschriften der Rechtsanwaltsordnung. Das Staatsministerium der Justiz kann einen solchen Bewerber aus disziplinären Erwägungen aus der Liste der Bewerber streichen.

1. Die Bestimmungen in § 10 sind durch das seit ihrer Erlassung in Kraft getretene Beamtengesetz vom 16. August 1908 in ihrer Geltung eingeschränkt worden. Auf Grund des Art. 1 BG. und des § 1 VO. vom 10. Dezember 1908, den Vollzug des BG. betr., ist durch die MB. vom 8. Juni 1909 (GVBl. 386) im Geschäftskreise des Justizministeriums ein Teil der geprüften Rechtspraktikanten zu Beamten i. S. des Art. 1 BG. erklärt worden, nämlich die juristisch vorgebildeten bezahlten Hilfsarbeiter im Geschäftskreise dieses Ministeriums, die Grundbuchkommissäre und die Grundbuchanlegungskommissäre. Für sie richtet sich die Beantwortung der Frage, unter welchen Voraussetzungen Dienststrafen verhängt werden können, was für Strafen zu-

lässig sind und wer sie zu verhängen berufen ist, nicht mehr nach § 10 VO., sondern nach Art. 164 mit Art. 105—107, 111—117, 168, 169 BG. und den hierzu erlassenen Vollzugsvorschriften — §§ 16 und 17 VO. vom 10. Dezember 1908 den Vollzug des BG. betr. (GVBl. 1041) — MB. vom 22. Oktober 1909 die Dienstaufsicht und das Dienststrafrecht für nicht richterliche Beamte betr. (GVBl. 737). Im wesentlichen die gleichen Bestimmungen sind nach Art. 165 BG. maßgebend für das Dienststrafrecht der Staatsdienstaspiranten, die nicht zu Beamten erklärt sind. Sie sind indes nicht auf alle nicht zu Beamten erklärten Bewerber um Anstellung im höheren Justizstaatsdienste gleichmäßig anzuwenden, vielmehr werden zu unterscheiden sein:

1. die bei einer bayerischen Justizbehörde in Praxis befindlichen,
2. die bei einem Rechtsanwalt in Bayern praktizierenden,
3. die nach § 2 VO. in Praxis stehenden,
4. die als Rechtsanwälte zugelassenen geprüften Rechtspraktikanten.

Die VO. enthält in § 10 Bestimmungen nur für die unter 1. und 2. Genannten. Von den unter 4. Genannten sagt sie in Abs. 4, daß es für sie bei den Bestimmungen der RAO. sein Bewenden habe und das Staatsministerium der Justiz einen solchen Bewerber aus disziplinären Erwägungen aus der Liste der Bewerber streichen könne; hieran ist durch das neue bayerische Beamtenrecht ohne Zweifel nichts geändert worden. Außer Zweifel steht ferner die Anwendbarkeit der Art. 165, 168, 169 BG. auf die unter Ziffer 1 genannten Praktikanten. Die Anwendbarkeit auf die Bewerber unter Ziff. 2 und 3 hängt davon ab, ob sie als Staatsdienstaspiranten i. S. des BG. zu betrachten sind. Ich verweise in dieser Hinsicht auf die Bem. 1 zu § 32 VO. vom 4. Juli 1899 / 18. Okt. 1910. In der dort am Ende angeführten Begründung zu Art 54 BG. heißt es weiter: „Aus diesem Grunde ist auch .... der Ausdruck ‚angeordneter oder zugelassener Vorbereitungsdienst‘ gewählt, um nicht nur die Anrechnung der Zeit der Vorbereitung, der zur Erlangung einer bestimmten Stelle nach den bestehenden Vorschriften jeder Bewerber Genüge leisten muß, sondern auch die Anrechnung derjenigen Vorbereitungszeit zu ermöglichen, die dem Bewerber nicht zur Pflicht gemacht ist, sondern der er sich im Interesse seiner weiteren Ausbildung mit Genehmigung der zuständigen Stelle freiwillig unterzieht." Spricht diese Begründung im Zusammenhalt mit dem Wortlaut des Art. 54 Ziff. 4 („als Staatsdienstaspirant ...") entschieden dafür, daß man auch die nicht bei einer staatlichen Behörde in Praxis stehenden Bewerber als Staatsdienstaspiranten i. S. des BG. ansieht, so ist andererseits doch zu beachten, daß für einen unter Ziffer 3 fallenden Bewerber auf Grund des Dienstverhältnisses, in dem er steht — z. B. im Reichsdienst oder im Gemeindedienst —, ein besonderes Dienststrafrecht gelten kann, neben dem die Bestimmungen des BG. ebensowenig Geltung haben können, wie neben der RAO. Auch einem solchen Bewerber gegenüber hat das Ministerium natürlich die in Abs. 4 hinsichtlich der Rechtsanwälte hervorgehobene Möglichkeit, ihn aus disziplinären Erwägungen aus der Liste der Bewerber zu streichen. — Über die Entlassung der zu Beamten erklärten Bewerber vgl. Art. 8 Abs. 2 BG.

2. Die Disziplinargewalt fällt nicht mit dem Rechte der Dienstaufsicht zusammen: den Rechtsanwälten ist keine Disziplinarbefugnis zugestanden und den Vorständen der Amtsgerichte steht nicht die Disziplin über die Bewerber zu, die bei einem gleichzeitig am Amtsgericht und Landgericht zugelassenen Rechtsanwalt beschäftigt sind (s. a. Bem. 3).

3. Stehen Bewerber bei einem Rechtsanwalt in Praxis, der gleichzeitig bei den Landgerichten München I und II zugelassen ist, so wird der Schlußsatz des § 9 Abs. 2 entsprechend anzuwenden sein. Bewerber, die bei einem nur an einem Oberlandesgericht oder am Obersten Landesgerichte zugelassenen Rechtsanwalt in Praxis stehen, sind in erster Instanz der Disziplinargewalt des Präsidenten des Landgerichts unterstellt, in dessen Bezirke sie beschäftigt sind. Die Dienstaufsichtsbehörde wird diesem etwaige Verfehlungen mitzuteilen haben.

4. Von der in Abs. 2 Satz 2 erwähnten Berichterstattung an das Staatsministerium der Justiz — welche eintritt, wenn der Vorgesetzte sich von der Zurechtweisung keinen Erfolg verspricht oder sie für ungenügend hält — ist die im § 25 Abs. 2 MB. vorgeschriebene Berichterstattung über eine e r f o l g t e Disziplinierung zu unterscheiden. Für die Berichterstattung nach Abs. 2 Satz 2 gilt § 36 MB.

5. Der Beamte, dem die besondere Aufsicht übertragen ist (s. § 15 MB. mit § 82 Abs. 1 MB. vom 6. Juli 1899), hat als solcher keine Disziplinargewalt.

6. Vom Stande jedes ehrengerichtlichen Verfahrens gegen einen Rechtsanwalt (Abs. 4 Satz 1, §§ 62—97 RAO.) wird das Ministerium verständigt (§ 26 MB.).

7. Bezüglich der Notariatsverweser s. Art. 116 Abs. 2 NotG.

Pflicht zur Übernahme von Verwendungen.

§ 11. Die bei einer bayerischen Justizbehörde die Praxis fortsetzenden geprüften Rechtspraktikanten sind verpflichtet, jederzeit eine Geschäftsaushilfe oder eine Hilfsarbeiterstelle bei einer bayerischen Justizbehörde zu übernehmen. Dieser Dienst gilt als Fortsetzung der Praxis.

Dies findet entsprechende Anwendung auch auf Bewerber, die in Bayern zur Rechtsanwaltschaft zugelassen sind oder die Praxis bei einem Rechtsanwalt in Bayern fortsetzen, sobald sie um Anstellung im höheren Justizstaatsdienste förmlich nachgesucht haben.

Bezüglich der Gewährung von Vergütungen, Tagegeldern und Reisekosten im Falle der Einberufung zur Geschäftsaushilfe oder auf Hilfsarbeiterstellen bewendet es bei den bestehenden Vorschriften.

1. Als Stellen im Sinne des § 11 Abs. 2 kommen z. B. in Betracht: die Stellen der Hilfsarbeiter bei Amtsgerichtsvorständen, Land-

gerichts- und Oberlandesgerichtspräsidenten und im Justizministerium, ferner die Aushilfsstellen bei den Staatsanwaltschaften, den Gerichtsschreibereien usw., vgl. Bem. 4 zu § 5 VO.

2. Durch Abs. 2 werden die Rechtsanwälte, die förmlich um Anstellung nachgesucht haben, auch verpflichtet, im Fall ihrer Einberufung zur Dienstleistung die Aufgabe ihrer Zulassung zu erklären (s. übrigens § 27 Abs. 3 MB.).

3. Die Verwendung nach § 11 gilt zwar als Fortsetzung der Praxis im Sinne des § 1, nicht aber als besondere Praxis im Sinne der §§ 7 und 8. Nur durch besondere Verfügung des Ministeriums kann sie dieser gleichgestellt werden.

4. Welche Folgen die Weigerung, einer Einberufung nach § 11 Folge zu leisten, nach sich zieht, ergibt sich aus § 27 MB.

5. Wegen Führung eines Verzeichnisses über die zur Verwendung nach § 11 geeigneten Bewerber durch die Präsidenten der Oberlandesgerichte s. § 33 MB.

Grundsätze für die Anstellung.

§ 12. Bei Anträgen auf Anstellung von dritten Staatsanwälten oder von Amtsrichtern soll vor allem auf die mit den besten Noten gewürdigten Bewerber jedes Prüfungsjahrs Rücksicht genommen werden. Von den mit der III. Note gewürdigten Bewerbern der Prüfungsjahrgänge vor 1910 sollen künftig bei Anträgen auf Anstellung von Amtsrichtern nur die bis jetzt als Sekretäre oder Grundbuchanlegungskommissäre angestellten Bewerber berücksichtigt werden, deren Note sich nahe an der Grenze zur zweiten Note hält und deren Eignung für alle Zweige des amtsrichterlichen Dienstes durch eine längere und eingehende Beobachtung außer Zweifel gestellt ist.

Bei der Erstattung von Anträgen auf Besetzung von Notariaten sollen vorzugsweise diejenigen Bewerber berücksichtigt werden, welche mit der ersten oder zweiten Note gewürdigt wurden und bei der Verwesung von Notariaten Ersprießliches geleistet haben.

1. Soweit § 12, dessen Abs. 1 die jetzige Fassung durch die sog. Dreierverordnung vom 2. März 1910 (GVBl. 103) erhalten hat, Bewerber mit der dritten Note denen mit der Note I oder II gegenüberstellt, hat er für die Prüflinge vom Jahrgang 1910 an seine Bedeutung durch die neuen Prüfungsvorschriften verloren, nach denen ein Prüfling mit einer der früheren Note III entsprechenden Gesamtnotensumme die Prüfung überhaupt nicht bestanden hat (vgl. § 52 VO. vom $\frac{\text{4. Juli 1899}}{\text{18. Okt. 1910}}$).

2. Zu Abs. 2 vgl. § 21 MB.

Zeitpunkt des Inkrafttretens.

§ 13. Diese Verordnung tritt mit dem Tage ihrer Veröffentlichung im Gesetz- und Verordnungsblatt an die Stelle der bisher für die Fortsetzung der Praxis der Bewerber um Anstellung im höheren Justizstaatsdienste geltenden Vorschriften.

Durch § 13 wurden aufgehoben:

1. die Verordnung vom 27. April 1880 (JMBl. S. 121),
2. die Ministerialbekanntmachung vom 15. Juli 1880 (JMBl. S. 237),
3. die autographierten Ministerialentschließungen vom 9. Juni 1894 Nr. 15 374, vom 9. Juli 1895 Nr. 15 463, vom 11. März 1897 Nr. 6850, vom 16. November 1897 Nr. 31 015.

Vollzugsbestimmungen.

§ 14. Das Staatsministerium der Justiz wird ermächtigt, die zum Vollzuge dieser Verordnung nötigen Vorschriften zu erlassen.

1. Die Vollzugsvorschriften enthält die nachstehende MB. vom 7. Januar 1901.

2. Ein Recht zur Dispensation von den Vorschriften der VO. ist in dieser selbst dem Justizministerium nicht eingeräumt; anders in § 59 VO. vom $\frac{\text{4. Juli 1899}}{\text{18. Okt. 1910}}$. Die Bestimmungen der MB. kann das Justizministerium jederzeit auch für einen einzelnen Fall aufheben.

IV. Bekanntmachung des Staatsministeriums der Justiz vom 7. Januar 1901, die Praxis der Bewerber um Anstellung im höheren Justizstaatsdienste betr.

(JMBl. 54)

Zur Ausführung der Königlich Allerhöchsten Verordnung vom 4. Januar 1901, die Praxis der Bewerber um Anstellung im höheren Justizstaatsdienste betreffend, werden auf Grund des § 14 folgende Vorschriften erlassen:

1. §§ 1—7 zu den §§ 1, 2 VO.

§ 1. Die geprüften Rechtspraktikanten, die den Vorschriften der Verordnung vom 4. Januar 1901 entsprechend die Praxis fortsetzen oder Beschäftigung nehmen, werden, sofern nicht der Verzicht auf Anstellung ausdrücklich erklärt wird, als Bewerber um Anstellung im höheren Justizstaatsdienste betrachtet und in das bei dem Staatsministerium der Justiz geführte Hauptverzeichnis der Bewerber um Anstellung im höheren Justizstaatsdienst eingetragen.

1. Aus § 1 ergibt sich, daß es in der Regel eines besonderen Gesuches um Aufnahme in das Hauptverzeichnis nicht bedarf, sondern daß die Aufnahme ins Verzeichnis dadurch erwirkt wird, daß der Bewerber eine den Vorschriften des § 1 VO. entsprechende Praxis nimmt oder in eine Beschäftigung nach § 2 VO. mit Genehmigung des Ministeriums eintritt; damit das Verzeichnis richtig und vollständig geführt werden kann, sieht § 28 MB. die Erstattung von Anzeigen an das Ministerium vor.

2. Ausnahmen von der Regel des § 1 ergeben sich aus §§ 2, 4 und § 30 Abs. 2 MB.

§ 2. Diejenigen geprüften Rechtspraktikanten, welche die Zulassung zur Rechtsanwaltschaft bei einem bayerischen Gericht erlangen, ohne vorher die Praxis im Sinne der §§ 1, 2 der Verordnung fortgesetzt zu haben, und welche daher auch nicht in das Hauptverzeichnis eingetragen waren, werden künftig in das Hauptverzeichnis nur eingetragen, wenn sie die Erklärung abgeben, daß sie als Bewerber um Anstellung im höheren Justizstaatsdienste betrachtet sein wollen. Diejenigen geprüften Rechtspraktikanten, welche die Zulassung zur Rechtsanwaltschaft bei einem bayerischen Gericht erlangen, nachdem sie vorher in das Hauptverzeichnis eingetragen waren, werden künftig im Hauptverzeichnisse nur dann fortgeführt, wenn sie gleichzeitig mit dem Gesuch um Zulassung zur Rechtsanwaltschaft die Erklärung abgegeben haben, daß sie auch ferner als Bewerber um Anstellung im höheren Justizstaatsdienste betrachtet sein wollen. Nach Ablauf von drei Jahren werden sie vom Hauptverzeichnisse gestrichen, wenn sie nicht vorher um Aufrechthaltung ihrer Eigenschaft als Bewerber für eine bestimmte weitere Zeitdauer nachgesucht oder ein förmliches Gesuch um Anstellung im höheren Justizstaatsdienst eingereicht haben.

Die zur Zeit im Hauptverzeichnis eingetragenen geprüften Rechtspraktikanten, welche die Zulassung zur Rechtsanwaltschaft bereits erlangt und noch nicht förmlich um Anstellung im höheren Justizstaatsdienste nachgesucht haben, sind durch die Vorstände der Gerichte, bei denen sie zugelassen sind, zur sofortigen Abgabe einer Erklärung zu veranlassen, ob sie ferner noch als Bewerber um Anstellung im höheren Justizstaatsdienste betrachtet sein wollen. Die Erklärungen sind dem Staatsministerium der Justiz vorzulegen. Diejenigen Rechtsanwälte, welche eine bejahende Erklärung abgeben, werden bis zum 31. Dezember 1903 im Hauptverzeichnisse fortgeführt werden. Für die Folge findet auch auf sie die Bestimmung im Abs. 1 Satz 3 Anwendung.

Die hienach erforderlichen Erklärungen der Rechtsanwälte sind, wenn sie nicht vor der Zulassung zur Rechtsanwaltschaft in dem Gesuch um Zulassung oder in einem Nachtrage hiezu erfolgen, dem Vorstande des Gerichts gegenüber abzugeben, bei dem sie zugelassen sind, im Falle ihrer gleichzeitigen Zulassung bei mehreren Gerichten gegenüber dem Vorstande des Gerichts niederer Ordnung, im Falle gleichzeitiger Zulassung bei den Landgerichten München I und II gegenüber dem Präsidenten des Landgerichts München I. Die Erklärungen sind stets sofort dem Staatsministerium der Justiz vorzulegen. Eine Abschrift ist dem Oberstaatsanwalte bei dem

Oberlandesgericht und den Vorständen der übrigen Gerichte, bei denen der Rechtsanwalt zugelassen ist, mitzuteilen.

Von den in dem Gesuch um Zulassung zur Rechtsanwaltschaft oder in einem Nachtrage hiezu enthaltenen Erklärungen werden der Oberstaatsanwalt und die Vorstände der Gerichte, bei denen die Zulassung erfolgt, durch das Staatsministerium der Justiz benachrichtigt werden.

1. Die in Abs. 1 Satz 1 bezeichneten Bewerber müssen um Aufnahme in das Hauptverzeichnis nicht notwendig gleichzeitig mit dem Gesuch um Zulassung nachsuchen, sie können dies auch später noch tun (vgl. Abs. 3).

2. Etwas anders steht es mit den in Abs. 1 Satz 2 bezeichneten Bewerbern. Diese werden gestrichen, wenn sie nicht gleichzeitig mit dem Gesuch um Zulassung um Weiterführung im Hauptverzeichnisse bitten. Sind sie gestrichen, so werden sie wie die in Abs. 1 Satz 1 bezeichneten Bewerber behandelt.

3. Abs. 1 Satz 3 bezieht sich auf beide vorhergehende Sätze. Die dreijährige Frist ist von der Abgabe der in Satz 1 und 2 bezeichneten Erklärungen an zu berechnen. Bei Versäumung der Frist ist eine nochmalige Aufnahme in das Hauptverzeichnis möglich.

4. Wenn ein im Hauptverzeichnis eingetragener Rechtsanwalt die Zulassung aufgibt und in eine den Bestimmungen der Verordnung entsprechende Praxis tritt, so wird er wie ein Bewerber im Sinne des § 1 MB. behandelt. Abs. 1 Satz 3 findet dann keine Anwendung mehr auf ihn.

Ein im Hauptverzeichnis nicht eingetragener Rechtsanwalt, der unter Aufgabe der Zulassung entsprechende Praxis nimmt, wird nach § 4 MB. zu behandeln sein.

§ 3. Die Beschäftigung bei dem Bureau einer Kammer des Landtags und bei dem stenographischen Bureau des Reichstags ist den geprüften Rechtspraktikanten gestattet und gilt als Beschäftigung im Sinne des § 2 der Verordnung, ohne daß im einzelnen Falle die Genehmigung des Staatsministeriums der Justiz einzuholen ist.

Von der Beschäftigung bei dem Bureau einer Kammer des Landtags ist dem Präsidenten des Landgerichts München I Anzeige zu erstatten (§ 28 Ziff. 2 MB., § 9 VO. mit Bem. 4), von der Beschäftigung bei dem stenographischen Bureau des Reichstags unmittelbar dem Justizministerium (Bem. 2 zu § 28).

§ 4. Ein geprüfter Rechtspraktikant, der den Eintritt in eine den Vorschriften der Verordnung entsprechende Praxis oder Beschäftigung länger als drei Monate nach der Bekanntgabe des Prüfungsergebnisses unterlassen hat, hat um die

Aufnahme in das Hauptverzeichnis förmlich nachzusuchen. Das Gesuch ist bei dem Staatsministerium der Justiz einzureichen und mit Zeugnissen darüber zu belegen, wie sich der Gesuchsteller seit der zweiten Prüfung beschäftigt und geführt hat. Im Gesuch ist zugleich anzugeben, in welcher Weise der geprüfte Rechtspraktikant die Praxis fortsetzen will. Bevor die Aufnahme in das Hauptverzeichnis vom Staatsministerium der Justiz bewilligt ist, darf der Rechtspraktikant bei keiner Justizbehörde zur Fortsetzung der Praxis zugelassen werden.

1. Über die Bekanntgabe des Prüfungsergebnisses s. § 157 MB. vom 25. Oktober 1910.

2. Die Unterlassung des rechtzeitigen Eintritts in die Praxis hat gemäß § 4 nicht den Verlust der Anwartschaft auf Anstellung zur Folge. Der Zulassung hat aber ein besonderes Verfahren vorauszugehen.

3. § 4 ist selbstverständlich auch anzuwenden, wenn ein geprüfter Rechtspraktikant gelegentlich des Gesuchs um Zulassung zur Rechtsanwaltschaft erklärt, er wolle noch als Bewerber betrachtet sein. Vgl. auch Bem. 4 Abs. 2 zu § 2 MB.

4. S. a. §§ 6 und 7 MB.

5. Über den Fall, daß die Ableistung des Militärdienstes vor Eintritt in die Praxis erfolgt, s. Bem. 2 zu § 5 MB.

6. S. a. Bem. 3 zu § 5 MB.

§ 5. Ein geprüfter Rechtspraktikant, welcher die Praxis oder Beschäftigung länger als drei Monate unterbrochen hat, wird vom Hauptverzeichnisse gestrichen. Auf seine Wiederaufnahme in das Hauptverzeichnis und seine Zulassung zur Praxis bei einer Justizbehörde finden die Vorschriften des § 4 entsprechende Anwendung.

1. Der Rechtspraktikant kann gemäß § 5 MB. seine Praxis — vorbehaltlich der nach § 7 MB. drohenden Nachteile — jederzeit für drei Monate unterbrechen.

2. Militärische Übungen (Reserveübungen) sind keine Unterbrechung der Praxis (§ 19 Abs. 4 MB.).

Anders steht es dagegen mit der Ableistung des Militärdienstes (Abdienen des Einjährig-Freiwilligen-Jahres). Sie gilt als Unterbrechung der Praxis. Der Bewerber muß also unter Vorlage entsprechender Nachweise um Wiederaufnahme in das Hauptverzeichnis nachsuchen. Doch wird nichts im Wege stehen, daß er schon vor dem Diensteintritte unter Vorlegung der Beweise um Fortführung im Hauptverzeichnisse vorbehaltlich seines Wiedereintritts in die Praxis nachsucht.

Die gleiche Behandlung wird einzutreten haben, wenn vor dem Eintritt in die Praxis der Militärpflicht genügt wird.

3. Der Bewerber, der die Praxis in unzulässiger Weise unterbrochen hat, darf — ebenso wie ein Bewerber, der sich gegen § 4 verfehlt hat, — bei keiner Justizbehörde zur Praxis zugelassen werden, ehe er nicht ins Hauptverzeichnis wieder aufgenommen ist. So oft daher bei einer Behörde ein Bewerber in Praxis treten will, muß er den Nachweis über die Beobachtung der §§ 4 und 5 MB. führen, widrigenfalls er nicht zugelassen werden darf.

§ 6. Im Falle des § 4 wird die Aufnahme in das Hauptverzeichnis und im Falle des § 5 die Wiederaufnahme in das Hauptverzeichnis versagt werden, wenn der geprüfte Rechtspraktikant die Vertretung oder Verbeiſtandung von Parteien in bürgerlichen Rechtsstreitigkeiten oder in der nichtstreitigen Rechtspflege geschäftsmäßig betrieben hat, ohne zur Rechtsanwaltschaft zugelassen zu sein.

§ 7. Die Unterlassung der rechtzeitigen Fortsetzung der Praxis und eine längere Unterbrechung der Praxis, die nicht durch besondere Umstände entschuldbar erscheint, haben für die geprüften Rechtspraktikanten unter allen Umständen den Nachteil zur Folge, daß sie bei Vorschlägen zur Besetzung erledigter Stellen unter sonst gleichen Verhältnissen denjenigen Bewerbern nachstehen müssen, welche sich solche Unterbrechungen und Unterlassungen nicht oder in geringerem Maße haben zuschulden kommen lassen.

Vgl. auch §§ 4 und 5 MB.

II. §§ 8—12 zu den §§ 3, 4 BO.

§ 8. Die Wahl und der Wechsel der Praxis oder Beschäftigung sind den geprüften Rechtspraktikanten freigegeben. Es liegt jedoch ebensosehr im Interesse der Justizverwaltung als der geprüften Rechtspraktikanten selbst, daß sie sich vor ihrer Anstellung im Justizstaatsdienst eine möglichst umfassende und gründliche Ausbildung in allen Zweigen des Justizdienstes und eine allseitige Kenntnis des praktischen Lebens aneignen. Die geprüften Rechtspraktikanten haben daher bei der Auswahl und dem Wechsel der Praxis oder Beschäftigung den Gesichtspunkt ihrer entsprechenden allseitigen Ausbildung im Auge zu behalten.

Sie werden gut daran tun, nicht nur bei Justizbehörden, sondern insbesondere auch eine Zeitlang bei der Rechtsanwaltschaft Praxis zu nehmen. Da für jeden rechtskundigen Sekretär und für jeden Richter eines Amtsgerichts die Möglichkeit eintreten kann, vorübergehend die Verwesung eines

Notariats übernehmen zu müssen, so ist es nur erwünscht, wenn auch diejenigen Bewerber, welche nicht ausschließlich Verwendung im Notariatsdienst anstreben, eine Zeitlang Praxis bei einem Notariate nehmen.

Auch eine zeitweise Beschäftigung bei einer Bankanstalt, einem größeren Bankgeschäft, einer Versicherungsanstalt oder ähnlichen Anstalt oder Unternehmung wird nur dazu beitragen, die allseitige Ausbildung der geprüften Rechtspraktikanten zu fördern, ihren Blick zu erweitern und die für ihren künftigen Beruf dringend gebotene Kenntnis des praktischen Lebens zu vertiefen.

1. Zu Abs. 1 Satz 1 vgl. die aus §§ 4 und 5, 7 und 8 VO. sich ergebenden Einschränkungen.

2. Zu Abs. 2 vgl. NotG. Art. 96 Abs. 2 in Bem. 1 zu § 7 VO. — zu Abs. 3 die im Anhang abgedruckte JMB. vom 5. November 1907 (JMBl. 393).

§ 9. Die Praxis oder Beschäftigung soll in der Regel jeweils nur bei einer einzigen Stelle genommen werden. Gleichzeitige Beschäftigung bei mehreren Stellen ist nur mit Genehmigung des Staatsministeriums der Justiz zuläßig.

Gleichzeitige Beschäftigung bei einer Justizbehörde und bei einem Rechtsanwalt oder bei einer Justizbehörde und bei einer privaten Anstalt oder Unternehmung wird nicht gestattet werden.

Eine unzuläßige gleichzeitige Beschäftigung bei mehreren Stellen macht zwar die Praxis nicht ungültig, kann aber Disziplinareinschreitung und Streichung von der Liste, unter Umständen auch eine Verfügung nach § 8 VO., § 23 MB. zur Folge haben.

§ 10. Bestehen Bedenken darüber, ob den bei einer Behörde oder einem Rechtsanwalt in Praxis oder sonst nach § 2 der Verordnung in Beschäftigung stehenden geprüften Rechtspraktikanten die Möglichkeit einer vollständigen oder zweckmäßigen Ausbildung geboten ist, oder ist die Fortsetzung der Praxis bei einer Behörde oder bei einem Rechtsanwalt oder die anderweitige Beschäftigung aus sonstigen Gründen bedenklich, so ist darüber von den Dienstaufsichtsbehörden an das Staatsministerium der Justiz zu berichten.

Bei den Visitationen ist hierauf besonderes Augenmerk zu richten.

§ 10 soll dem Ministerium die Möglichkeit zu einem Einschreiten gemäß § 4 VO. oder zum Widerrufe der nach § 2 VO. erteilten Genehmigung geben. Die Berichterstattung erfolgt auf dem Dienstweg § 36 MB.

§ 11. Ein geprüfter Rechtspraktikant, der einem auf Grund des § 4 der Verordnung erlassenen Verbote zuwider die Praxis oder Beschäftigung fortsetzt, wird vom Hauptverzeichnisse gestrichen.

§ 12. Bei dem Obersten Landesgerichte, bei der Generalstaatsanwaltschaft und bei einer Strafanstalt darf die Zulassung zur Fortsetzung der Praxis nur mit Genehmigung des Staatsministeriums der Justiz erfolgen.

Diejenigen geprüften Rechtspraktikanten, welche als Hilfsarbeiter bei dem Staatsministerium der Justiz verwendet werden sollen, werden vom Staatsministerium der Justiz bestimmt.

III. §§ 13—19 zu den §§ 5, 6 VO.

§ 13. Die geprüften Rechtspraktikanten, welche die Praxis bei einer Justizbehörde fortsetzen wollen, haben bei dem Vorstande der Behörde um die Zulassung zur Fortsetzung der Praxis nachzusuchen.

Die Zulassung ist abzulehnen, wenn bei der Behörde schon so viele geprüfte Rechtspraktikanten in Praxis oder nicht geprüfte Rechtspraktikanten im Vorbereitungsdienste stehen, daß eine zweckmäßige und vollständige Ausbildung mit Rücksicht auf die Zahl der Bewerber und den Umfang der Geschäfte nicht möglich erscheint (vgl. § 79 der Bekanntmachung vom 6. Juli 1899 JMBl. S. 229). Sie kann auch aus sonstigen wichtigen Gründen abgelehnt werden. Gegen den ablehnenden Bescheid steht die Beschwerde im Dienstaufsichtsweg offen.

Die Zulassung kann jederzeit aus denselben Gründen zurückgenommen werden, aus denen sie verweigert werden kann.

1. § 79 MB. vom 6. Juli 1899 lautet:

Der Vorbereitungsdienst kann seinen Zweck nur dann erfüllen, wenn bei einer und derselben Behörde gleichzeitig nicht eine allzu große Zahl von Rechtspraktikanten zugelassen ist. Insoweit nicht für einzelne Behörden von dem zuständigen Staatsministerium besondere Bestimmungen erlassen sind oder erlassen werden, soll daher die Zahl der bei einem Landgericht oder bei einem Amtsgerichte gleichzeitig zugelassenen Rechtspraktikanten die Zahl der bei dem Gericht angestellten Richter . . . . . . nicht übersteigen.

Meldet sich bei einer Behörde zur Ableistung des Vorbereitungsdienstes während des gleichen Zeitraums eine größere Anzahl von Rechtspraktikanten, so haben diejenigen den Vorzug, welchen besonders gewichtige Gründe (wie Wohnsitz der Eltern u. dgl.) für die Ableistung des Vorbereitungsdienstes gerade bei dieser Behörde zur Seite stehen.

Findet bei einer Behörde erfahrungsgemäß regelmäßig ein größerer Andrang von Rechtspraktikanten statt, so haben die Amtsvorstände, damit nicht vorzugsweise zu berücksichtigende Rechtspraktikanten um deswillen zurückgewiesen werden müssen, weil andere sich früher gemeldet hatten, diejenigen Rechtspraktikanten, bei welchen keine oder doch nur minder dringliche Gründe vorliegen, entweder überhaupt zurückzuweisen oder doch ausdrücklich nur in widerruflicher Weise zuzulassen.

Übersteigt die Zahl derjenigen Rechtspraktikanten, welchen besondere Gründe für die Ableistung des Vorbereitungsdienstes bei einer bestimmten Behörde zur Seite stehen, die im Abs. 1 festgesetzte Zahl, so ist über die Frage der Zulassung einer größeren Zahl unter gutachtlicher Äußerung über die Möglichkeit der ausreichenden Beschäftigung auch der größeren Zahl an das vorgesetzte Staatsministerium auf dem Dienstwege zu berichten.

2. § 13 findet auch Anwendung auf die Notariate; dagegen sind die Rechtsanwälte nicht gehalten, nur eine bestimmte Anzahl von Rechtspraktikanten bei sich aufzunehmen (doch ist § 10 MB. zu beachten).

3. Liegt ein Grund, die Zulassung nach § 13 Abs. 2 abzulehnen nicht vor, so wird der Vorstand in der Regel zu prüfen haben, ob der Gesuchsteller die Staatsprüfung mit Erfolg bestanden hat, sowie ob nicht die Voraussetzungen vorliegen, unter denen nach §§ 4, 5 und 30 Abs. 2 MB. die Zulassung zu versagen ist (Bem. 3 zu § 5 MB.); vgl. jedoch auch Bem. 8 zu § 1 BO.

§ 14. Bei dem Eintritt in die Praxis bei einer Justizbehörde ist der geprüfte Rechtspraktikant an die gemäß § 29 der Königlich Allerhöchsten Verordnung vom 4. Juli 1899 geleisteten Eide zurückzuerinnern.

Bei dem Austritt eines geprüften Rechtspraktikanten aus der Praxis bei einer Justizbehörde hat der Vorstand der Behörde, gegebenenfalls nach Anhörung derjenigen Beamten, welchen der Rechtspraktikant zur besonderen Aufsicht zugeteilt war, ein Zeugnis über die Dauer der Praxis, über das dienstliche und außerdienstliche Verhalten, sowie über die Leistungen des Rechtspraktikanten und die hiebei hervorgetretenen Mängel auszustellen und zu den Personalakten des Rechtspraktikanten zu nehmen.

1. Ein Praktikant, der die in § 29 BO. vom 4. Juli 1899 bezeichneten Eide geleistet hat, wird auf Grund der neuen Bestimmungen in Art. 23 mit 25 BG. und in § 8 BO. vom 10. Dezember 1908 den

Vollzug des BG. betreffend, als Staatsdienstaspirant zu beeidigen, ein nach § 29 Abs. 2 VO. vom $\frac{\text{4. Juli 1899}}{\text{22. Okt. 1910}}$ vereidigter Praktikant an die hier bezeichneten Eide zurückzuerinnern sein; die Zurückerinnerung ist durch die Bestimmungen in Art. 23 Abs. 2 mit Art. 25 BG. wohl nicht unstatthaft geworden. Erlangt ein Bewerber die Stelle eines Beamten als bezahlter Hilfsarbeiter usw. (s. Bem. 1 zu § 10 VO.), so hat er den Beamteneid zu leisten (Art. 23 BG. § 8 VollzVO. vom 10. Dezember 1908).

2. Die Erteilung eines Zeugnisses ist für die bei Rechtsanwälten beschäftigten Bewerber nicht vorgeschrieben, auch diese werden aber gut tun, sich wenigstens eine Bescheinigung über die Dauer der Praxis ausstellen zu lassen, damit ihnen beim Eintritte bei einer Behörde der Nachweis möglich ist, daß sie sich nicht gegen §§ 4 und 5 MB. verfehlt haben.

3. Den Notariatspraktikanten muß ein Zeugnis ausgestellt werden.

4. Zeugnis über die Praxis bei wirtschaftlichen Anstalten usw. JMB. vom 5. November 1907 Abs. 5 Satz 3.

5. Bezüglich der Anzeigen über Eintritt und Austritt s. § 28 MB.

6. Vgl. noch Bem. 7 zu § 19 MB.

§ 15. **Auf die Praxis der geprüften Rechtspraktikanten bei einer Justizbehörde finden die Vorschriften, die in den §§ 81, 82, 83, im § 84 Abs. 1, 2 und in den §§ 85, 86 der Bekanntmachung vom 6. Juli 1899, die Prüfungen für den höheren Justiz- und Verwaltungsdienst und die Vorbereitung für diese Prüfungen betreffend, für den Vorbereitungsdienst der Rechtspraktikanten vor Ablegung der zweiten Prüfung gegeben sind, entsprechende Anwendung. Selbstverständlich sind die geprüften Rechtspraktikanten während ihrer Praxis bei einer Justizbehörde — unabbrüchig des eigentlichen Zweckes ihrer Praxis, ihrer allseitigen praktischen Ausbildung und wissenschaftlichen Fortbildung — zur Erledigung der laufenden Geschäfte der Behörde entsprechend heranzuziehen.**

Die in § 15 angeführten Vorschriften der MB. vom 6. Juli 1899 lauten:

§ 81. Die Ausbildung der Rechtspraktikanten zählt zu den wichtigsten Aufgaben der Behörden. Es wird daher allen mit der Vorbereitung der Rechtspraktikanten befaßten Beamten zur besonderen Pflicht gemacht, mit der der Wichtigkeit des Gegenstandes angemessenen Umsicht und Energie darauf Bedacht zu nehmen, daß die wissenschaftliche und praktische Vorbereitung der Rechtspraktikanten in entsprechender Weise gefördert wird.

§ 82. Die Rechtspraktikanten sind während des Vorbereitungsdienstes bei den Gerichten und Verwaltungsbehörden stets einem oder mehreren Beamten zur besonderen Aufsicht und Überwachung ihrer Tätigkeit zuzuteilen.

Diese Beamten haben unter der Oberleitung der Amtsvorstände der praktischen Ausbildung der Rechtspraktikanten besondere Aufmerksamkeit zuzuwenden und nachdrücklich darauf zu achten, daß die Rechtspraktikanten hinlänglich beschäftigt werden, mit Eifer und Gewissenhaftigkeit ihren Obliegenheiten nachkommen und die ihnen übertragenen schriftlichen Arbeiten nicht nur gründlich und rechtzeitig, sondern auch in einer sorgfältigen Form sowie in reinlicher und gut leserlicher Schrift erledigen.

Bei der Auswahl der den Rechtspraktikanten zu übertragenden Arbeiten ist insbesondere der Gesichtspunkt im Auge zu behalten, daß die Rechtspraktikanten sich zu ihrer Ausbildung bei den Behörden befinden. Es sollen daher die Gegenstände, deren Bearbeitung ihnen übertragen wird, möglichst so beschaffen sein, daß sie ihnen Gelegenheit bieten, ihr theoretisches Wissen zu erproben und ihre praktischen Kenntnisse zu erweitern. Es soll tunlichst eine einseitige Beschäftigung in einzelnen Dienstzweigen vermieden und weniger Gewicht auf die Menge der Geschäfte als auf deren Ausbildungswert gelegt werden, damit die Rechtspraktikanten nicht in eine schablonenmäßige Weise der Geschäftserledigung verfallen. Ergeben sich auf diese Weise freie Stunden, so ist den Rechtspraktikanten zu überlassen, ihre Vorbereitung auf die zweite Prüfung durch privates Studium zu fördern.

§ 83. Die Beschäftigung der Rechtspraktikanten bei den Gerichten ist so einzurichten, daß ihnen Gelegenheit geboten ist, alle Zweige der gerichtlichen Tätigkeit kennen zu lernen.

Vor allem sollen sie von den Richterbeamten, denen sie zugeteilt sind, bei der Erledigung der Geschäfte des eigentlichen richterlichen Dienstes herangezogen, also namentlich unter entsprechender Belehrung zum Entwerfen von Urteilen, Beschlüssen und Verfügungen in ausgedehnter Weise verwendet werden. Tunlichst oft sollen sie in geeigneten Fällen zu Verteidigern bestellt werden.

Zu rein formalen Arbeiten sollen sie nur verwendet werden, soweit der Zweck ihrer Ausbildung es erfordert; zur Besorgung des Schreibwerks sollen sie überhaupt nicht verwendet werden.

Während ihrer Zuteilung zur Gerichtsschreiberei sind sie im gesamten Gerichtsschreibereidienst einschließlich des finanziellen Teiles zu unterweisen.

§ 84. Bei den Amtsgerichten sind die Rechtspraktikanten in angemessenem Wechsel nach und nach den mit der Bearbeitung der verschiedenen Gegenstände des amtsgerichtlichen Dienstes betrauten Beamten zuzuweisen.

Besonderes Gewicht ist auf die Ausbildung der Rechtspraktikanten in den Gegenständen der freiwilligen Gerichtsbarkeit, insbesondere im Grundbuch- und Hypothekenwesen, zu legen.

§ 85. Die in den landgerichtlichen Vorbereitungsdienst übergetretenen Rechtspraktikanten sind nach und nach der Gerichtsschreiberei zur Verwendung im Gerichtsschreiberdienste, der Strafkammer und der Zivilkammer (Kammer für Handelssachen) zuzuweisen.

Die Dauer der Verwendung in den einzelnen Geschäftszweigen bleibt der Anordnung des Landgerichtspräsidenten überlassen. Dieser hat jedoch darauf Bedacht zu nehmen, daß die Rechtspraktikanten möglichst gleichmäßig in den verschiedenen Zweigen des gerichtlichen Dienstes ausgebildet werden.

§ 86. Während der Verwendung der Rechtspraktikanten in den Kammern liegt die Bestimmung über ihre Beschäftigung dem Vorsitzenden der Kammer ob.

Es ist darauf zu halten, daß die Rechtspraktikanten regelmäßig den öffentlichen und den geheimen Sitzungen sowie der Beratung und Abstimmung beiwohnen, in den ihnen zur Bearbeitung übertragenen Sachen mündlich vortragen und ihre Ansicht in freier Rede entwickeln, auch bei der Erledigung anderer als der von ihnen bearbeiteten Sachen in geeigneter Weise zur Äußerung ihrer Ansicht veranlaßt und zum Entwerfen von Urteilen, Beschlüssen und Verfügungen in möglichst ausgedehnter Weise verwendet werden. Zugleich sind sie auch zu den Verrichtungen des Gerichtsschreibers in den öffentlichen Sitzungen der Kammer heranzuziehen.

2. Die Regeln des § 15 können eine wesentliche Einschränkung in den Fällen der besonderen Praxis nach § 8 VO. mit § 23 MB. erleiden, da diese sich möglicherweise nur auf bestimmte Dienstzweige z. B. die freiwillige Gerichtsbarkeit und das Grundbuchwesen zu erstrecken haben wird.

§ 16. Den bei den Gerichten, Staatsanwaltschaften und Notariaten in Praxis stehenden geprüften Rechtspraktikanten ist die Teilnahme an den für die Rechtspraktikanten im Vorbereitungsdienste nach § 84 Abs. 3, § 87 der Bekanntmachung vom 6. Juli 1899, die Prüfungen für den höheren Justiz- und Verwaltungsdienst und die Vorbereitung für diese Prüfungen betreffend, stattfindenden Unterweisungen und Übungen zu gestatten. Es können auch besondere Übungen und Unterweisungen für sie abgehalten werden.

Die Übungen für die im Vorbereitungsdienste befindlichen Praktikanten werden jetzt nach den Vorschriften in §§ 97, 98 II und 105 MB. vom 25. Oktober 1910 abgehalten.

Die an dem Sitz einer Kreisregierung oder in dessen Nähe wohnenden Praktikanten können auch an den bei jener eingerichteten Fortbildungskursen für Staatsdienstanwärter teilnehmen — vgl. die Bem. zu Ziff. 10 MB. vom 16. April 1910.

§ 17. Sekretäre, die sich um Anstellung als Richter bewerben wollen und hiezu geeignet erscheinen, sind wie geprüfte Rechtspraktikanten, welche die Praxis fortsetzen, neben ihrer eigentlichen Geschäftsaufgabe auch, soweit möglich, in den richterlichen Geschäften zu unterweisen und zu beschäftigen.

§ 18. Zur Übernahme der Stellvertretung eines Rechtsanwalts in einzelnen Rechtssachen, einer Verteidigung, der Stelle eines Bevollmächtigten oder Beistandes in Zivilsachen oder einer sonstigen Vertretung, die in den Kreis des Anwaltsberufs fällt, bedürfen die bei einer Justizbehörde zugelassenen geprüften Rechtspraktikanten der Genehmigung des Amtsvorstandes. Die Genehmigung ist nur für den einzelnen Fall und nur dann zu erteilen, wenn dienstliche Bedenken nicht entgegenstehen.

Diese Bestimmungen finden keine Anwendung auf die Fälle des § 116 der ZPO. und auf die Fälle der Pflichtverteidigung.

Macht sich ein geprüfter Rechtspraktikant in der Übernahme von Wahlverteidigungen eines mit den dienstlichen Interessen nicht verträglichen Übermaßes schuldig, so kann ihm vom Vorstande die Übernahme solcher überhaupt untersagt werden.

Die Bestimmung des Abs. 2 wird auch zutreffen für die Fälle des § 14 FGG.

§ 19. Die bei einer bayerischen Justizbehörde in Praxis stehenden geprüften Rechtspraktikanten dürfen sich ohne Genehmigung des Amtsvorstandes nicht über 24 Stunden vom Amtssitz entfernen.

Urlaub kann ihnen in jedem Geschäftsjahre bis zur Dauer von einem Monate vom Amtsvorstand erteilt werden. Gesuche um Urlaub von längerer Dauer sind vom Amtsvorstande mit gutachtlicher Äußerung dem Staatsministerium der Justiz vorzulegen.

Gesuche um Erteilung eines Urlaubs von mehr als drei Tagen sind schriftlich anzubringen und zu verbescheiden.

Zum Zwecke der Ableistung von militärischen Übungen bedürfen die geprüften Rechtspraktikanten keines Urlaubs. Sie haben lediglich dem Vorstande der Behörde den Nachweis des Beginnes und der Dauer der Übung vorzulegen.

1. Ein Recht auf Urlaub besteht nicht.

2. Abs. 4 handelt lediglich von der Ableistung von Übungen, dagegen nicht vom Abdienen des Einjährig-Freiwilligen-Jahres (s. hiezu Bem. 2 zu § 5 MB.).

3. Der im Abs. 4 verlangte Nachweis wird durch Vorlage der Einberufungsordre zu führen sein.

4. In Krankheitsfällen wird der Rechtspraktikant gut tun, seine Verhinderung sofort durch ein ärztliches Zeugnis zu bescheinigen (s. übrigens auch § 25 Abs. 2 MB.).

5. Urlaub ist es nicht, wenn der Bewerber aus besonderen Gründen für einzelne Tage oder halbe Tage (mit Genehmigung des Vorstands) keinen Dienst leistet (s. § 82 Abs. 3 letzten Satz MB. vom 6. Juli 1899 abgedruckt in Bem. 1 zu § 15 MB.).

6. Die Anführung von Urlaubszeit, von Krankheiten und militärischen Übungen im Abgangszeugnisse (§ 14 Abs. 2 MB.) ist nicht vorgeschrieben, kann aber unter Umständen empfehlenswert sein.

7. Für die zu Beamten erklärten geprüften Rechtspraktikanten gelten nach § 13 Abs. 2 der gemeinsamen MB. vom 14. Juli 1909 die Sonntagsruhe und den Urlaub der Staatsbeamten betr. (GVBl. 427, JMBl. 326) die Bestimmungen in §§ 5—12 daselbst; an der Dauer ihres Urlaubs — ein Monat nach Abs. 2 — hat sich nichts geändert — JMB. vom 20. Juli 1909 (JMBl. 334).

IV. §§ 20—24 zu §§ 7 und 8 VO.

§ 20. Den geprüften Rechtspraktikanten, die sich um Anstellung im höheren Justizstaatsdienste bewerben, wird geraten, die nach der Verordnung vorgeschriebene Praxis so einzurichten, daß sie in allen Geschäften der erstrebten Dienstesstelle genügend ausgebildet sind.

1. Die §§ 20—24 der MB. vom 7. Januar 1901 sind durch die MB. vom 15. Juli 1909 (JMBl. 325) aufgehoben und durch die jetzt an ihrer Stelle stehenden Bestimmungen ersetzt worden — vgl. Bem. 2 zu § 7 VO.

2. „Genügend ausgebildet" ist der Bewerber um eine Stelle nach § 22 MB. dann, wenn er „die zur selbständigen Erledigung der Geschäfte erforderliche Sachkenntnis und Gewandtheit" besitzt.

§ 21. Die Bewerber um Anstellung als Notar haben nachzuweisen, daß sie wiederholt als Verweser eines Notariats zur Zufriedenheit Dienste geleistet haben.

1. Vgl. außerdem die gesetzlichen Anforderungen in Bem. 1 zu § 7 VO.

2. S. Bem. 1 zu § 20 MB.

§ 22. Die Amtsvorstände haben bei Vorlagen von Gesuchen um Anstellung sich darüber zu äußern, ob der Bewerber nach ihrer Ueberzeugung für die erstrebte Dienstesstelle geeignet ist und die zur selbständigen Erledigung der Geschäfte erforderliche Sachkenntnis und Gewandtheit besitzt.

Vgl. Bem. 1 zu § 20 MB.

§ 23. Das Staatsministerium der Justiz behält sich vor, anzuordnen, daß der um Anstellung Nachsuchende eine

Praxis bestimmter Art zu nehmen oder die bisherige Praxis zu verlängern hat.

1. S. Bem. 1 zu § 20 MB.

2. § 23 hat seine Grundlage in § 8 VO.

§ 24. Für geprüfte Rechtspraktikanten, die sich nur dem Gerichtsschreiberdienste widmen wollen und in die Liste der Bewerber um das Gerichtsschreiberamt aufgenommen sind, gelten die Vorschriften über die Fortsetzung der Praxis dieser Bewerber.

1. S. Bem. 1 zu § 20 MB.

2. Vgl. die Verordnung vom 23. August 1879 § 20 (GVBl. 1043; JMBl. 381) mit JMB. vom 1. Februar 1880, die Anstellung im Gerichtsschreiberamt betr. (JMBl. 21; JMBl. 45) und deren Zusatzbestimmungen: JMB. vom 26. April 1888 (JMBl. 107), JMB. vom 24. Mai 1883 (JMBl. 225), JMB. vom 27. März 1886 (JMBl. 114), JMB. vom 1. März 1888 (JMBl. 58), JMB. vom 30. Juni 1896 (JMBl. 219).

V. §§ 25, 26 zu den §§ 9, 10 VO.

§ 25. Erhält eine Justizbehörde Kenntnis von Tatsachen, die geeignet sind, Diszipliareinschreitung gegen einen Bewerber um Anstellung im höheren Justizstaatsdienste zu veranlassen oder die auf die Frage seiner künftigen Verwendung im Justizdienste von Einfluß sein können, so hat sie diese Tatsachen und die etwaigen Beweismittel derjenigen Justizbehörde mitzuteilen, welcher die Dienstaufsicht über den Bewerber in erster Linie zusteht.

Die Dienstaufsichtsbehörde hat die ihr mitgeteilten und die zu ihrer Kenntnis kommenden Tatsachen, die von Einfluß auf die Frage der Anstellung des Bewerbers sein können, so insbesondere auch Erkrankungen, welche die dauernde Dienstfähigkeit zweifelhaft erscheinen lassen, sowie jede Disziplinierung eines Bewerbers dem Staatsministerium der Justiz zu berichten.

Ist der Bewerber zur Rechtsanwaltschaft zugelassen, so tritt an die Stelle der Dienstaufsichtsbehörde der Vorstand des im § 2 Abs. 3 bezeichneten Gerichts.

1. Dienstaufsichtsbehörde § 9 VO. — Die Anzeigen über Bewerber, die ihre Beschäftigung gemäß § 2 VO. außerhalb Bayerns genommen haben, werden unmittelbar dem Justizministerium vorzulegen sein.

2. Unter § 25 fallen nicht Anzeigen über ein Strafverfahren oder ein Verfahren vor der Anwaltskammer, soferne das Verfahren in Bayern geführt wird, denn hier liegt die Anzeigepflicht den staatsanwaltschaftlichen Behörden ob (§ 26 MB.).

Dagegen umfaßt die Anzeigepflicht des § 25 ein in einem anderen deutschen Bundesstaat oder im Ausland gegen einen Bewerber durchgeführtes Verfahren.

3. Die Berichte nach Abs. 2 werden auf dem Dienstwege vorgelegt § 36 MB.

4. Die Mitteilung von Tatsachen, die geeignet sind, „Disziplinareinschreitung" zu veranlassen, richtet sich nach § 6 Abs. 2 und 4 MB. vom 22. Oktober 1909 die Dienstaufsicht und das Dienststrafrecht für nichtrichterliche Beamte betr. (GVBl. 737), wenn auf den Bewerber um Anstellung Art. 164 oder 165 BG. Anwendung findet — vgl. Bem. 1 zu § 10 VO.

§ 26. Von jeder Einleitung eines Strafverfahrens gegen einen Bewerber um Anstellung im höheren Justizstaatsdienste sowie von jeder Einleitung eines ehrengerichtlichen Verfahrens gegen einen zu den Bewerbern um Anstellung im höheren Justizstaatsdienste zählenden Rechtsanwalt haben die Staatsanwälte unter Mitteilung des Sachverhalts sofort dem Staatsministerium der Justiz Anzeige zu erstatten. Sie haben weiter von Zeit zu Zeit über den Fortgang des Verfahrens zu berichten und nach der Erledigung eine Abschrift des rechtskräftigen Urteils dem Staatsministerium der Justiz vorzulegen.

1. Die erste Anzeige ist zu erstatten, sobald der Staatsanwalt mit der Sache befaßt wird.

2. Die Anzeigepflicht wird auch für die Amtsanwälte bestehen.

3. Die Oberstaatsanwälte erhalten davon, welche Rechtsanwälte noch als Bewerber im Hauptverzeichnis geführt werden, durch die nach § 2 Abs. 3 und 4 MB. ihnen zugehenden Mitteilungen Kenntnis.

4. Vorlegung der Anzeigen usw. auf dem Dienstweg! § 36 MB.

5. Im Fall eines Strafverfahrens gegen einen unter Art. 164 oder 165 BG. fallenden Bewerber — vgl. Bem. 1 zu § 10 VO. — sind §§ 10—12 MB. vom 22. Oktober 1909 die Dienstaufsicht und das Dienststrafrecht für nichtrichterliche Beamte betr. (GVBl. 737) maßgebend.

VI. § 27 zu § 11 VO.

§ 27. Die Bewerber um Anstellung im höheren Justizstaatsdienste, die nach § 11 der Verordnung verpflichtet sind, eine Geschäftsaushilfe oder eine Hilfsarbeiterstelle zu übernehmen, müssen jederzeit zur Übernahme bereit sein. Von der Übernahme eines solches Auftrages kann nur aus wichtigen Gründen entbunden werden.

Die Weigerung, einen solchen Auftrag zu übernehmen, ist sofort dem Staatsministerium der Justiz zu berichten. Sie hat die Streichung des Bewerbers aus dem Hauptverzeichnisse zur Folge.

Rechtsanwälten und geprüften Rechtspraktikanten, die sich gegen Bezahlung bei Notariaten oder Rechtsanwälten in Praxis befinden, wird der Auftrag zur Übernahme einer Geschäftsaushilfe oder einer Hilfsarbeiterstelle nur dann zugehen, wenn Aussicht besteht, daß die Funktion längere Zeit dauert oder daß bei ihrer Beendigung der Vorschlag zur Anstellung erfolgen kann.

1. S. die Bemerkungen zu § 11 VO.

2. S. a. § 33 MB.

VII. §§ 28, 29. Anzeigeerstattung

§ 28. Damit bei dem Staatsministerium der Justiz das Hauptverzeichnis der Bewerber um Anstellung im höheren Justizstaatsdienste stets richtig und vollständig geführt werden kann, muß das Staatsministerium der Justiz von jedem Eintritt eines Bewerbers in eine Praxis oder Beschäftigung sofort Kenntnis erhalten.

Um dies zu ermöglichen, wird Folgendes bestimmt:

1. Von jedem Eintritt eines geprüften Rechtspraktikanten in die Praxis bei einer bayerischen Justizbehörde und von jedem Austritte hat der Vorstand der Behörde sofort dem Staatsministerium der Justiz Anzeige zu erstatten.

2. Bewerber, die bei einem Rechtsanwalt oder bei einer anderen als einer Justizbehörde oder bei einer privaten Anstalt oder Unternehmung in Praxis oder Beschäftigung treten, haben, wenn die Praxis oder Beschäftigung in Bayern genommen wird, den Eintritt in die Praxis oder Beschäftigung und den Austritt stets binnen einer Woche der zunächst vorgesetzten Aufsichtsbehörde (§ 9 der Verordnung) anzuzeigen.

   Die Aufsichtsbehörden haben diese Anzeigen sofort dem Staatsministerium der Justiz vorzulegen.

3. Bei der Vorlegung jeder Anzeige ist das Jahr und das Ergebnis der zweiten Prüfung anzugeben.

4. Die Anzeigen sind für jeden Rechtspraktikanten gesondert zu erstatten.

5. Diese Vorschriften finden auf Anzeigen von dem Tode eines geprüften Rechtspraktikanten entsprechende Anwendung.

1. Den Rechtsanwälten ist eine Anzeige vom Wechsel der Zulassung und von der Aufgabe der Zulassung nicht zur Pflicht gemacht. Das Ministerium erhält von diesen Vorgängen ohnehin gelegentlich der Führung der Rechtsanwaltslisten und der Verbescheidung der Gesuche Kenntnis.

2. Den nicht in Bayern beschäftigten Bewerbern ist durch § 28 Abs. 2 keine Anzeigepflicht auferlegt. Allein Anzeigen über Eintritt und Austritt, sowie über einen Wechsel in der Beschäftigung werden sie gleichwohl erstatten müssen. Es kann übrigens die Erstattung von Anzeigen bei Erteilung der Genehmigung noch besonders zur Bedingung gemacht werden.

3. Zu Abs. 2 Nr. 2 vgl. § 29 MB.

4. Auch von dem Beginn und der Beendigung der Tätigkeit eines geprüften Rechtspraktikanten als Notariatsverweser ist die in § 28 Abs. 2 Nr. 1 vorgeschriebene Anzeige zu erstatten, soferne nicht von dem Eintritt des geprüften Rechtspraktikanten in die Praxis bei demselben Notariate schon Anzeige erstattet ist oder der Rechtspraktikant auch nach der Beendigung seiner Tätigkeit als Notariatsverweser die Praxis bei demselben Notariate noch fortsetzt. Die Erstattung der Anzeige liegt dem Notariat ob, also gegebenenfalls dem geprüften Rechtspraktikanten, um dessen Praxis es sich handelt, als Verweser des Notariats (Autogr. JME. vom 10. Dezember 1902 Nr. 49001).

5. Wegen Angabe des Familienstandes in den Anzeigen und der Bemerkung, ob eine Verehelichung vom dienstlichen Standpunkt gewürdigt wurde, s. § 30 Abs. 5 MB.

§ 29. Unterlassungen der in § 28 Ziff. 2 vorgeschriebenen Anzeigen haben für die geprüften Rechtspraktikanten die gleichen Nachteile wie die Unterlassung des rechtzeitigen Eintrittes oder die Unterbrechung der Praxis (§ 7) zur Folge.

1. Die Unterlassung der Anzeigen kann bewirken, daß das Justizministerium den Bewerber aus dem Hauptverzeichnisse streicht, weil nicht ersichtlich ist, ob er die Bestimmungen über Unterbrechung der Praxis beobachtet hat. Die Aufnahme kann nachträglich wieder erfolgen, wenn nachgewiesen wird, daß die Praxis richtig abgeleistet wurde, doch kann sich dadurch eine Verzögerung in der Anstellung ergeben.

2. Eine Verspätung der Anzeige kann ähnliche Folgen nach sich ziehen.

3. Unterlassung der Anzeigen oder Versäumung der Frist können auch disziplinär geahndet werden.

VIII. § 30. Verehelichung.

§ 30. Die Aufsichtsbehörden haben darüber zu wachen, daß die Königlich Allerhöchste Verordnung vom 20. August 1868, die Verehelichung der Staatsdienstaspiranten betreffend (Reg.Bl. S. 1609), beobachtet wird.

Hat sich ein geprüfter Rechtspraktikant verehelicht, ohne daß die Verehelichung vom dienstlichen Standpunkt aus gewürdigt wurde, so hat er um Aufnahme in das Hauptverzeichnis förmlich nachzusuchen. Das Gesuch ist bei dem Staatsministerium der Justiz einzureichen. Vor der Bewilligung der Aufnahme in das Hauptverzeichnis darf der Rechtspraktikant bei keiner Justizbehörde zur Fortsetzung der Praxis zugelassen werden.

Ein Bewerber um Anstellung im höheren Justizstaatsdienste, der sich verehelicht, ohne daß seine Verehelichung vom dienstlichen Standpunkt aus gewürdigt worden ist, wird vom Hauptverzeichnisse gestrichen.

Von der Verehelichung eines Bewerbers ist dem Staatsministerium der Justiz Anzeige zu erstatten. Dabei ist ausdrücklich zu bemerken, ob die Bewilligung zur Verehelichung erteilt worden ist.

In allen Anzeigen über den Eintritt eines geprüften Rechtspraktikanten in eine Praxis oder Beschäftigung ist der Familienstand anzugeben und gegebenenfalls zu bemerken, ob die Verehelichung vom dienstlichen Standpunkt aus gewürdigt wurde.

Die Rechtsanwälte sind nach Abgabe der in § 2 bezeichneten Erklärung von dem Vorstande des im § 2 Abs. 3 bezeichneten Gerichts auf die Bestimmungen der Verordnung vom 20. August 1868 ausdrücklich hinzuweisen. Dem Vorstande dieses Gerichts obliegt die Verpflichtung zu Anzeigeerstattung nach dem Absatz 4; ihm hat der Rechtsanwalt seine Verehelichung anzuzeigen.

Im übrigen finden auf die Erstattung der Anzeige von der Verehelichung eines Bewerbers und auf die Verpflichtung der Bewerber um Anstellung im höheren Justizstaatsdienst, ihre Verehelichung anzuzeigen, die Vorschriften der §§ 28, 29 entsprechende Anwendung. Ist hienach eine Behörde, der die Anzeige zu erstatten ist, nicht bestimmt, so ist sie an das Staatsministerium der Justiz unmittelbar zu richten.

1. Die MB. vom 20. August 1868 hat für die Staatsdienstaspiranten durch die Bestimmungen in Art. 17 Abs. 1 mit Art. 25 BG. ihre Geltung verloren. Die Aufsichtsbehörden haben jetzt darüber zu wachen, daß diese Bestimmungen beobachtet werden, wonach die Beamten und Staatsdienstaspiranten, die eine Ehe einzugehen beabsichtigen, dies rechtzeitig der zuständigen Behörde anzuzeigen haben.

„Die Anzeige hat nicht etwa bloß den Zweck, die Dienstbehörde von der bevorstehenden Änderung des Familienstandes in Kenntnis zu setzen, ... sondern hauptsächlich den Zweck, die Dienstbehörde in die Lage zu versetzen, noch vor der Eheschließung zu prüfen, ob gegen dieselbe nicht dienstliche Bedenken bestehen." Reindl, BG. Bem. 3 zu Art. 17. Darüber, wie lange vor der Eheschließung die Anzeige zu erstatten ist, vgl. Bem. 2 zu § 93 MB. vom 25. Oktober 1910.

2. Die zur Entgegennahme und Prüfung der Anzeige eines Staatsdienstaspiranten zuständige Behörde ist im allgemeinen die zunächst vorgesetzte Dienstaufsichtsbehörde des Anzeigenden. Die Anzeigen der bei einer bayerischen Justizbehörde beschäftigten Bewerber um Anstellung im höheren Justizstaatsdienste sind an den Vorstand dieser Behörde zu richten und von dieser zu würdigen, ausgenommen die Anzeigen der Notariatspraktikanten, deren Würdigung dem Landgerichtspräsidenten zusteht. Für die bei einem Rechtsanwalt in Bayern in Praxis stehenden Bewerber ist der Vorstand des Gerichts zuständig, bei dem der Rechtsanwalt zugelassen ist, und zwar der Vorstand des Gerichts niedererer Ordnung, wenn der Anwalt bei Gerichten verschiedener Ordnung zugelassen ist, im Falle gleichzeitiger Zulassung des Rechtsanwalts bei den Landgerichten München I und II der Präsident des Landgerichts München I. Dasselbe wird mangels einer besonderen Bestimmung für die Anzeige zu gelten haben, die ein selbst als Rechtsanwalt zugelassener Bewerber erstattet. Für Bewerber, die in Bayern nach § 2 VO. vom 4. Januar 1901, die Praxis der Bewerber um Anstellung im höheren Justizstaatsdienste betr., beschäftigt sind, ist der Präsident des Landgerichts die zuständige Stelle, in dessen Bezirk sie Beschäftigung genommen haben, während Bewerber, die außerhalb Bayerns nach § 2 dieser VO. beschäftigt sind, ihre Anzeige an das Justizministerium zu richten haben.

3. Stehen „der Verehelichung dienstliche Bedenken nicht entgegen, so kann eine Verfügung auf die Anzeige in der Regel unterbleiben. Walten aber . . . dienstliche Bedenken ob, so ist es Aufgabe der Dienstbehörde, den Beamten hierauf sowie auf die etwa eintretenden Folgen rechtzeitig aufmerksam zu machen. Der Beamte hat es dann in der Hand, von der beabsichtigten Verehelichung abzustehen oder die Folgen, die sich beispielsweise durch die Notwendigkeit einer Versetzung auf eine andere Stelle oder nötigenfalls infolge disziplinären Einschreitens ergeben, auf sich zu nehmen." (Begründung zu Art. 17 BG. — AbgKVerh. 35. LdtVers. I. Session BeilBd. III S. 59).

4. Nach der JMB. vom 24. September 1895 (JMBl. S. 234) haben die Vorstände der Gerichte, bei denen die Zulassung eines geprüften Praktikanten zur Rechtsanwaltschaft erfolgt, bei Abnahme des nach § 17 RAO. zu leistenden Eides auf die hinsichtlich der Verehelichung bestehenden Bestimmungen aufmerksam zu machen.

5. Aus Abs. 2 folgt, daß keine Justizbehörde einen verheirateten Bewerber zur Praxis aufnehmen darf, der nicht Nachweise über die dienstliche Würdigung vorlegt.

6. Im Falle des Abs. 3 kann unter nachträglicher Einholung der dienstlichen Würdigung um Wiederaufnahme in das Hauptverzeichnis nachgesucht werden.

7. Die im Abs. 4 bestimmte Anzeigepflicht wird dem Beamten obliegen, der die Dienstaufsicht führt, hinsichtlich der Rechtsanwälte dem Vorstande des im § 2 Abs. 3 MB. bezeichneten Gerichts (s. Abs. 6).

8. Die durch Abs. 7 Satz 1 im Zusammenhalte mit § 29 MB. angedrohten Nachteile treten auch ein, wenn die Verehelichung, die nicht angezeigt wurde, tatsächlich dienstlich gewürdigt worden ist.

9. Aus Abs. 7 Satz 2 dürfte hervorgehen, daß auch die außerhalb Bayerns beschäftigten Bewerber ihre Verehelichung anzuzeigen haben

IX. §§ 31, 32. Verzeichnisse.

§ 31. Die Präsidenten der Landgerichte und die Präsidenten der Oberlandesgerichte müssen stets einen Überblick über die in ihrem Bezirke in Praxis oder Beschäftigung befindlichen Bewerber um Anstellung im höheren Justizstaatsdienste besitzen.

Zu diesem Behufe haben sie

1. für jedes Gericht und jedes Notariat des Bezirks, sowie für jeden im Bezirk ihres Gerichts zugelassenen Rechtsanwalt ein gesondertes Verzeichnis der dort in Praxis stehenden geprüften Rechtspraktikanten nach dem beigefügten Formular A;
2. für die in einer sonstigen Praxis oder Beschäftigung im Gerichtsbezirke stehenden geprüften Rechtspraktikanten ein gemeinsames Verzeichnis nach dem beigefügten Formular B und
3. für die Rechtsanwälte, die Erklärungen nach § 2 abgegeben haben, ein gemeinsames Verzeichnis nach Formular C zu führen.

Diese Verzeichnisse sind auf Grund der auf dem Dienstwege dem Staatsministerium der Justiz vorzulegenden und auf diese Weise zur Kenntnis der Präsidenten der Landgerichte und Oberlandesgerichte gelangenden Anzeigen stets auf dem Laufenden zu erhalten.

Die Verzeichnisse derjenigen geprüften Rechtspraktikanten, welche sich bei einem der zur Rechtsanwaltschaft bei den Landgerichten München I und II gleichzeitig zugelassenen Rechtsanwälte in Praxis befinden, und die Verzeichnisse der gleichzeitig bei den Landgerichten München I und II zugelassenen Rechtsanwälte, die Erklärungen im Sinne des § 2 abgegeben haben, führt der Präsident des Landgerichts München I.

§ 32. Die Oberstaatsanwälte haben nach dem Formular A über die bei den Staatsanwaltschaften des Oberlandesgerichtsbezirks in Praxis stehenden und über die als Amtsanwälte aufgestellten geprüften Rechtspraktikanten Verzeichnisse zu führen.

X. § 33 zu § 11 VO.

§ 33. Die Präsidenten der Oberlandesgerichte haben ein weiteres Verzeichnis zu führen, in das sie auf Grund der von ihnen nach § 31 zu führenden Verzeichnisse und der an sie gelangenden Anzeigen diejenigen Bewerber einzutragen haben, welche auf Grund der Bestimmung im § 11 der Verordnung zur Übernahme einer Geschäftsaushilfe oder einer Hilfsarbeiterstelle herangezogen werden können.

XI. §§ 34, 35. Vorlegung der Verzeichnisse an das Staatsministerium der Justiz.

§ 34. Bis zum 15. Januar jeden Jahres haben die Landgerichtspräsidenten über den durch die Verzeichnisse nach § 31 Ziff. 1 für das abgelaufene Kalenderjahr ausgewiesenen Zu- und Abgang eine Übersicht nach dem beigefügten Formular D dem Präsidenten des Oberlandesgerichts vorzulegen. Der Präsident des Oberlandesgerichts legt sie mit den nötigen Ergänzungen nach dem von ihm geführten Verzeichnisse dem Staatsministerium der Justiz vor.

Bis zum gleichen Tage haben die Oberstaatsanwälte die Übersichten bezüglich der bei der Oberstaatsanwaltschaft und den landgerichtlichen Staatsanwaltschaften in Praxis stehenden und der als Amtsanwälte in Praxis stehenden geprüften Rechtspraktikanten dem Staatsministerium der Justiz vorzulegen.

§ 35. Bis zum 1. Februar jeden Jahres sind Abschriften der nach § 31 Ziff. 2, 3 hergestellten Verzeichnisse nach dem Stande am Schlusse des abgelaufenen Kalenderjahrs dem Staatsministerium der Justiz vorzulegen.

XII. § 36. Vorlegung auf dem Dienstweg.

§ 36. Alle nach der Verordnung und nach dieser Bekanntmachung vorgeschriebenen Vorlagen an das Staatsministerium der Justiz haben stets auf dem Dienstwege zu erfolgen.

Die Vorlegung aller von einem untergeordneten Gerichte erstatteten Anzeigen hat demgemäß durch die Hand der Oberlandesgerichtspräsidenten zu gehen. (Autogr. JME. vom 24. Januar 1901 Nr. 3995).

Formular A.

Verzeichnis

der bei dem (Amtsgerichte, Landgerichte, Notariate, Rechtsanwalte) in Praxis getretenen geprüften Rechtspraktikanten.

Fortl. Nr.	Familien- und Vorname, dann Heimat des Rechtspraktikanten	Prüfungs-		Zeit des Eintrittes			Zeit des Austrittes			Bemerkungen
		Jahr	Note	Tag	Monat	Jahr	Tag	Monat	Jahr	
1.	***Wachter*** *Franz von Tölz*	*1900*	*II* $^{21}/_{40}$	*1.*	*Januar*	*1901*	*15.*	*März*	*1901*	

Anmerkung: In das Verzeichnis sind auch diejenigen Rechtspraktikanten aufzunehmen, welche vor Bekanntgabe des Prüfungsergebnisses in Praxis getreten sind.

Formular B.

Verzeichnis

der im Bezirke des Landgerichts N. in einer sonstigen Praxis oder Beschäftigung stehenden Rechtspraktikanten nach § 31 Abs. 2 Ziff. 2 der Bekanntmachung vom 7. Januar 1901.

Fortl. Nr.	Name und Heimat des Rechtspraktikanten	Prüfungs- Jahr	Prüfungs- Note	Art der Praxis oder Beschäftigung	Zeit des Eintrittes	Zeit des Austrittes	Bemerkungen
1.	*Franz **Müller** von Hof*	*1899*	$II^{15}/_{40}$	*Stenograph beim Bureau der Kammer der Abgeordneten*	*1. Oktober 1901*	*1. April 1902*	
2.	*Hans **Meier** von Schweinfurt*	*1899*	$II^{4}/_{40}$	*Bankgeschäft von Molinari & Cie. in München*	*1. Mai 1901*		*hat Prokura*
3.	*Emil **Huber** von Erlangen*	*1899*	$II^{8}/_{40}$	*Handels- und Gewerbekammer von Oberbayern*	*1. Juni 1901*		*versieht die Stelle eines Sekretärs der Kammer*

Formular C.

K. Landgericht N.
K. Oberlandesgericht N.

Verzeichnis

der in das Hauptverzeichnis der Bewerber um Anstellung im Justizstaatsdienst aufgenommenen Rechtsanwälte.

Fortl. Nr.	Name und Heimat des Rechtspraktikanten	Prüfungs- Jahr	Prüfungs- Note	Gerichte der Zulassung	Zeit der ersten Eintragung in die Rechtsanwaltsliste	Bemerkungen
1.	*Karl* ***Gras*** *von Waldmünchen*	*1900*	*I* 10/40	*Landgericht N.*	*1. Mai 1901*	*hat am 1. Juli 1901 um Anstellung als Sekretär nachgesucht.*
2.	*Xaver* ***Beil*** *von Augsburg*	*1900*	*I* 32/40	*Landgericht und Oberlandesgericht N.*	*1. Juni 1901*	*hat am 1. Oktober 1901 auf Anstellung verzichtet.*

Formular D.

Übersicht

über den

Zu- und Abgang an geprüften Rechtspraktikanten im Bezirke des K. Landgerichts .... im Geschäftsjahre 19

Bezeichnung der I. Gerichte II. Notariate III. Rechtsanwälte	Zahl der bei dem Gerichte angestellten Richter	Zahl der am Schlusse des Geschäftsjahres 1900 in Praxis gestandenen geprüften Rechtspraktikanten	Zahl der im Geschäftsjahre 1901 eingetretenen geprüften Rechtspraktikanten	Zahl der im Geschäftsjahre 1901 ausgetretenen geprüften Rechtspraktikanten	Zahl der am Schlusse des Geschäftsjahres 1901 in Praxis gestandenen geprüften Rechtspraktikanten	Bemerkungen
I. Gerichte						
1. Landgericht N.	*10*	*3*	*1*	*3*	*1*)*	**) Hilfsarbeiter des Landgerichts-Präsidenten.*
2. Amtsgericht N.	*3*	*2*	*2*	*1*	*3*	*In nebiger Ziffer ist der zur Bereinigung des Hypothekenwesens aufgestellte Funktionär N. einbegriffen.*
3. „ N.	*2*	*1*	*1*	—	*2*	*In nebiger Ziffer ist der Anlegungskommissär einbegriffen.*
II. Notariate						
1. Notariat N.	—	*1*	—	—	*1*	
III. Rechtsanwälte.						

Anmerkung: Befinden sich unter der in Spalte 6 vorgetragenen Ziffer Rechtspraktikanten, deren Prüfungsnote noch nicht bekannt ist, so ist die Zahl derselben in Spalte 7 zu bemerken.

V. Kgl. Verordnung vom 13. April 1910 über die Dienstleistung der Bewerber um Anstellung im höheren Dienste der inneren Staatsverwaltung.

(GVBl. 169; AJMBl. 299).

---

§ 1. Die geprüften Rechtspraktikanten, die sich um Anstellung im höheren Dienste der inneren Staatsverwaltung bewerben, haben sich spätestens drei Monate nach Bekanntgabe des Ergebnisses der zweiten Prüfung für den höheren Justiz- und Verwaltungsdienst bei dem Staatsministerium des Innern anzumelden.

Dieses Staatsministerium weist sie einer Distriktsverwaltungsbehörde (Bezirksamt, Polizeidirektion München, kreisunmittelbarer Stadtmagistrat) zur Dienstleistung zu.

Nach Ablauf der im ersten Absatze bestimmten Anmeldungsfrist entscheidet das Staatsministerium des Innern nach Maßgabe des jeweiligen Bedarfs und des Prüfungsergebnisses über die endgültige Zulassung der vorläufig zugelassenen Bewerber zum Verwaltungsdienst; die nicht endgültig zugelassenen haben sodann aus dem Dienst auszutreten.

Der vom Schlusse der zweiten Prüfung bis zur endgültigen Zulassung zurückgelegte Dienst wird dem nach dieser Zulassung fortgesetzten Dienste gleichgeachtet.

1. Die VO. ist ergangen vor der Änderung der Prüfungsvorschriften für den höheren Justiz- und Verwaltungsdienst durch die VO. vom 18. Oktober 1910. Nach §§ 1, 52 und 53 VO. vom $\frac{\text{4. Juli 1899}}{\text{18. Okt. 1910}}$ kommt von den nach 1909 geprüften Praktikanten vorbehaltlich der Übergangsvorschrift in § 58 als Bewerber nur der in Betracht, dessen Gesamtnotensumme nicht mehr als 90 beträgt.

2. Bekanntgabe des Prüfungsergebnisses: § 157 MB. vom 25. Oktober 1910.

3. Über die Anmeldung nach Abs. 1 vgl. MB. Ziff. 1 Abs. 1 und 2.

4. Gesuche um ausnahmsweise nachträgliche Aufnahme in den Verwaltungsdienst MB. Ziff. 2. Die Zulassung kann schon vor der Bekanntgabe des Prüfungsergebnisses erfolgen, s. Abs. 4; die Fortsetzung der Praxis alsbald nach der Staatsprüfung hat den Vorteil, daß dem Praktikanten diese Zeit auf die der Berechnung des Ruhegehalts zu Grunde zu legende Dienstzeit angerechnet wird; er kann auf diese Weise die Anrechnung der ganzen Zeit seit Beginn des Vorbereitungsdienstes erreichen — § 10 III 2 MB. vom 22. Oktober 1909, die Versetzung der etatsmäßigen Beamten in den Ruhestand betr. (GVBl. 781).

5. Dauer der Dienstleistung nach Abs. 2 s. § 2 VO., Zweck und Art der Dienstleistung § 5 VO., MB. Ziff. 4 Abs. 1 und Ziff. 8. Über die Möglichkeit, statt dieser Dienstleistung eine andere Beschäftigung zu wählen, vgl. § 4 VO. Dienstrechtliche Stellung der nach Abs. 2 zugelassenen Praktikanten VO. §§ 6 und 7, MB. Ziff. 1 Abs. 4, Ziff. 6 und 7, 11—13, 15 und 17. Die Zulassung ist zunächst eine vorläufige — s. Abs. 3 und MB. Ziff. 1 Abs. 6.

§ 2. Der Dienst bei einer Distriktsverwaltungsbehörde hat in der Regel ein Jahr zu dauern; hiervon ist wenigstens ein halbes Jahr bei einem Bezirksamt abzuleisten.

Der Uebertritt zu einer anderen Distriktsverwaltungsbehörde ist nur mit Genehmigung des Staatsministeriums des Innern zulässig.

Die bei den Distriktsverwaltungsbehörden zugelassenen geprüften Rechtspraktikanten werden vom Staatsministerium des Innern zur Fortsetzung des Dienstes an eine Regierung, Kammer des Innern, einberufen.

1. Zur Berechnung des Jahres i. S. des Abs. 1 vgl. § 1 Abs. 4 VO.

2. Zu Abs. 3 vgl. § 2 Abs. 2 VO.

§ 3. Die Einberufung hervorragend befähigter geprüfter Rechtspraktikanten in das Staatsministerium des Königlichen Hauses und des Aeußern, das Staatsministerium des Innern oder das Staatsministerium des Innern für Kirchen- und Schulangelegenheiten bleibt diesen Staatsministerien vorbehalten.

Die an eine Regierung, Kammer des Innern, oder in ein Staatsministerium einberufenen geprüften Rechtspraktikanten führen die Bezeichnung „Regierungsakzessisten".

§ 4. Mit Genehmigung des Staatsministeriums des Innern können die geprüften Rechtspraktikanten und die Regierungsakzessisten auch bei einer Verwaltungsbehörde in einem anderen Bundesstaate oder bei einer nicht in den §§ 1 und 2 genannten Behörde oder Stelle oder bei einer öffentlichen oder privaten Anstalt oder Unternehmung, die die nötige Gewähr für gedeihliche Fortbildung gibt (z. B. größerer landwirtschaftlicher Betrieb, Bankanstalt oder größeres Bankgeschäft, Fabrik, Landwirtschaftsrat, Handels- oder Handwerkskammer, Berufsgenossenschaft, Versicherungsanstalt, Auskunftstelle) Beschäftigung nehmen, staatswissenschaftliche oder wirtschaftliche Fortbildungskurse besuchen oder zum Zwecke des Studiums der öffentlichen Einrichtungen anderer Länder oder zur weiteren Ausbildung in fremden Sprachen Reisen unternehmen.

Eine derartige Beschäftigung wird der Fortsetzung des Verwaltungsdienstes gleichgeachtet.

1. Eine Beschäftigung nach § 4 gilt ebenso als Fortsetzung der Praxis wie die Dienstleistung bei den Behörden der inneren Verwaltung und wird in Ziff. 4 MB. den Praktikanten sehr empfohlen. Das Staatsministerium des Innern wird die Genehmigung zu solcher Beschäftigung erteilen, „soweit dies mit der Ausbildung in den beruflichen Grundlagen durch den Dienst bei den Behörden und Stellen der inneren Verwaltung vereinbar ist" (Ziff. 4 Abs. 4 MB.).

2. Zuschüsse zu den durch eine Beschäftigung nach § 4 entstehenden Aufwendungen Ziff. 4 Abs. 5 MB.

3. Vgl. auch die Bem. zu Ziff. 4 MB.

4. Gleichzeitige Beschäftigung bei mehreren Stellen oder Betrieben usw. MB. Ziff. 5.

§ 5. Die Beamten der Verwaltungsstellen und -Behörden, bei denen die geprüften Rechtspraktikanten und die Regierungsakzessisten im Dienste stehen, haben dafür zu sorgen, daß die Beschäftigung ihnen volle Gelegenheit bietet, sich in allen Geschäftszweigen wissenschaftlich und praktisch genügend auszubilden und den Dienst in sachlicher und formeller Hinsicht genau kennen zu lernen.

Die Beaufsichtigung und Leitung des Dienstes obliegt den Vorständen der Stellen und Behörden.

Vgl. MB. Ziff. 8.

§ 6. Durch die Bekanntmachung vom 8. Juni 1909 (GVBl. S. 386) sind die bei den Staatsbehörden der inneren Verwaltung verwendeten geprüften Rechtspraktikanten und Akzessisten zu Beamten im Sinne des Art. 1 des Beamtengesetzes erklärt worden.

Sie unterstehen demgemäß in Bezug auf Dienstaufsicht und Disziplin den Bestimmungen des Beamtengesetzes und der hierzu erlassenen Vollzugsvorschriften.

Diese Bestimmungen sind auch auf die bei den kreisunmittelbaren Stadtmagistraten im Dienste stehenden geprüften Rechtspraktikanten entsprechend anzuwenden.

Geprüfte Rechtspraktikanten und Regierungsakzessisten, die nicht bei einer bayerischen Staatsbehörde oder einem bayerischen kreisunmittelbaren Stadtmagistrate verwendet sind, unterstehen unmittelbar der Disziplin des Staatsministeriums des Innern.

1. Das BG. enthält in Art. 102—104 Bestimmungen über Dienstaufsicht; sie gelten für unwiderrufliche Beamte sowohl wie für widerrufliche, also auch für die zu Beamten erklärten Verwaltungsdienstaspiranten, die geprüften Rechtspraktikanten und Akzessisten, die bei einem Bezirksamte, der Polizeidirektion München, einer Kreisregierung oder einem der drei in § 3 genannten Ministerien verwendet sind.

Was das Dienststrafrecht für diese widerruflichen Beamten anlangt, so erklärt Art. 164 BG. von den für die unwiderruflichen Beamten in Art. 105 ff. getroffenen Bestimmungen die Art. 105—107, 111—117 für entsprechend anwendbar; dazu kommen noch Art. 168 und 169.

Vollzugsvorschriften: VO. vom 10. Dezember 1908, den Vollzug des BG. betr., §§ 16 und 17 (GVBl. 1041), MB. vom 22. Oktober 1909 die Dienstaufsicht und das Dienststrafrecht für nichtrichterliche Beamte betr. (GVBl. 737).

2. Die gleichen Bestimmungen regeln das Dienststrafrecht für die nicht zu Beamten erklärten Staatsdienstaspiranten — Art. 165 BG., während für die Dienstaufsicht über diese das BG. Bestimmungen nicht enthält. Die Frage, ob die nicht bei einer staatlichen Behörde verwendeten Rechtspraktikanten als Staatsdienstaspiranten i. S. des BG. gelten können und unter Art. 165 BG. fallen (vgl. Bem. 1 zu § 32 VO. vom $\frac{\text{4. Juli 1899}}{\text{18. Okt 1910}}$ und Bem. 1 zu § 10 VO. vom 4. Januar 1901), ist für die bei den kreisunmittelbaren Stadtmagistraten im Dienste stehenden geprüften Rechtspraktikanten gegenstandslos wegen der Bestimmung in Abs. 3.

Was die Dienstaufsicht über die nicht unter Abs. 1 fallenden Bewerber anlangt, so erklärt Abs. 3 die Bestimmungen des BG. und der hierzu erlassenen Vollzugsvorschriften für entsprechend anwendbar auf die bei den unmittelbaren Stadtmagistraten im Dienste stehenden geprüften Praktikanten. Für die in Abs. 4 bezeichneten Bewerber ist der Natur der Sache nach Raum für die Ausübung einer Dienstaufsicht i. S. des BG. kaum gegeben.

3. Dienstaufsicht und Disziplin über die gepr. Rechtspraktikanten bei einem kreisunmittelbaren Stadtmagistrat stehen dem Magistratsvorstande zu — MB. Ziff. 7.

§ 7. Die bei einer bayerischen Verwaltungsstelle oder -Behörde im Dienste stehenden geprüften Rechtspraktikanten und Regierungsakzessisten sind verpflichtet, jederzeit eine Geschäftsaushilfe oder eine Hilfsarbeiterstelle bei einer bayerischen Verwaltungsstelle oder -Behörde zu übernehmen. Diese Beschäftigung gilt als Fortsetzung des Dienstes im Sinne der §§ 1 und 2.

Bezüglich der Gewährung von Vergütungen, Tagegeldern und Reisekosten im Falle der Einberufung zur Geschäftsaushilfe oder auf Hilfsarbeiterstellen sind die jeweils geltenden Vorschriften maßgebend.

Nicht alle Bewerber sind verpflichtet, eine Geschäftsaushilfe oder Hilfsarbeiterstelle zu übernehmen, sondern nur die bei einer bayerischen Verwaltungsstelle oder -behörde im Dienste stehenden; der Kreis der Verpflichteten ist enger gezogen als in § 11 VO. vom 4. Januar 1901 für die Bewerber um Anstellung im höheren Justizstaatsdienste. Die Verpflichteten müssen jederzeit zur Übernahme bereit sein; nur aus wichtigen Gründen können sie davon entbunden werden — Ziff. 13 MB.

§ 8. Das Staatsministerium des Innern wird mit dem Vollzuge dieser Verordnung und mit der Erlassung der erforderlichen Uebergangsvorschriften beauftragt sowie zur Erteilung der etwa veranlaßten Dispensationen ermächtigt.

Auf Grund dieses Paragraphen erging die im Anschluß an die VO. abgedruckte MB. vom 16. April 1910.

Übergangsvorschriften Ziff. 18 MB.; die bisherigen Vorschriften über den Dienst der Bewerber um Anstellung im höheren Dienste der inneren Staatsverwaltung sind aufgehoben — Ziff. 20 MB.

§ 9. Die §§ 1 und 2 finden erstmals Anwendung auf diejenigen Rechtspraktikanten,

1. die sich der zweiten Prüfung im Dezember 1909 unterzogen haben,
2. die zwar diese Prüfung schon in einem früheren Jahre bestanden haben, aber erst nach Schluß der Prüfung des Jahres 1909 bei einer Behörde oder Stelle der inneren Verwaltung in Dienst getreten sind oder sich zum Dienst angemeldet haben.

Im übrigen tritt diese Verordnung mit den in den Uebergangsvorschriften enthaltenen Maßgaben sofort in Wirksamkeit.

Übergangsvorschriften — Ziff. 18 MB.

VI. Bekanntmachung des Staatsministeriums des Innern vom 16. April 1910 über die Dienstleistung der Bewerber um Anstellung im höheren Dienste der inneren Staatsverwaltung.

(MABl. 303).

Zum Vollzuge der Kgl. Verordnung vom 13. April 1910 (GVBl. S. 169) werden auf Grund des § 8 folgende Vorschriften erlassen:

1.

Die Anmeldung nach § 1 Abs. I der Verordnung ist unmittelbar bei dem Staatsministerium des Innern einzureichen.

Mit der Anmeldung kann ein Gesuch um Zuteilung zu bestimmten Distriktsverwaltungsbehörden verbunden werden, das durch Angabe der für das Gesuch maßgebenden persönlichen Verhältnisse zu begründen ist. Derartige Gesuche werden soweit tunlich berücksichtigt werden.

In gleicher Weise steht es den geprüften Rechtspraktikanten frei, vor Beendigung des Dienstes bei der Distriktsverwaltungsbehörde um Zuteilung zu einer bestimmten Regierung, Kammer des Innern, nachzusuchen.

Die geprüften Rechtspraktikanten, die vom Staatsministerium des Innern gemäß § 1 Abs. II der Verordnung einer Distriktsverwaltungsbehörde zur Dienstleistung zugewiesen worden sind oder gemäß § 4 der Verordnung mit Genehmigung des Staatsministeriums des Innern anderweitige Beschäftigung nehmen, werden als Bewerber um Anstellung im höheren Dienste der inneren Staatsverwaltung in das bei dem Staatsministerium des Innern geführte Bewerberverzeichnis eingetragen.

Für jeden vom Staatsministerium des Innern gemäß § 1 Abs. II einer Distriktsverwaltungsbehörde zur Dienstleistung zugewiesenen geprüften Rechtspraktikanten hat der Vorstand der Behörde einen Personalbogen nach dem Muster Beilage I an die vorgesetzte Regierung, Kammer des Innern, und an das Staatsministerium des Innern einzusenden; die gemäß § 4 der Verordnung anderweitig beschäftigten geprüften Rechtspraktikanten haben diesen Personalbogen dem Staatsministerium des Innern unmittelbar vorzulegen.

Die vorläufig zugelassenen Bewerber, die nach Ablauf der Anmeldungsfrist zum Verwaltungsdienste nicht endgültig zugelassen werden und demgemäß aus dem Dienste auszutreten haben, werden aus dem Bewerberverzeichnisse gestrichen.

Setzt ein Praktikant die Praxis vor Bekanntgabe des Prüfungsergebnisses fort (§ 1 Abs. 4 VO.), so wird die Zuweisung zu einer Distriktsverwaltungsbehörde hinfällig, sobald feststeht, daß die Prüfung nicht mit Erfolg abgelegt ist. In diesem Falle kann der von der Prüfung bis zur Bekanntgabe des Ergebnisses geleistete Dienst, wenn der Praktikant die Prüfung wiederholen will, auf die sechsmonatige Fortsetzung des Vorbereitungsdienstes angerechnet werden, die § 54 der VO. vom $\frac{\text{4. Juli 1899}}{\text{18. Okt. 1910}}$ fordert; aber zur Anrechnung bedarf es ministerieller Genehmigung nach § 59 Satz 2 a. a. O., da § 54 eine Fortsetzung des Vorbereitungsdienstes nach der Bekanntgabe des Prüfungsergebnisses verlangt.

Anmeldung nach der in § 1 VO. vorgesehenen Frist: vgl. Ziff. 2 MB.

2.

Ein geprüfter Rechtspraktikant, der die Anmeldungsfrist des § 1 der Verordnung versäumt hat und um ausnahmsweise nachträgliche Aufnahme in den Verwaltungsdienst nachsucht, hat dem Staatsministerium des Innern Zeugnisse darüber vorzulegen, wie er sich seit der zweiten Prüfung beschäftigt und geführt hat. Im übrigen findet der § 1 Anwendung.

3.

Ein geprüfter Rechtspraktikant oder ein Regierungsakzessist, der die Dienstleistung oder Beschäftigung länger als drei Monate ohne Genehmigung des Staatsministeriums des Innern unterbrochen hat, wird aus dem Bewerberverzeichnisse gestrichen.

Auf seine Wiederaufnahme in den Verwaltungsdienst finden die §§ 1 und 2 entsprechende Anwendung.

1. Über Unterbrechung durch Urlaub, Krankheit oder militärische Übungen vgl. Ziff. 11 Abs. 2 und die dort angeführten Bestimmungen.

2. Die Bestimmungen, die nach Abs. 2 entsprechende Anwendung finden sollen, sind wohl die in Ziff. 1 und 2 MB., nicht die in §§ 1 und 2 VO.

4.

Es liegt ebenso im Interesse der inneren Staatsverwaltung wie der geprüften Rechtspraktikanten selbst, daß diese sich vor ihrer Anstellung eine möglichst umfassende und gründliche Ausbildung in allen Zweigen des Verwaltungsdienstes und eine allseitige Kenntnis des praktischen Lebens aneignen.

Eine zeitweise Beschäftigung im Sinne des § 4 der Verordnung wird dazu beitragen, ihre Ausbildung zu fördern, ihren Blick zu erweitern und die für ihren künftigen Beruf dringend gebotene Kenntnis des praktischen Lebens zu vertiefen.

In dieser Beziehung wird insbesondere auf die Ministerialbekanntmachung vom 1. April 1908 (MABl. S. 169) und auf die alljährlich in Berlin, Köln und Frankfurt a. M. stattfindenden staatswissenschaftlichen und wirtschaftlichen Fortbildungskurse hingewiesen.

Die Genehmigung zu solcher Beschäftigung wird vom Staatsministerium des Innern erteilt werden, soweit dies mit der Ausbildung in den beruflichen Grundlagen durch den Dienst bei den Behörden und Stellen der inneren Verwaltung vereinbar ist.

Zuschüsse zu den durch eine Beschäftigung entstehenden Aufwendungen wird erforderlichen Falles das Staatsministerium des Innern nach Maßgabe der verfügbaren Etatsmittel gewähren.

Die Beschäftigung bei der Kanzlei der Kammer der Reichsräte, im Bureau der Kammer der Abgeordneten, im Landtagsarchivariat oder im Stenographischen Bureau des Landtags oder Reichstags gilt als Beschäftigung im Sinne des § 4 der Verordnung.

1. Vgl. VO. § 4 und Bem. 1 hierzu.

2. Ziff. 4 enthält keine allgemeine Genehmigung zu einer Beschäftigung i. S. des § 4 VO.; diese Genehmigung hat sich das Ministerium für den einzelnen Fall vorbehalten. Mit der im Anhang abgedruckten MB. vom 1. April 1908 ist ebenso, wie dies für die Bewerber um Anstellung im höheren Justizstaatsdienst mit der MB. vom 5. November 1907 geschehen ist (s. Anhang), ein inzwischen mehrfach ergänztes Verzeichnis von Betrieben, Anstalten usw. bekannt gegeben

worden, bei denen die Verwaltungsdienstaspiranten Beschäftigung i. S. des § 4 VO. finden können; während jene keiner besonderen Genehmigung zum Eintritt bei einem solchen Betriebe bedürfen (Abs. 5 MB. vom 5. November 1907), werden diese durch Ministerialentschließung dem Betriebe zugewiesen (Abs. 5 MB. vom 1. April 1908).

3. Die Beschäftigung bei den in Abs. 6 bezeichneten Stellen gilt als Beschäftigung i. S. des § 4 VO., bedarf also der ministeriellen Genehmigung (anders § 3 JMB. vom 7. Januar 1901 für die Justizdienstaspiranten).

5.

Die Dienstleistung oder Beschäftigung soll in der Regel gleichzeitig nur bei einer Stelle, Behörde, Anstalt oder Unternehmung erfolgen. Ausnahmen bedürfen der Genehmigung des Staatsministerium des Innern.

Gleichzeitige Beschäftigung bei einer Stelle oder Behörde und bei einer privaten Anstalt oder Unternehmung wird nicht gestattet werden.

6.

Beim Eintritt in den Dienst bei einer Verwaltungsbehörde sind die geprüften Rechtspraktikanten gemäß Art. 23 des Beamtengesetzes und § 8 der Kgl. Verordnung vom 10. Dezember 1908, den Vollzug des Beamtengesetzes betreffend (GVBl. S. 1044), eidlich zu verpflichten.

Beim Austritt eines geprüften Rechtspraktikanten aus dem Dienste bei einer Verwaltungsbehörde hat der Vorstand der Behörde nach Anhörung der Beamten, denen der Rechtspraktikant zur besonderen Aufsicht zugeteilt war, ein Zeugnis über die Dauer der Dienstleistung, über das dienstliche und außerdienstliche Verhalten sowie über die Leistungen des Rechtspraktikanten und die hierbei etwa hervorgetretenen Mängel auszustellen und zu dem unter dem persönlichen Verschlusse des Amtsvorstandes zu haltenden Personalakte des Rechtspraktikanten zu nehmen.

Beim Uebertritt eines geprüften Rechtspraktikanten zu einer anderen Behörde ist der Personalakt dem Vorstand dieser Behörde zu übersenden.

1. Absatz 1 unterscheidet nicht zwischen dem Eintritt in den Dienst bei einer staatlichen und dem bei einer anderen Verwaltungsbehörde (einem kreisunmittelbaren Stadtmagistrat). Die bei einer staatlichen Verwaltungsbehörde Eingetretenen sind zu Beamten erklärt, die andern nicht (vgl. § 6 VO.). Art. 23 BG. findet indessen auch auf die letzteren Anwendung (Art. 25) und § 8 VO. vom 10. Dezember 1908 schreibt für beide Klassen einen besonderen Eid vor. Je nachdem der Diensteintritt bei einer staatlichen Behörde oder einem kreisunmittelbaren Stadtmagistrat erfolgt, ist der eine oder andere der beiden Eide zu leisten.

2. Wer von einer staatlichen Behörde zu einer anderen übertritt und den Beamteneid schon geleistet hat, braucht ihn nicht noch einmal zu leisten (Art. 23 Abs. 2 BG.). Wer bisher nur den Staatsdienstaspiranteneid geleistet hat, muß bei dem Eintritt in den Dienst bei einer staatlichen Verwaltungsbehörde den Beamteneid leisten. Wer im Vorbereitungsdienst den Staatsdienstaspiranteneid auf Grund des § 29 VO. vom $\frac{\text{4. Juli 1899}}{\text{18. Okt. 1910}}$ geleistet hat, wird ihn, wenn er nach der Staatsprüfung bei dem Magistrat einer unmittelbaren Stadt den Dienst fortsetzt, nicht noch einmal zu leisten haben; der Abs. 2 des Art. 23 BG. findet auf Staatsdienstaspiranten entsprechende Anwendung (Art. 25). Dagegen ist einem Bewerber, der nach § 29 VO. vom 4. Juli 1899 (alter Fassung) vereidigt ist, der Staatsdienstaspiranteneid nach § 8 VO. vom 10. Dezember 1908 abzunehmen.

7.

Die Dienstaufsicht und die Disziplin über die bei einem kreisunmittelbaren Stadtmagistrat im Dienste stehenden geprüften Rechtspraktikanten (§ 6 Abs. III der Verordnung) steht dem Magistratsvorstande zu.

Vgl. VO. § 6 Abs. 3.

8.

Auf den Dienst der geprüften Rechtspraktikanten bei den Verwaltungsbehörden finden die §§ 81, 82 und 91 der Ministerialbekanntmachung vom 6. Juli 1899 (MABl. S. 261) entsprechende Anwendung.

Die geprüften Rechtspraktikanten sind während ihrer Dienstleistung bei einer Verwaltungsbehörde unter besonderer Beachtung des Hauptzweckes ihrer Dienstleistung, d. i. ihrer allseitigen praktischen und wissenschaftlichen Fortbildung zur Erledigung der laufenden Geschäfte der Behörde heranzuziehen.

Von den im Abs. 1 angeführten Bestimmungen sind §§ 81 und 82 oben in Bem. 1 zu § 15 MB. vom 7. Januar 1901 abgedruckt; § 91 lautet: „Bei der Einrichtung des Vorbereitungsdienstes bei den Verwaltungsbehörden ist darauf Bedacht zu nehmen, daß die Rechtspraktikanten, nachdem sie über alle auf den Vorbereitungsdienst bei den Verwaltungsbehörden sich beziehenden Anordnungen belehrt worden sind (§ 90), zunächst einen Einblick in den formalen Geschäftsgang erlangen, und dann durch alle Geschäftszweige in solcher Weise geleitet werden, daß sie die Aufgabe und den Umfang eines jeden Zweiges genügend kennen lernen.

Die Amtsvorstände haben darauf zu halten, daß die Rechtspraktikanten auch bei der Anfertigung schwierigerer und umfangreicherer Beschlüsse und Verfügungen Verwendung finden. Ergibt sich hierzu während des Vorbereitungsdienstes eines Rechtspraktikanten keine ausreichende Gelegenheit, so sind ihm bereits abgeschlossene, für diesen Zweck geeignete Akten, nachdem die ergangenen Beschlüsse oder Bescheide daraus entfernt oder durch Versiegelung dem Rechtspraktikanten unzugänglich gemacht wurden oder besonders konstruierte praktische Fälle (vgl. § 87 Abs. 3) mit dem Auftrage vorzulegen, die Entscheidung zu treffen. Der Beamte, dem der Rechtspraktikant zur besonderen Aufsicht zugeteilt ist, hat diese Arbeiten zu prüfen und mit dem Rechtspraktikanten zu besprechen.

Zu Ende jedes Jahres haben die Amtsvorstände über die Zahl der Rechtspraktikanten, die im Laufe des Jahres bei der Behörde im Vorbereitungsdienste standen, über dessen Einrichtung und über die erzielten Ergebnisse an die Kreisregierung zu berichten. Hierbei haben die Bestimmungen im § 84 Abs. 5, 6 entsprechende Anwendung zu finden.

Die Kreisregierung hat über etwa wahrgenommene Unregelmäßigkeiten oder Nachlässigkeiten in der Ausbildung der Rechtspraktikanten an das Staatsministerium des Innern zu berichten."

Vgl. §§ 84, 85 und 100 ff. MB. vom 25. Oktober 1910.

9.

Den bei den Verwaltungsbehörden im Dienste stehenden geprüften Rechtspraktikanten ist die Teilnahme an den praktischen Uebungen zu gestatten, die nach § 92 der Ministerialbekanntmachung vom 6. Juli 1899 (MABl. S. 261) stattfinden; es können auch besondere Uebungen für sie abgehalten werden.

Über die Abhaltung der praktischen Übungen vgl. jetzt §§ 101, 102 MB. vom 25. Oktober 1910; nach § 101 IV wird bei der Zuteilung der geprüften Rechtspraktikanten (§ 1 Abs. 2 VO.) auf die Bezirksämter, bei denen gemeinschaftliche Übungen abgehalten werden, entsprechend Rücksicht genommen werden.

10.

Bei den Regierungen, Kammern des Innern, sind vom Staatsministerium des Innern Fortbildungskurse für die Regierungsakzessisten und die am Regierungssitze oder in dessen Nähe wohnenden geprüften Rechtspraktikanten eingerichtet.

Zur Teilnahme an diesen Kursen sind die bei der Regierung, Kammer des Innern, und bei den am Regierungssitze befindlichen Verwaltungsbehörden im Dienste stehenden Regierungsakzessisten und geprüften Rechtspraktikanten verpflichtet; den übrigen am Regierungssitze oder in dessen Nähe wohnenden geprüften Rechtspraktikanten kann die Teilnahme gestattet werden.

Die bei den Regierungen eingerichteten Kurse sind gemeinsam für die Staatsdienstaspiranten der Justiz, der Verwaltung und der Finanz. Sie wollen der steigenden technischen und wirtschaftlichen Entwicklung der letzten Jahrzehnte Rechnung tragend auf eine bessere Einführung in das praktische Leben hinwirken. Das Mittel hierzu sind hauptsächlich Vorträge und Besichtigungen. Den in der Nähe des Regierungssitzes wohnenden Teilnehmern kann der Ersatz der Kosten der Fahrt zum Regierungssitz in Aussicht gestellt werden. Die Teilnehmer an Besichtigungen und Ausflügen sind gegen Unfall versichert und erhalten die Kosten der Fahrt ersetzt. Über diese und andere Veranstaltungen zur Fortbildung der Verwaltungsbeamten vgl. BlAdmPr. 60, 95.

11.

Die bei einer bayerischen Verwaltungsbehörde im Dienste stehenden geprüften Rechtspraktikanten und Regierungsakzessisten dürfen sich ohne Genehmigung des Amtsvorstandes nicht über 24 Stunden vom Amtssitz entfernen.

Urlaub kann ihnen in jedem Jahre bis zur Dauer von drei Wochen vom Amtsvorstand erteilt werden. Gesuche um Erteilung eines Urlaubs von mehr als drei Tagen sind schriftlich anzubringen und zu bescheiden. Im übrigen finden die §§ 5, 6, 8, 9, 10, 11 und 12 der Ministerialbekanntmachung vom 14. Juli 1909, die Sonntagsruhe und den Urlaub der Staatsbeamten betreffend (GVBl. S. 427), entsprechende Anwendung.

12.

Die Dienstaufsichtsbehörde hat die zu ihrer Kenntnis kommenden Tatsachen, die von Einfluß auf die Frage der Anstellung des Bewerbers sein können, so insbesondere Erkrankungen, die die dauernde Dienstfähigkeit als zweifelhaft erscheinen lassen, sowie jede Disziplinierung eines Bewerbers dem Staatsministerium des Innern anzuzeigen.

13.

Die Bewerber um Anstellung im höheren Dienste der inneren Staatsverwaltung, die nach § 7 der Verordnung verpflichtet sind, eine Geschäftsaushilfe oder eine Hilfsarbeiterstelle bei einer bayerischen Verwaltungsstelle oder -Behörde zu übernehmen, müssen jederzeit zur Übernahme bereit sein. Von der Übernahme eines solchen Auftrags kann nur aus wichtigen Gründen entbunden werden.

14.

Das Ableben eines geprüften Rechtspraktikanten oder eines Regierungsakzessisten ist auf dem Dienstwege dem Staatsministerium des Innern anzuzeigen.

15.

Die in die Bewerberliste aufgenommenen geprüften Rechtspraktikanten und Regierungsakzessisten, die eine Ehe einzugehen beabsichtigen, haben spätestens sechs Wochen vor der Eheschließung ihr Vorhaben unter Bezeichnung der Braut anzuzeigen. Die Anzeige ist zu erstatten:

1. dem Amtsvorstande, wenn der Bräutigam bei einer bayerischen Staatsbehörde oder einem bayerischen kreisunmittelbaren Stadtmagistrate verwendet ist,
2. dem Staatsministerium des Innern in allen anderen Fällen.

Wenn der Eingehung der Ehe kein dienstliches Bedenken entgegensteht, wird dies dem Bräutigam schriftlich eröffnet; andernfalls wird ihm bekanntgegeben, daß er bei Verwirklichung seines Vorhabens die Entlassung aus dem Verwaltungsdienst und die Streichung aus der Bewerberliste zu gewärtigen habe.

Geprüfte Rechtspraktikanten und Regierungsakzessisten, die eine Ehe schließen, ohne die vorgeschriebene Anzeige erstattet zu haben, können aus dem Verwaltungsdienste entlassen und aus der Bewerberliste gestrichen werden; eine Eheschließung, die ungeachtet der Eröffnung über entgegenstehende dienstliche Bedenken erfolgt, hat die nach dem vorigen Absatz angedrohten Nachteile zur Folge.

Von der Eheschließung eines in die Bewerberliste aufgenommenen geprüften Rechtspraktikanten und Regierungsakzessisten ist dem Staatsministerium des Innern Anzeige zu erstatten, und zwar im Falle des Abs. I Ziff. 1 vom Amtsvorstand, im Falle des Abs. I Ziff. 2 von dem geprüften Rechtspraktikanten oder Akzessisten selbst.

Die MB. vom 20. August 1868, die Verehelichung der Staatsdienstaspiranten betr., kommt nicht mehr in Betracht.

16.

Die Regierungen, Kammern des Innern, haben

1. für jede Distriktsverwaltungsbehörde ein gesondertes Verzeichnis der dort im Dienste stehenden geprüften Rechtspraktikanten nach dem Muster Beilage II,

2. für die im Regierungsbezirke in einer sonstigen Beschäftigung nach § 4 der Verordnung stehenden geprüften Rechtspraktikanten und Akzessisten ein gemeinsames Verzeichnis nach dem Muster Beilage III und
3. für die bei der Regierung, Kammer des Innern, im Dienste stehenden Regierungsakzessisten ein Verzeichnis nach dem Muster Beilage IV

zu führen und auf dem Laufenden zu erhalten.

17.

Die Qualifikation der bei den bayerischen Behörden und Stellen der inneren Verwaltung verwendeten geprüften Rechtspraktikanten und Regierungsakzessisten hat nach den Grundsätzen der Ministerialentschließungen vom 23. Juli 1901 (MABl. S. 351), 17. März 1910 (MABl. S. 232) und 17. März 1910 Nr. 1024/3 alle zwei Jahre — vorbehaltlich außerterminlicher Qualifikation aus besonderem Anlasse — stattzufinden.

Hierbei ist das Muster Beilage V zu verwenden. Die Veränderungsübersichten sind nach dem der Ministerialentschließung vom 23. Juli 1901 beigegebenen Formblatt A aufzustellen; jedoch hat die vorletzte Spalte zu lauten: „Gutachten über die Anstellungsfähigkeit."

Die Qualifikationslisten sind unter dem persönlichen Verschlusse des Amtsvorstandes zu halten.

Vgl. Art. 102 BG., der nach § 6 Abs. 3 BO. auch auf die nicht zu Beamten erklärten Bewerber bei den unmittelbaren Stadtmagistraten Anwendung findet.

18.

Die bereits zum Dienste bei den Regierungen, Kammern des Innern, endgültig zugelassenen geprüften Rechtspraktikanten und Regierungsakzessisten sowie diejenigen Rechtspraktikanten, die die zweite Staatsprüfung vor dem Jahre 1909 bestanden haben und schon vor dem Schlusse der Prüfung des Jahres 1909 bei einer bayerischen Behörde oder Stelle der inneren Verwaltung in Dienst getreten sind oder sich zum Dienste angemeldet haben, gelten als Bewerber um Anstellung im höheren Dienste der inneren Staatsverwaltung und werden in das beim Staatsministerium des Innern geführte Bewerberverzeichnis eingetragen.

Für die noch nicht zum Regierungsdienste zugelassenen Bewerber der bezeichneten Art sind alsbald Personalbogen nach dem Muster Beilage I der vorgesetzten Regierung, Kammer des Innern, und dem Staatsministerium des Innern, vorzulegen.

Vgl. VO. § 9.

19.

Die Bezüge der geprüften Rechtspraktikanten und der Regierungsakzessisten bestimmt das Staatsministerium des Innern nach Maßgabe der verfügbaren Etatsmittel.

20.

Die bisherigen Vorschriften über den Dienst der Bewerber um Anstellung im höheren Dienste der inneren Staatsverwaltung sind durch die Verordnung vom 13. April 1910 als aufgehoben zu erachten.

Zu diesen Vorschriften gehören insbesondere, soweit sie nicht schon durch frühere Bestimmungen aufgehoben oder abgeändert wurden:

die Vorschriften über den Akzeß bei den Regierungen, Kammern des Innern, namentlich die Kgl. Verordnung vom 5. Dezember 1850 (RegBl. S. 945; Weber, Bd. IV S. 199), die Ministerialentschließung vom 23. März 1852 (Weber, Bd. IV S. 200), die Ministerialbekanntmachung vom 8. Februar 1875 (GVBl. S. 103; Weber, Bd. IV S. 199), die Ministerialentschließung vom 9. Februar 1875 (Weber, Bd. X S. 587);

die Vorschriften über die Qualifikation der Verwaltungsdienstaspiranten, namentlich die Ministerialentschließung vom 7. Dezember 1841 (Döllinger, Bd. XXXII S. 40), die Ministerialentschließung vom 30. Mai 1851 (Döllinger, Bd. XXXII S. 58), die Ministerialentschließung vom 24. April 1853 Nr. 6615, die Ministerialentschließung vom 21. Dezember 1862 (Weber, Bd. VI S. 130), die Ministerialentschließung vom 28. November 1867 (Weber, Bd. VII S. 158), die Ministerialentschließung vom 14. Dezember 1867 (Weber, Bd. VII S. 166);

ferner die Ministerialentschließung vom 17. Februar 1865, die Vorbildung für den Dienst der inneren Verwaltung betreffend (Weber, Bd. VI S. 415), die Ministerialentschließung vom 31. Dezember 1870, die Verpflichtung der Rechtspraktikanten bei den Bezirksämtern betreffend (Weber, Bd. VIII S. 697) und die Ministerialentschließung vom 4. Juli 1878 (Weber, Bd. XII S. 385).

Beilage I.

(Seite 1).

Personalbogen

des

geprüften Rechtspraktikanten

....

(Seite 2).

Vor- und Zuname:	
Geburtstag:	
Geburtsort:	
Heimat:	
Religion:	
ledig oder verheiratet:	
Vor- und Zuname des Vaters:	
Stand des Vaters:	
Angabe, ob beide Eltern am Leben:	
Zeit der juristischen Studien:	
Ort der juristischen Studien:	
Jahr der ersten Prüfung:	
Vorbereitungsdienst:	
bei Gerichten:	
bei Verwaltungsbehörden:	
in der Rechtsanwaltschaft:	

Gesamtzeit des Vorbereitungsdienstes:	Vom .... bis ....
Jahr der zweiten Prüfung:	....
Bei welcher Regierung:	....
Hauptnote im Justizfache:	....

(Seite 3).

Hauptnote im Verwaltungsfache:	....
Gesamtnote:	....
Gesamtnebennote für Stil und Darstellungsgabe:	....
Platz:	der .... unter .... Kandidaten
Angabe, ob Vordatierung erfolgt:	....
Angabe, wo seit der zweiten Prüfung verwendet:	....
Angabe, bei welcher Behörde zugelassen:	....
Sprachkenntnisse:	....
Gesundheitsverhältnisse:	....
Vermögensverhältnisse:	....
Ob im elterlichen Unterhalt oder im Besitz eigenen Vermögens:	....
Militärverhältnisse:	....
Tag der Ministerialentschließung, mit der die Zulassung zur Dienstleistung erfolgte:	....
Tag des Eintritts und der Verpflichtung:	....

Beilage II.

Verzeichnis

der bei (dem Bezirksamte, der Polizeidirektion München, dem Stadtmagistrate) im Dienste stehenden geprüften Rechtspraktikanten.

Nr.	Familien- u. Vorname, dann Heimat des Rechtspraktikanten	Prüfungs-		Zeit des Eintritts			Zeit des Austritts			Bemerkungen
		Jahr	Note	Tag	Monat	Jahr	Tag	Monat	Jahr	

Anmerkung. In das Verzeichnis sind auch diejenigen Rechtspraktikanten aufzunehmen, die vor Bekanntgabe des Prüfungsergebnisses in den Dienst eingetreten sind.

Beilage III.

Verzeichnis

der im Regierungsbezirke ....
in einer Beschäftigung nach § 4 der Kgl. Verordnung vom 13. April 1910 stehenden geprüften Rechtspraktikanten und Regierungsakzessisten.

Nr.	Familien- u. Vorname, dann Heimat des Rechtspraktikanten	Prüfungs-		Art der Beschäftigung	Tag des Eintritts	Tag des Austritts	Bemerkungen
		Jahr	Note				

Verzeichnis

der bei der Regierung ....

Kammer des Innern, im Dienste stehenden Regierungsakzessisten.

Nr.	Familien- u. Vorname, dann Heimat des Regierungs-akzessisten	Prüfungs-		Zeit des Eintritts			Zeit des Austritts			Bemerkungen
		Jahr	Note	Tag	Monat	Jahr	Tag	Monat	Jahr	

Beilage V.

Prüfungsjahr: .... der ...... te unter .... Kandidaten.

....

geboren den .... 18 ...... in ....

beheimatet in .... Religion: ....

ob ledig oder verheiratet: ....

....

Name und Stand des Vaters: ....

....

Angabe, ob Eltern am Leben: ....

Zeit und Ort d. juristischen Studien	Jahr der ersten Prüfung	Dauer des Vorbereitungsdienstes	Tag und Inhalt der Zeugnisse
		a) bei Gerichten: .... b) b. Verwaltungsbehörden: .... c) in der Rechtsanwaltschaft: .... abgeleistet vom ...... bis	

Ergebnis der im Jahre ...... im Regierungsbezirke ...... bestandenen zweiten Prüfung

Hauptnote im Justizfache	Hauptnote im Verwaltungsfache	Gesamtnote	Gesamtnebennote für Stil und Darstellung	Bemerkungen

Behörden, bei denen der Praktikant seit der zweiten Prüfung verwendet war, dann dermalige Eigenschaft oder Verwendung	Qualifikationsnoten a) der Behörde, b) der Regierung									Besondere Qualifikationsnote in Hinsicht auf wissenschaftliche Bestrebungen und auf Fortbildung in dem Fache
	Anlagen	Kenntnisse	Geschäftsgewandtheit	Fleiß	Vortrag: schriftlicher	Vortrag: mündlicher	Treue u. Anhänglichkeit an Thron und Verfassung	Sittliches Verhalten	Hauptnote	

Besondere Angabe über:

a) **die persönlichen Eigenschaften, insbesondere das äußere Benehmen,**

b) **Sprachkenntnisse,**

c) **Gesundheitsverhältnisse,**

d) **Vermögensverhältnisse,**

e) **Militärverhältnisse**

Zu a:

Zu b:

Zu c:

Zu d:

Zu e:

VII. Auszug aus der Kgl. Verordnung vom 10. Mai 1903, die Vorbedingungen für den höheren und mittleren Finanzdienst betr.

(GVBl. 340, FMBl. 232).

---

§ 1. Die Vorbedingungen für den höheren Finanzdienst bemessen sich nach der Kgl. Verordnung vom 4. Juli 1899, die Prüfungen für den höheren Justiz- und Verwaltungsdienst und die Vorbereitung für diese Prüfungen betr. (GVBl. 367 ff.), dann nach den hierzu seitens des Staatsministeriums der Finanzen zu erlassenden Vorschriften.

1. Die VO. vom 4. Juli 1899 ist in ihrer jetzigen, durch die VO. vom 18. Oktober 1910 geänderten Fassung oben abgedruckt.

2. Die Vorschriften des Finanzministeriums enthält die nachstehende MB. vom 26. Mai 1903.

§ 5 Abs. 1. Den Aspiranten für den höheren Finanzdienst (§ 1) sind bei entsprechender Qualifikation die Stellen des Kollegialdienstes, die Stellen des äußeren Finanzverwaltungsdienstes sowie die höheren Stellen des Kassadienstes der allgemeinen Finanzverwaltung und der Staatsschuldentilgungsanstalt zugänglich.

Höhere Stellen des Kassadienstes sind insbesondere die der Kreiskassakontrolleure und Kreiskassiere, der Oberbuchhalter, des Hauptbuchhalters, der Hauptkassakontrolleure und der Hauptkassiere der Staatsschuldentilgungsanstalt, dann des Zentralstaatskassekontrolleurs und des Zentralstaatskassiers (FMB. vom 26. Mai 1903 — FMBl. 235 — § 16 Abs. 4).

VIII. Bekanntmachung des Staatsministeriums der Finanzen vom 26. Mai 1903, die Vorbedingungen für den höheren und mittleren Finanzdienst betr.

(FMBl. 235).

(Die Bek. ist nur soweit abgedruckt, als sie den höheren Finanzdienst betrifft.)

Zum Vollzuge der Königlich Allerhöchsten Verordnung vom 10. Mai 1903, die Vorbedingungen für den höheren und mittleren Finanzdienst betreffend (GVBl. S. 340 ff.)[1] wird nachstehendes verfügt:

1. Gemäß § 1 A.V. bemessen sich die Vorbedingungen für den höheren Finanzdienst nach der Kgl. Verordnung vom 4. Juli 1899, die Prüfungen für den höheren Justiz- und Verwaltungsdienst und die Vorbereitung für diese Prüfungen betreffend (GVBl. S. 367 ff.), dann nach den hierzu seitens des Staatsministeriums der Finanzen zu erlassenden Vorschriften.

Demzufolge müssen die Aspiranten für den höheren Finanzdienst die dort vorgeschriebenen beiden Prüfungen bestanden haben.

Vgl. Bem. 1 zu § 1 VO. Die im Abs. 2 gemeinten zwei Prüfungen sind die Universitätsschlußprüfung und die Staatsprüfung, die in den nachstehenden Bestimmungen dem Sprachgebrauche der VO. vom 4. Juli 1899 entsprechend als zweite Prüfung bezeichnet ist.

2. Nach Schluß der zweiten Prüfung haben die Aspiranten für den höheren Finanzdienst bei einem Rentamt in Praxis zu treten und hievon gleichzeitig dem zuständigen Regierungs-

---

[1]) Der Kürze halber ist die oben erwähnte Allerhöchste Verordnung in der gegenwärtigen Bekanntmachung nur mit „A. V." (Anstellungs-Verordnung) bezeichnet.

präsidium Anzeige zu erstatten. Die Praxisnahme hat bis zur Einberufung zu einer Regierungsfinanzkammer fortzudauern.

1. Der Eintritt in die Praxis erfolgt schon nach dem Schlusse der Prüfung, nicht erst nach der Bekanntgabe ihres Ergebnisses. Wegen eines späteren Eintritts vgl. Ziff. 4.

2. Das Gesuch um Zulassung ist an den Vorstand des Rentamts zu richten. Gesuch um Einberufung zu einer Regierungsfinanzkammer s. Ziff. 3.

3. Die bei den Staatsbehörden der allgemeinen Finanzverwaltung verwendeten geprüften Rechtspraktikanten und Akzessisten sind als Beamte i. S. des Art. 1 BG. erklärt, unterstehen also dessen Bestimmungen über Dienstaufsicht, über das Dienststrafrecht der widerruflichen Beamten usw. und sind auch als Beamte zu vereidigen — vgl. Ziff. 31 MB. vom 8. Juni 1909 (GVBl. 386).

3. Nach Erlangung des Prüfungszeugnisses können diejenigen Rechtspraktikanten, welche in der zweiten Prüfung die I. oder II. Note erhalten haben, um Aufnahme als Akzessisten in das Rechnungskommissariat einer Regierungsfinanzkammer nachsuchen. Das bezügliche Gesuch ist — unter Vorlage eines vom Rentamtsvorstand analog der Bestimmung in § 31 Abs. 2 der Kgl. Allerh. Verordnung vom 4. Juli 1899 (GVBl. S. 374) auszustellenden Zeugnisses — bei dem Präsidium der betreffenden Regierung einzureichen.

1. Nach § 52 der VO. vom $\frac{\text{4. Juli 1899}}{\text{18. Okt. 1910}}$ entspricht den Noten I und II des früheren Notensystems eine Notensumme von 20—90 (vgl. Bem. 1 zu § 52); Bewerber, die nach den früheren Vorschriften die Note III erhalten hätten, haben jetzt die Prüfung überhaupt nicht bestanden.

2. Daß nicht alle Gesuche um Einberufung zu einer Regierungsfinanzkammer berücksichtigt werden können, ergibt sich schon aus der beschränkten Zahl, in der nach Ziff. 5 Akzessisten Aufnahme finden dürfen.

3. Für das in Satz 2 bezeichnete Zeugnis werden jetzt § 34 VO. vom $\frac{\text{4. Juli 1899}}{\text{18. Okt. 1910}}$ und § 91 MB. vom 25. Oktober 1910 zu beachten sein.

4. Über Bewerber mit der Note III vgl. Ziff. 14.

4. In jenen Fällen, in welchen Aspiranten zum höheren Finanzdienst aus besonderen Gründen die in Ziff. 2 vorgeschriebene Praxisnahme nicht nachzuweisen vermögen, bleibt es denselben unbenommen, wegen etwaiger Dispensation an das Staatsministerium der Finanzen sich zu wenden, das bei der

Würdigung solcher Gesuche in jedem einzelnen Fall die Dauer der zu absolvierenden Rentamtspraxis bestimmen wird.

Die Dispensation ermöglicht nur den nachträglichen Eintritt bei einem Rentamt, gewährt aber keine Anwartschaft auf Einberufung zu einer Regierungsfinanzkammer; um diese hat der Bewerber gegen Ablauf der rentamtlichen Praxis nachzusuchen (Ziff. 3).

5. **Die Zahl, bis zu welcher bei den einzelnen Regierungen besoldete Akzessisten (Rechnungskommissariats- und Ratsakzessisten, soweit letztere nicht als Rechnungskommissäre angestellt sind), Aufnahme finden dürfen, beträgt**

für die Regierungsfinanzkammer von Oberbayern . 8,
für die übrigen Regierungsfinanzkammern je . . 4.

Der Funktionsbezug dieser Akzessisten beträgt jährlich 1272 Mk. Dieser Bezug wird monatlich im voraus ausbezahlt und unterliegt im Falle des Ablebens mit dem Ablaufe des Sterbemonats, außerdem mit der Beendigung der Dienstleistung dem Einzug.

Nach Erfüllung der für jede Regierung bestimmten Zahl darf eine weitere Aufnahme von Akzessisten nur nach vorheriger Genehmigung des Staatsministeriums der Finanzen stattfinden. Lediglich Bewerber mit der I. Prüfungsnote dürfen ohne Rücksicht auf die Zahl der bereits vorhandenen Akzessisten aufgenommen werden.

Überzählige Akzessisten können nur nach Maßgabe der verfügbaren Mittel auf Grund besonderer Genehmigung des Staatsministeriums der Finanzen eine Bezahlung erhalten.

1. Zahl der im Fiskalat zu verwendenden Akzessisten Ziff. 9 Abs. 2 und 3.

2. Seit 1. September 1910 beziehen die 36 Akzessisten jährlich 1800 Mk.

3. Der „I. Prüfungsnote" entsprechen jetzt die Gesamtnotensummen 20—50.

6. **Die Rechnungskommissariats-Akzessisten sind zunächst im Revisionsdienste zu verwenden und zwar die erste Zeit, bis sie zu selbständigen Revisionsarbeiten als befähigt erachtet werden können, unter der Respizienz eines geeigneten dienstälteren Mitgliedes des Finanzrechnungskommissariates.**

1. Über die dienstrechtliche Stellung der Akzessisten s. Bem. 3 zu Ziff. 2.

2. Beschäftigung nach Verleihung des Ratsakzesses s. Ziff. 8.

7. Nach Ablauf eines Jahres ist den Rechnungskommissariats-Akzessisten gestattet, um den Ratsakzeß nachzusuchen.

Die Verleihung des Ratsakzesses behält sich das Staatsministerium der Finanzen wie bisher vor.

Zur Verleihung des Ratsakzesses ist erforderlich, daß der Bewerber über einen größeren und wichtigeren Gegenstand des praktischen Dienstes vor versammeltem Kollegium Vortrag erstattet und hierbei seine Befähigung darlegt. Mit dem aus Anlaß des Gesuches um Verleihung des Ratsakzesses an das Staatsministerium der Finanzen zu stellenden Antrag ist auch das Gutachten des Finanzkammer-Kollegiums sowie die Bearbeitung des Probevortrages in Vorlage zu bringen.

Die Verleihung des Ratsakzesses hat die Befugnis zur Folge, den Sitzungen des Finanzkammer-Kollegiums — mit Ausnahme der Qualifikations-Sitzungen — mit beratender Stimme anzuwohnen.

Wiederverleihung des Ratsakzesses an Rechnungskommissäre, die ihn durch die Anstellung verloren haben, s. Ziff. 11.

8. Auch die Ratsakzessisten sind in der Regel verbunden, das gesamte Revisionsgeschäft eines Rentamts zu erledigen.

Außerdem sind sie behufs ihrer praktischen Ausbildung für den höheren Finanzdienst in Referatsgeschäften der verschiedenen Dienstzweige als Hilfsarbeiter unter Respizienz der betreffenden Referenten zu verwenden, welche bei schriftlichen oder mündlichen Vorträgen derselben in den Sitzungen das Korreferat zu übernehmen haben.

Nach ausreichender Erprobung können den Ratsakzessisten auch selbständige Referate übertragen werden.

9. Jene Akzessisten, welche die Fiskalats-Laufbahn weiter zu verfolgen gedenken, sind in ausgedehntem Maß mit Fiskalatsgegenständen zu beschäftigen.

Im Interesse der gründlichen Ausbildung der Fiskalats-Aspiranten sind jedoch — vorbehaltlich der Genehmigung einer etwaigen Ausnahme seitens des Staatsministeriums der Finanzen — bei der Regierungsfinanzkammer von Oberbayern nicht mehr als 2 und bei den übrigen Regierungsfinanzkammern nicht mehr als je 1 Akzessist im Fiskalate zu verwenden.

Die dem Fiskalate zugeteilten Akzessisten haben auf die in Ziff. 5 bestimmte Maximalzahl in Anrechnung zu kommen.

Von der Zuteilung und Enthebung von Fiskalats-Akzessisten ist Anzeige an das Staatsministerium der Finanzen zu erstatten.

Sollten — abgesehen von der Regierung von Oberbayern — auch bei anderen Regierungen zur Zeit mehr als ein Akzessist im Fiskalate verwendet sein, so hat es hiebei hinsichtlich der zur Zeit in Betracht kommenden Persönlichkeiten sein Verbleiben.

10. Zum Uebertritt oder zur Versetzung eines Akzessisten an eine andere Regierungsfinanzkammer ist die vorherige Ministerialgenehmigung erforderlich.

Versetzung s. Bem. 3 zu Ziff. 2 und Art. 8 Abs. 1 BG.

11. Rechnungskommissären, welche durch die Anstellung den Ratsakzeß verloren haben, bleibt es unbenommen, durch Vermittlung des Regierungspräsidiums um dessen Wiederverleihung nachzusuchen.

Die diesbezüglichen Gesuche sind seitens des Regierungspräsidiums zunächst dem Finanzkammerdirektor zur Aeußerung zuzuleiten und sodann — unter Beigabe dieser Aeußerung — mit eigenem Antrag dem Staatsministerium der Finanzen zur Entscheidung vorzulegen.

Der erneuten Erstattung eines Probevortrages im Sinne der Ziffer 7 bedarf es in diesem Falle nicht.

12. Für die Ernennung zu Stellen des Kollegialdienstes ist in der Regel erforderlich, daß die betreffenden Aspiranten in der Stellung als Rentamtsassessoren im äußeren Finanzverwaltungsdienste tätig waren, in welcher Richtung auf die autographierte Finanzministerial-Entschließung vom 30. April 1903 Nr. 8254, die Gesuche um Verleihung der Stellen von Kassaabteilungsvorständen und Rentamtsassessoren betreffend, verwiesen wird.

13. Rentamtsvisitationen und -Extraditionen sollen nur durch Kollegialmitglieder und dienstältere Ratsakzessisten vorgenommen werden.

14. **Rechtspraktikanten, welche die zweite Prüfung nur mit der III. Note bestanden haben, können als Revisoren in das Rechnungskommissariat einer Regierungsfinanzkammer oder der Rechnungskammer Aufnahme finden, wenn sie vorher mit Bewilligung des Staatsministeriums der Finanzen bei einem Rentamt in Vorbereitungspraxis getreten sind, diese mindestens zwei Jahre mit Erfolg fortgesetzt haben und zur Uebernahme eines vollen Revisionspensums (vgl. Ziff. 16 Abs. 3) als geeignet erklärt worden sind.**

1. Rechtspraktikanten mit einer der früheren Note III entsprechenden Gesamtnotensumme haben nach den jetzigen Bestimmungen die Prüfung überhaupt nicht bestanden. Wegen der Verwendung von Praktikanten mit einer Gesamtnotensumme von 91—100 vgl. § 53 VO. vom $\frac{\text{4. Juli 1899}}{\text{18. Okt. 1910}}$.

2. Ein „volles Revisionspensum" hat nach Ziff. 16 Abs. 3 in der Regel „die Revision von zwei kleineren Rentämtern mit den erforderlichen Nebenarbeiten zu umfassen".

IX. Auszug aus der Kgl. Verordnung vom 6. Januar 1906, die Vorbedingungen für den Zoll- und Steuerdienst betr.

(GVBl. 17, FMBl. 11).

§ 13. Die Zulassung geprüfter Rechtspraktikanten zum Zoll- und Steuerdienst erfolgt nach den durch das Staatsministerium der Finanzen zu erlassenden Bestimmungen nach Maßgabe des Bedürfnisses.

Nach näherer Anordnung des Präsidenten der Generaldirektion der Zölle und indirekten Steuern haben auch diese Bewerber an den Lehrkursen bei der Akademie für Landwirtschaft und Brauerei in Weihenstephan und bei der Generaldirektion der Zölle und indirekten Steuern teilzunehmen.

1. Bis jetzt sind Bestimmungen i. S. des Abs. 1 nicht veröffentlicht worden.

2. Die bei der Verwaltung der Zölle und indirekten Steuern verwendeten geprüften Rechtspraktikanten und Akzessisten sind zu Beamten i. S. des Art. 1 BG. erklärt — Ziff. 31 MB. vom 8. Juni 1909 (GVBl. 386).

Anhang.

I. Studienpläne.

1. Studienplan der juristischen Fakultät München.

1. Es empfiehlt sich, das juristische Studium schon im ersten — dem sog. philosophischen — Studienjahre zu beginnen.

2. Das juristische Studium ist zweckmäßig mit einer Vorlesung über Einführung in die Rechtswissenschaft (Enzyklopädie der Rechtswissenschaft) anzufangen.

3. Die Gruppe der Einzeldisziplinen, worüber zuerst Vorlesungen gehört werden sollen, setzt sich zusammen aus: Geschichte des römischen Rechts (einschließlich des römischen Zivilprozesses), System des römischen Privatrechts, Geschichte des deutschen Rechts und Grundzüge des deutschen Privatrechts.

4. Auf die unter Nr. 2 und 3 erwähnten Vorlesungen folgen diejenigen über das heutige bürgerliche Recht. Aus diesem sollen die Vorlesungen über Familien- und Erbrecht nicht vor und nicht gleichzeitig mit denjenigen über allgemeinen Teil, Recht der Schuldverhältnisse und Sachenrecht gehört werden. Es sollen ferner neben den Vorlesungen über das bürgerliche Recht nur einzelne über öffentliches Recht, insbesondere Allgemeines Staatsrecht, Kirchenrecht, Strafrecht, gehört werden. Im übrigen ist es jedoch zweckmäßig, die privatrechtlichen Vorlesungen denen über öffentliches Recht vorangehen zu lassen.

5. Der Vorlesung über Strafprozeßrecht hat die über Strafrecht voranzugehen.

6. Die Vorlesung über Rechtsphilosophie, welche eine Kenntnis des positiven Rechts voraussetzt, ist erst in einem der späteren Semester zu hören.

7. Die Teilnahme an exegetischen und praktischen Übungen wird empfohlen. Sie verspricht jedoch erst dann einen Nutzen, wenn die einschlägigen systematischen Vorlesungen schon gehört sind.

8. Das Studium der staatswirtschaftlichen Fächer ist nach Gelegenheit neben dem Studium der juristischen zu betreiben. Die

Vorlesung über Nationalökonomie soll der Vorlesung über Finanzwissenschaft und ökonomische Politik vorangehen.

Nach diesen Gesichtspunkten wird sich das juristische Fachstudium in folgender Art ordnen:

Einleitung in die Rechtswissenschaft (Enzyklopädie der Rechtswissenschaft). Geschichte des römischen Rechts. System des römischen Privatrechts. Geschichte des deutschen Rechts. Grundzüge des deutschen Privatrechts. Bürgerliches Recht (Bürgerliches Gesetzbuch nebst reichs- und landesrechtlichen Ergänzungen). Handels- und Wechselrecht. Strafrecht. Zivilprozeßrecht. Allgemeines Staatsrecht. Deutsches Reichsstaatsrecht. Bayerisches Staatsrecht. Verwaltungsrecht. Kirchenrecht. Völkerrecht. Rechtsphilosophie. Nationalökonomie. Finanzwissenschaft. Ökonomische Politik. Spezial-Vorlesungen, insbesondere Übersicht über die Rechtsentwicklung in Bayern mit Rücksicht auf die einzelnen Landesteile. Exegetische Übungen. Praktische Übungen.

---

2. Anleitung zum Studium der Staatswissenschaften, im Jahre 1900 herausgegeben von der Staatswirtschaftlichen Fakultät der Universität München.

I. Ratschläge für Studierende der Rechtswissenschaft.

1. Zur Einführung für Anfänger sind folgende Vorlesungen bestimmt:

a) über die Nationalökonomie als Wissenschaft (enthält einen Überblick über die Entwicklung des Denkens auf volkswirtschaftlichem Gebiet und eine Kritik der Methoden der heutigen Nationalökonomie).

b) Enzyklopädie der Staatswissenschaften zur Einführung in das staatswissenschaftliche Studium.

Beide Vorlesungen können übrigens auch in späteren Semestern gehört werden.

2. Es empfiehlt sich, die Vorlesungen über allgemeine Volkswirtschaftslehre (auch theoretische und allgemeine Nationalökonomie genannt) in den ersten Semestern zu hören. Die Vorlesungen über ökonomische Politik (auch spezielle Volkswirtschaftslehre oder praktische Nationalökonomie mit Einschluß der Wirtschaftspolitik genannt) können zwar im gleichen Semester wie allgemeine oder theoretische Volkswirtschaftslehre gehört werden; doch ist es rätlicher, zuerst die Studien über allgemeine Volkswirtschaftslehre abzuschließen, ehe das Studium der ökonomischen Politik oder speziellen Volkswirtschaftslehre begonnen wird.

3. Ausführlicher als es in den ad 2 genannten Vorlesungen möglich ist, werden Einzelfragen der Volkswirtschaft in folgenden Spezialvorlesungen behandelt:

a) Die Lehre vom Gelde und der heutige Stand der Währungsfrage;
b) Bank- und Börsenwesen, sowie Handels- und Verkehrspolitik (als Ergänzung zur ökonomischen Politik);
c) Armenwesen und Armenpflege;
d) Soziales Versicherungswesen mit besonderer Berücksichtigung der deutschen Arbeiterversicherung.

Diese Vorlesungen können jederzeit gehört werden. Doch eignet sich die Vorlesung über Bank- und Börsenwesen, sowie Handels- und Verkehrspolitik für solche Studierende, welche sich noch nicht mit Handels- und Wechselrecht beschäftigt haben, als Vorbereitung für diese Gegenstände, während die Vorlesungen ad 3 a, c, d besser erst vom 3. Semester ab besucht werden.

4. Die Vorlesungen über Finanzwissenschaft sollen erst nach Absolvierung der Vorlesungen über Volkswirtschaftslehre, sowie mindestens einer staatsrechtlichen Vorlesung gehört werden.

5. Die Vorlesungen
a) über Wirtschaftsgeschichte (Überblick über die Entwicklung der Volkswirtschaft und ihrer Organisation seit dem Untergang des römischen Reichs, mit besonderer Berücksichtigung der deutschen Volkswirtschaft);
b) über Statistik und zwar
α) theoretische Statistik und Bevölkerungsstatistik,
β) Moralstatistik,
γ) Wirtschaftsstatistik

können in irgend einem Semester während des Studienganges gehört werden. Doch wird empfohlen, Wirtschaftsstatistik erst nach Absolvierung der volkswirtschaftlichen Vorlesungen zu hören.

Die Vorlesungen über Wirtschaftsgeschichte und diejenigen über Statistik werden den bayerischen Studierenden der Rechte als philosophische Vorlesungen angerechnet.

6. Soweit Vorlesungen über Politik (Staatslehre, sowie Geschichte der politischen Theorien) an hiesiger Universität abgehalten werden, empfiehlt es sich, diese Studien im Zusammenhange mit denjenigen über Staatsrecht und Finanzwissenschaft, bzw. als Einführung zu letztgenannten Fächern, zu betreiben.

7. Zu den Übungen des staatswirtschaftlichen Seminars werden Studierende, die im letzten Semester vor der juristischen Staatsprüfung stehen, in ihrem eigenen Interesse nicht zugelassen. Anderseits wird die Aufnahme auch solchen Studierenden noch nicht gewährt, die nicht bereits zwei volkswirtschaftliche Vorlesungen gehört haben.

8. Zu den Übungen im statistischen Seminar werden in der Regel nur Herren zugelassen, die bereits eine statistische Vorlesung gehört haben.

II. Ratschläge für solche Studierende, die Staatswissenschaften als Hauptfach erwählen.

1. Es gilt hier sinngemäß das ad I Bemerkte. Diejenigen, welche Staatswissenschaften als Hauptfach studieren, sollten jedoch

nicht versäumen, vom 1. Semester ab eine gründliche juristische und philosophische Schulung sich anzueignen. Es wird außerdem darauf aufmerksam gemacht, daß angesichts der großen Bedeutung der Technik für das Wirtschaftsleben gewisse nationalökonomische, statistische und finanzwissenschaftliche Probleme ohne bestimmtes Maß mathematischer, chemischer und physikalischer Kenntnisse weder voll verstanden, noch wissenschaftlich gefördert werden können.

2. Jedenfalls sollten Studierende der Staatswissenschaften sobald als möglich in den neueren Sprachen, vor allem im Englischen und Französischen diejenigen Kenntnisse sich zu erwerben suchen, die erforderlich sind, um wissenschaftliche Bücher in diesen Sprachen mit Vorteil zu lesen.

3. Hiernach empfiehlt sich für Studierende, die Staatswissenschaften als Hauptfach wählen, folgender Studiengang:

1. bis 3. Semester:

Einleitende staatswissenschaftliche Vorlesungen.
Wirtschaftsgeschichte.
Allgemeine Volkswirtschaftslehre (sog. theoretische Nationalökonomie).
Ökonomische Politik (sog. praktische oder spezielle Nationalökonomie).
Theoretische und Bevölkerungsstatistik, eventuell auch Spezialvorlesungen, vgl. oben I. 3.
Daneben: Die nötigen philosophischen, juristischen und mathematisch-naturwissenschaftlichen Vorlesungen.

Vom 4. Semester ab bis zum Abschluß:

Moral- und Wirtschaftsstatistik, sowie sonstige staatswissenschaftliche Vorlesungen, insbesondere Finanzwissenschaft; ferner praktische Übungen in den Seminaren.
Daneben: Fortsetzung der juristischen Studien.

---

3. Studienplan der rechts- und staatswissenschaftlichen Fakultät Würzburg.

I.

Der Studienplan soll den Studierenden eine Anweisung geben, wie sie das Studium der Rechts- und Staatswissenschaft am zweckmäßigsten einrichten und namentlich, welche Reihenfolge der einzelnen Vorlesungen am besten eingehalten wird.

Bei Aufstellung des Planes war von den Vorschriften der Universitäts-Satzungen und der Allerh. Verordnung vom 4. Juli 1899 auszugehen, nach denen für jeden Studierenden, der sich zu einem öffentlichen Amte in Bayern vorbereitet, die akademische Studienzeit einschließlich des philosophischen Studiums vier Jahre dauert und jeder Studierende wenigstens acht ordentliche philosophische Vorlesungen innerhalb seiner akademischen Studienzeit zu hören hat.

Im Hinblick auf die durch Ministerialbekanntmachung vom 3. Mai 1897 eingeführte Zwischenprüfung, welche frühestens am Schlusse des dritten Semesters des akademischen Studiums abgelegt werden kann, vorausgesetzt, daß von diesen drei Semestern mindestens zwei dem Studium der Rechtswissenschaft gewidmet waren, sowie auf Grund der durch Einführung des bürgerlichen Gesetzbuches bewirkten Vermehrung des zu bewältigenden Stoffes, empfiehlt es sich immerhin sofort im ersten Jahr das Rechtsstudium zu beginnen.

II.

A. Das Studium der Rechts- und Staatswissenschaft muß, wenn es ein vollständiges, alle Teile der Rechts- und Staatswissenschaft wenigstens in den Hauptdisziplinen umfassendes sein und den künftigen Richtern und Verwaltungsbeamten die erforderliche Vorbildung gewähren soll, sich auf die Vorlesungen über folgende Disziplinen erstrecken:

1. Einführung in die Rechtswissenschaft. 2. Römische Rechtsgeschichte und System des römischen Privatrechts. 3. Deutsche Rechtsgeschichte und Grundzüge des deutschen Privatrechts. 4. Deutsches bürgerliches Recht (bürgerliches Gesetzbuch nebst reichs- und landesrechtlichen Ergänzungen) in eingehender dogmengeschichtlicher Entwicklung. 5. Übersicht über die Rechtsentwicklung in Bayern mit Rücksicht auf die einzelnen Landesteile. 6. Handels- und Wechselrecht. 7. Zivilprozeß einschließlich des Konkursprozesses. 8. Strafrecht. 9. Strafprozeß. 10. Kirchenrecht. 11. Allgemeines Staatsrecht. 12. Deutsches Staatsrecht (Reichsstaatsrecht und Landesstaatsrecht). 13. Bayerisches Staatsrecht. 14. Verwaltungsrecht. 15. Völkerrecht. 16. Rechtsphilosophie. 17. Nationalökonomie. 18. Statistik. 19. Finanzwissenschaft.

Es muß der größte Wert darauf gelegt werden, daß die Studierenden nicht nur die theoretischen Vorlesungen besuchen, sondern auch an den exegetischen und praktischen Übungen insbesondere solchen mit schriftlichen Arbeiten sich fleißig beteiligen.

B. Bei dem Gange und der Anordnung des Studiums sind folgende Gesichtspunkte zu berücksichtigen.

I. Die Verteilung der Vorlesungen auf die einzelnen Semester ist so vorzunehmen, daß jede Überladung eines Semesters vermieden wird. Der Studierende muß hinreichende Muße behalten, um das in Vorlesungen Gehörte während des Semesters selbst durch Repetieren und sonstiges Privatstudium zu verarbeiten. In der Regel werden vier Stunden Vorlesungen — einschließlich der philosophischen Vorlesungen — nicht zu überschreiten sein.

II. Hinsichtlich der Reihenfolge der Vorlesungen besteht zwar im allgemeinen ein gewisser Spielraum; zu beachten ist jedoch, daß gewisse Disziplinen für das ganze Studium grundlegend sind und daß solche Vorlesungen, die zum Verständnisse anderer den Weg bahnen, vor den letzteren gehört werden müssen.

a) Die Vorlesung über Einführung in die Rechtswissenschaft soll möglichst beim Beginne des Fachstudiums gehört werden und wird am besten schon im ersten Universitätsjahre mit den philosophischen Disziplinen gehört;

b) dagegen empfiehlt es sich, die Vorlesung über Rechtsphilosophie auf ein späteres Semester zu verschieben, da das Verständnis dieser Vorlesung schon ein gewisses Maß von positiven Rechtskenntnissen voraussetzt;

c) abgesehen von der Vorlesung über Einführung in die Rechtswissenschaft ist das Rechtsstudium mit der römischen Rechtsgeschichte und dem römischen Privatrecht zu beginnen. Daran schließt sich im folgenden Semester die Vorlesung über die deutsche Rechtsgeschichte und die Grundzüge des deutschen Privatrechts[1]) und in einem weiteren Semester die Vorlesung über deutsches bürgerliches Recht. Das Handels- und Wechselrecht wird zweckmäßig erst nach dem deutschen bürgerlichen Recht gehört;

d) die prozessualen Disziplinen sind erst nach dem betreffenden materiellen Rechte zu hören, Zivilprozeß frühestens nach der Vorlesung über den I. Teil des deutschen bürgerlichen Rechts, Strafprozeß nach bzw. mit dem Strafrechte;

e) die Vorlesungen über Kirchenrecht und Staatsrecht sind nicht vor den privatrechtlichen Vorlesungen zu hören;

f) die Vorlesungen über Verwaltungsrecht und Völkerrecht sind am zweckmäßigsten an die staatsrechtlichen Vorlesungen anzuschließen, jedenfalls nicht vor diesen zu hören. Sie können ohne Bedenken an das Ende des Studiums gestellt werden. Ebenso die Vorlesung über die Rechtsentwicklung in Bayern;

g) was die Vorlesungen über Nationalökonomie (allgemeinen und besonderen Teil) und Statistik anlangt, so empfiehlt es sich, diese schon in den ersten Semestern des Fachstudiums zu hören, dagegen setzt die Vorlesung über Finanzwissenschaft zum richtigen Verständnisse staatsrechtliche Kenntnisse voraus und ist daher erst nach den staatsrechtlichen Vorlesungen zu hören;

h) bezüglich der exegetischen und praktischen Übungen (Seminarien) ist es selbstverständlich, daß die Beteiligung daran nur dann von entsprechendem Erfolge begleitet sein kann, wenn der Studierende die Vorlesung über die betreffende Disziplin bereits gehört hat.

---

[1]) Die Vorlesungen über römische Rechtsgeschichte und System des römischen Privatrechts, sowie über deutsche Rechtsgeschichte und Grundzüge des deutschen Privatrechts bilden den Gegenstand der frühestens nach 3 Semestern abzulegenden Zwischenprüfung.

4. Studienplan für die Studierenden der Rechte an der Universität Erlangen.

Obwohl es nach den geltenden Bestimmungen den bayerischen Studierenden der Rechte gestattet ist, im ersten Jahre sich ausschließlich Studien aus dem Lehrkreise der philosophischen Fakultät zu widmen und das Rechtsstudium in den drei folgenden Jahren zu betreiben, empfiehlt es sich doch dringend, bereits im ersten Jahre mit rechtswissenschaftlichen Vorlesungen zu beginnen.

Es muß darauf gehalten werden, den zu bewältigenden Vorlesungsstoff angemessen auf die verfügbare Zahl von Semestern zu verteilen und namentlich nicht zu viele Vorlesungen auf die beiden letzten Semester zu verschieben, damit in diesen Semestern Zeit zu ausgiebiger Teilnahme an Übungen, insbesondere zur Anfertigung schriftlicher Übungsarbeiten und zu häuslichen Repetitionen verbleibt. Die Teilnahme an den exegetischen und praktischen Übungen, namentlich die Anfertigung schriftlicher Arbeiten, kann den Studierenden nicht dringend genug empfohlen werden, wie dies auch in dem Ministerialerlaß vom 3. Mai 1897 besonders betont ist. Zu beachten ist für bayerische Studierende namentlich, daß, da die schriftliche Prüfung im Laufe des achten Semesters abzulegen ist, in der Hauptsache der Vorlesungsstoff schon in den ersten sieben Semestern absolviert sein muß. Im achten Semester sollte am besten nur noch Beteiligung an Übungen und etwaige Wiederholung früher gehörter Vorlesungen stattfinden.

Als selbstverständlich ergibt sich für bayerische Studierende ferner, daß derjenige Stoff, auf welchen sich das frühestens nach drei Semestern abzulegende Zwischenexamen erstreckt — römische Rechtsgeschichte und System des römischen Privatrechts, deutsche Rechtsgeschichte und Grundzüge des deutschen Privatrechts — vor Eintritt in dieses Examen gehört und durch Übungen befestigt sein muß.

Mit dem Studium der Rechtswissenschaft haben bayerische Studierende ein eingehendes Studium der Staatswissenschaften zu verbinden.

Dieselben haben in den ersten drei Jahren der Studienzeit acht ordentliche Vorlesungen aus dem Lehrkreise der philosophischen Fakultät zu hören.

Für die Reihenfolge der rechts- und staatswissenschaftlichen Vorlesungen und Übungen lassen sich im einzelnen streng bindende Vorschriften nicht aufstellen. Als Anhaltspunkt dient aber, daß die historischen und privatrechtlichen Vorlesungen die Grundlage des Rechtsstudiums bilden und die öffentlich-rechtlichen im großen und ganzen jenen folgen sollen, ferner, daß der Zivilprozeß erst zu hören ist, wenn das materielle Privatrecht wenigstens großen Teils absolviert ist, daß ebenso der Strafprozeß dem materiellen Strafrecht zu folgen hat, daß bei Teilung eines Lehrgegenstandes in einen allgemeinen und einen besonderen Teil dieser nach jenem zu hören ist, daß endlich die Beteiligung an Übungen sich an die theoretischen Vorlesungen über den entsprechenden Lehrgegenstand anschließen muß.

Dem allen nach kann über die Stellung der einzelnen Materien im Studiengange folgendes gesagt werden:

1. Einführung in die Rechtswissenschaft: in den ersten Semestern. 2. Römische Rechtsgeschichte: 1. oder 2. Semester. 3. System des römischen Privatrechts: 1. oder 2. Semester. 4. Römischer Zivilprozeß: 2. oder 3. Semester. 5. Deutsche Rechtsgeschichte: 2. Semester. 6. Rechtsentwicklung in Bayern: etwa 4. oder 5. Semester (nach Nr. 5). 7. Grundzüge des Deutschen Privatrechts: 1. oder 3. Semester. Übungen für Anfänger mit Bezug auf obige Gegenstände: 2. bis 4. Semester. — 8. Deutsches bürgerliches Recht: 2. bis 5. Semester, verteilt auf zwei Semester (nach Nr. 3 und 7). 9. Handels-, Wechsel- und Seerecht, 3. bis 5. Semester (nachdem mindestens der allgemeine Teil von Nr. 8 gehört ist). 10. Zivilprozeß 5. oder 7. Semester (nach Nr. 8). 11. Konkursrecht: 6. oder 8. Semester (nach Nr. 10). Übungen zu 8 bis 11: 4. bis 8. Semester. — 12. Strafrecht: 5. oder 7. Semester. 13. Strafprozeßrecht: 6. oder 8. Semester (nach Nr. 12). 14. Reichs- und Bayerisches Staatsrecht: 5. bis 8. Semester. 15. Verwaltungsrecht: 5. oder 7. Semester (nach Nr. 14). 16. Kirchenrecht: 5. bis 7. Semester. 17. Völkerrecht: 6. oder 8. Semester. 18. Theoretische Nationalökonomie: 3. bis 5. Semester. 19. Praktische Nationalökonomie: 4. bis 6. Semester (nach Nr. 18). 20. Finanzwissenschaft: 5. bis 7. Semester. 21. Statistik: 5. bis 8. Semester. Übungen zu Nr. 12—21: 5. bis 8. Semester.

II. Promotionsordnungen.

Promotionsordnung der juristischen Fakultät der Ludwig-Maximilians-Universität zu München.

§ 1. Die unerläßliche Voraussetzung der Promotion zum Doctor utriusque juris bildet das Bestehen eines Examen rigorosum bei der Fakultät.

§ 2. Diese Zulassung zum Examen rigorosum ist bedingt:

1. durch das Reifezeugnis eines humanistischen Gymnasiums und den Nachweis eines mindestens dreijährigen Rechtsstudiums auf einer deutschen Universität, wobei die deutsch-österreichischen, schweizerischen und niederländischen Universitäten, sowie die Universität Dorpat nach altem Brauche den deutschen beigezählt werden. Das Rechtsstudium deutscher Reichsangehöriger muß den Vorschriften des § 2 des Gerichtsverfassungsgesetzes entsprechen;
2. bei Ausländern durch den Nachweis einer gleichwertigen Vorbildung;
3. durch die Einreichung einer in deutscher oder lateinischer Sprache geschriebenen Inauguralabhandlung in druckfertiger Gestalt, sowie deren Genehmigung seitens der Fakultät. Die Abhandlung muß wissenschaftlich beachtenswert sein und die Fähigkeit dartun, selbständig wissenschaftlich zu arbeiten. Bei der Einreichung ist anzugeben, ob die Arbeit in einem Seminar ausgearbeitet worden ist, dann inwieweit sich der Verfasser bei der Ausarbeitung etwa sonst fremden Rates bedient hat. Diesen Angaben ist die Versicherung an Eides Statt beizufügen, daß darüber hinaus keine Beihilfe stattgefunden hat und daß kein anderes literarisches Erzeugnis als die in dem beigegebenen Literaturverzeichnisse aufgezählten, bei der Abfassung der Dissertation verwendet worden ist. Die Drucklegung, bei welcher der Name des Referenten oder des Fakultätsmitgliedes, welches die Genehmigung beantragt hat, genannt werden muß, hat vor dem Promotionsakt zu erfolgen.

Der Gesuchsteller hat seinem Gesuche ein Curriculum vitae beizulegen.

§ 3. Das Examen rigorosum erstreckt sich auf alle Zweige der Rechtswissenschaft, jedoch mit Vermeidung des Eingehens auf einzelne Partikularrechte als solche.

§ 4. Die Promotion erfolgt durch Ausfertigung und Aushändigung des Doktordiploms.

§ 5. Die Leistungen des Kandidaten werden durch Fakultätsbeschluß festgestellt und im Diplom in folgenden Noten ausgedrückt:

summa cum laude,
magna cum laude,
cum laude,
rite.

§ 6. Von der Inauguralabhandlung sind der Regel nach 110 Exemplare gratis an die Universität abzuliefern; doch bleibt eine Ermäßigung dieser Ziffer für besondere Fälle vorbehalten. Vor Ablieferung dieser Pflichtexemplare wird das Diplom nicht ausgefertigt.

§ 7. Die Gebühren für die Prüfung der Inauguralabhandlung seitens der Fakultät betragen 80 M., die Gebühren für das Examen rigorosum 80 M., die Gebühren ferner für die Promotion selbst 195 M. Die ersteren sind bei Einreichung der Arbeit zur Prüfung zu erlegen und werden auch in dem Falle nicht zurückerstattet, daß die Arbeit zurückgewiesen wird. Die Gebühren für das Examen rigorosum sind bei der Meldung zum Examen zu bezahlen und verfallen auch dann, wenn das Ergebnis der Prüfung ein ungenügendes ist. Der Rest der Gebühren zu 195 M. ist sogleich nach bestandenem Rigorosum zu erlegen.

Die Gebühren können in keinem Falle erlassen werden, kommen jedoch bei der Promotion von Bewerbern, welche eine von der promovierenden Fakultät gestellte Preisfrage gelöst haben, von Rechts wegen in Wegfall.

§ 8. Auf Ehrenpromotionen, welche die Fakultät vorzunehmen beschließt, finden obige Vorschriften keine Anwendung.

Promotionsordnung der staatswirtschaftlichen Fakultät der Kgl. Ludwig-Maximilians-Universität München.

§ 1. Derjenige, welcher den Doktorgrad erwerben will, hat dem Dekan der Fakultät vorzulegen:

1. eine kurze Darstellung seines Lebenslaufes;
2. das Reifezeugnis eines humanistischen oder Realgymnasiums, oder bei Bewerbern, welche nicht Angehörige des Deutschen Reiches sind, ein dementsprechendes Reifezeugnis. Wenn auf Grund anderer Zeugnisse Dispensation von dem Gymnasialabsolutorium beantragt und von der Fakultät befürwortet wird, entscheidet der akademische Senat über die Zulässigkeit;
3. Ausweise über seinen Studiengang, welcher in der Regel einen vierjährigen Besuch einer Universität umfassen soll,

und über den Erwerb einer tüchtigen allgemeinen und einer gründlichen staatswirtschaftlichen Fachbildung, mit Einschluß des Studiums der rechtlichen Grundlagen des Wirtschaftslebens. Die Fakultät verleiht den Doktorgrad in der Regel nur an solche Kandidaten, von deren wissenschaftlicher Tüchtigkeit sie während deren Studienganges auch an hiesiger Universität hat Kenntnis nehmen können.

Die an anderen höheren Lehranstalten nachgewiesenen Studien kommen nach Ermessen der Fakultät in Anrechnung.

4. eine Abhandlung über einen Gegenstand, welcher in das Gebiet der staatswirtschaftlichen Fakultät gehört. Der Bewerber hat dem Dekan die Versicherung zu erteilen, daß er die Abhandlung selbst und ohne fremde Beihilfe verfaßt hat.

§ 2. Die eingereichte Abhandlung wird von der Fakultät einer Prüfung unterworfen und auf Grund derselben wird ihr wissenschaftlicher Wert nach folgender Notenskala bestimmt:

dissertatio	egregia	für	Note	I,
„	admodum laudabilis	„	„	II,
„	laudabilis	„	„	III,
„	scripta	„	„	IV.

§ 3. Ist die eingereichte Abhandlung von der Fakultät gutgeheißen, bzw. als druckwürdig erkannt worden, so wird der Bewerber zur Doktorprüfung zugelassen.

§ 4. Die Doktorprüfung ist eine mündliche; sie hat den Nachweis eines Studiums, welches über das Maß des im theoretischen Staatsexamen Geforderten hinausgeht, zu liefern. Dieselbe dauert wenigstens zwei Stunden und wird abgehalten:

1. vor versammelter Fakultät, wobei jedes ihrer Mitglieder Fragen zu stellen berechtigt ist;
2. aus vier Fächern, welche von mindestens drei Professoren vertreten sein müssen. Unter den vier Fächern müssen, falls die Dissertation in das Gebiet der Staatswirtschaft fällt, sich befinden: Nationalökonomie, Finanzwissenschaft und Statistik und ein viertes entweder in der staatswirtschaftlichen Fakultät vertretenes oder ein verwandtes, einer anderen Fakultät zugeteiltes Fach; falls die Dissertation in eines der übrigen in der Fakultät vertretenen Wissensgebiete fällt: Nationalökonomie, ein Fach aus der forstlichen Produktions- oder Betriebslehre und außerdem zwei Fächer, welche von dem Kandidaten aus dem Kreise der in der Fakultät vertretenen Fächer gewählt werden können; statt des einen dieser zwei Fächer kann der Kandidat auch ein verwandtes Fach aus einer anderen Fakultät wählen.

§ 5. Als Maßstab der Beurteilung dient das Notenschema

summa cum laude	für	Note	I,
magna cum laude	„	„	II,
cum laude	„	„	III,
examen superatum	„	„	IV.

§ 6. Die Noten für die eingereichte Abhandlung und für das Ergebnis der mündlichen Prüfung werden durch Mehrheitsbeschluß der Fakultät festgesetzt.

§ 7. An Stelle der Prüfung kann ein Colloquium treten, wenn der Kandidat bereits in vorgerückterem Alter oder in einem öffentlichen Amte steht und wenn er durch anderweite Leistungen, insbesondere auch durch die von ihm eingereichte Abhandlung die Wissenschaft in einer hervorragenden Weise gefördert hat.

§ 8. Von der Inauguralabhandlung, deren Drucklegung in der Regel vor der Promotion zu erfolgen hat, sind 110 Exemplare unentgeltlich an die Universität abzuliefern; doch bleibt eine Ermäßigung dieser Ziffern für besondere Fälle vorbehalten. Zur Führung des Doktortitels berechtigt nur das Diplom. Dasselbe wird vor Ablieferung der vorgenannten Pflichtexemplare nicht ausgefertigt.

§ 9. Die öffentliche Promotion, von welcher auf Wunsch des Doktoranden dispensiert werden kann, erfolgt durch einen besonderen, vom Dekan zu leitenden Akt. Derselbe besteht in einem Vortrag des Kandidaten über ein von ihm selbst gewähltes Thema (Quaestio inauguralis), im Anschluß hieran in der Disputation über wenigstens fünf von ihm aufgestellte und durch den Dekan genehmigte Thesen und in der feierlichen Promotion durch den Dekan. Vortrag und Disputation finden in deutscher Sprache statt.

§ 10. Die Gebühren für Prüfung der Dissertation, für die mündliche Prüfung und die Verleihung des Doktorgrades sind im Betrage von 313 Mark bei der Meldung zur Doktorprüfung zu erlegen; bei Zurückweisung der Dissertation werden 60 Mark, bei Nichtbestehen der Prüfung nach angenommener Dissertation werden 200 Mark zurückbehalten; von Kandidaten, welche die Prüfung nicht bestanden haben, sind, im Falle sie die Promotion zum zweiten Male anstreben, nur 253 Mark zu entrichten.

§ 11. Auf Ehrenpromotionen, welche die Fakultät beschließt, finden vorstehende Vorschriften keine Anwendung.

Vorstehende Bestimmungen wurden durch Entschließungen des K. Staatsministeriums des Innern für Kirchen- und Schulangelegenheiten vom 7. Oktober 1899 Nr. 13 628, vom 5. Februar 1900 Nr. 20 455, vom 5. März 1904 Nr. 4629 und vom 7. Juli 1909 Nr. 16 156 genehmigt.

Die staatswirtschaftliche Fakultät betrachtet von den in ihr vertretenen Fächern als je ein Fach im Sinne des § 4 Ziffer 2 **ihrer Promotionsordnung:**

1. **Nationalökonomie** (Allgemeine Volkswirtschaftslehre und Ökonomische **Politik** [spezielle **Volkswirtschaftslehre**] einschließlich der Geschichte derselben); 2. Finanzwirtschaft; 3. Statistik; 4. Wirtschaftsgeschichte; 5. Sozialpolitik; 6. Waldbau und Forstbenutzung; 7. Forsteinrichtung und Holzmeßkunde; 8. Forstpolitik, Forstverwaltung, Forstgeschichte; 9. Waldwertrechnung und forstliche Statik; 10. Agrikulturchemie und Bodenkunde; 11. Der botanische Teil der Forstwirtschaft; 12. Angewandte Zoologie.

Auszug aus dem Statut der rechts- und staatswissenschaftlichen Fakultät der Universität Würzburg,

in Kraft getreten am 30. März 1906.

§ 4. In der rechts- und staatswissenschaftlichen Fakultät wird der Doktorgrad erteilt:

a) aus dem Gebiet der Rechtswissenschaft (Doctor juris);
b) aus dem Gebiete der Staatswissenschaften (Doctor rerum politicarum);
c) aus dem Gebiet der Rechts- und Staatswissenschaften (Doctor juris et rerum politicarum).

§ 5. Wer einen dieser Doktorgrade erwerben will, hat beim Dekanate einzureichen:

1. ein Gesuch, in dem der zu erwerbende Doktorgrad bezeichnet ist;
2. das Absolutorium eines deutschen humanistischen Gymnasiums; im Auslande vorgebildete Kandidaten haben ein dem Absolutorium eines humanistischen deutschen Gymnasiums entsprechendes Reifezeugnis vorzulegen; dieses Nachweises bedarf es nicht, wenn das Zeugnis über die bestandene erste juristische Staatsprüfung in einem deutschen Bundesstaate vorgelegt wird;
3. Zeugnisse, welche ein dreijähriges akademisches Studium der Rechts- und Staatswissenschaften ausweisen;
4. eine in deutscher Sprache verfaßte druckfertige Abhandlung, die im Falle des § 4 a aus dem Gebiete der Rechtswissenschaft, im Falle des § 4 b aus dem Gebiete der Staatswissenschaften, im Falle des § 4 c aus dem einen oder andern Gebiet entnommen sein und am Schluß die ehrenwörtliche Versicherung des Doktoranden enthalten muß, daß er sie — abgesehen von der üblichen seminarischen Anleitung — ohne fremde Hilfe verfaßt habe, auch andere Quellen und Hilfsmittel als die angegebenen nicht benützt habe;
5. eine Darstellung seines Lebenslaufes und Bildungsganges wobei auch anzugeben ist, ob und mit welchem Erfolge der Kandidat sich bereits Staatsprüfungen unterzogen und ob er sich bei einer andern Fakultät schon um den Doktorgrad beworben hat;
6. die Quittung der Quästur über die erfolgte Einzahlung von 350 Mark Gebühren;
7. ein von der öffentlichen Behörde ausgestelltes Zeugnis über tadelfreies Vorleben, soferne nicht der Kandidat noch an einer deutschen Universität immatrikuliert ist oder im staatlichen Vorbereitungsdienst oder in einem öffentlichen Amt sich befindet.

§ 6. Die Dissertation muß wissenschaftlich beachtenswert sein und die Fähigkeit des Kandidaten dartun, selbständig wissenschaftlich zu arbeiten.

Genügt sie dieser Anforderung nicht, so wird sie zurückgewiesen und der Kandidat erhält seine Zeugnisse und seine Gebühren abzüglich 60 Mark zurück; die Fakultät behält sich das Recht vor das Manuskript der zurückgewiesenen Abhandlung zurückzubehalten.

Ausnahmsweise kann die Fakultät beschließen, daß die Abhandlung dem Verfasser zur Umarbeitung zurückgegeben und innerhalb einer zu bestimmenden Frist der Fakultät wieder vorgelegt werde.

§ 7. Bei jenen Kandidaten, welchen für Bearbeitung der von der rechts- und staatswissenschaftlichen Fakultät aufgestellten Preisaufgaben der Preis zuerkannt worden ist, vertritt die Preisschrift die Stelle der approbierten Inauguraldissertation.

In diesem Falle werden von den in § 5 Ziffer 6 erwähnten Gebühren die der Fakultät zukommenden 286 Mark nicht erhoben.

§ 8. Ist eine Abhandlung von der Fakultät angenommen, so wird dem Kandidaten von dem Dekan ein Termin zur Ablegung des mündlichen Examens gestellt, das wenigstens zwei Stunden dauert und zu dem sämtliche ordentliche Mitglieder der Fakultät eingeladen werden.

Im Falle des § 4 a erstreckt sich die mündliche Prüfung auf Zivilrecht, Zivilprozeß, Strafrecht, Strafprozeß, Staats-, Verwaltungs-, Völker- und Kirchenrecht, sowie auf politische Ökonomie, sämtlich mit Einschluß des historischen Teils, im Falle des § 4 b auf Volkswirtschaftslehre, Volkswirtschaftspolitik, Finanzwissenschaft, Statistik, Staats-, Verwaltungs- und Völkerrecht, sämtlich mit Einschluß des historischen Teils.

Im Falle des § 4 c erstreckt sich die Prüfung auf alle im vorigen Absatz benannten Fächer, dauert aber wenigstens $2\frac{1}{2}$ Stunden, wobei der Kandidat eingehender in den staatswissenschaftlichen Fächern geprüft wird, wenn die Dissertation eine juristische ist, und eingehender in den juristischen Disziplinen, wenn die Dissertation eine staatswissenschaftliche im engeren Sinne ist.

§ 9. Jeder der examinierenden Professoren gibt über das Resultat seiner Prüfung eine Note ab, sodann wird unter besonderer Berücksichtigung des Wertes der Dissertation die in das Diplom aufzunehmende Gesamtnote festgestellt und zwar in der Abstufung:

I. Note = summa cum laude,
II. „ = magna cum laude,
III. „ = cum laude,
IV. „ = rite.

§ 10. Zieht ein Kandidat sein Gesuch (§ 5) vor der mündlichen Prüfung zurück, so werden von den Gebühren 60 Mark zurückbehalten.

Besteht ein Kandidat die mündliche Prüfung nicht, so verfällt die Hälfte der Gebühren.

Eine Wiederholung der Prüfung findet nicht statt.

§ 11. Hat der Kandidat die Prüfung bestanden, so hat er seine Abhandlung nach Vornahme etwaiger von der Fakultät verlangten Verbesserungen drucken zu lassen und innerhalb Jahresfrist die jeweils vorgeschriebene Anzahl von Druckexemplaren bei dem Universitätsquästor einzureichen. Wird die Frist nicht eingehalten, so kann die Erteilung des Doktorgrades verweigert werden.

Die gedruckte Abhandlung muß auf dem Titelblatt als Inaugural-Dissertation der rechts- und staatswissenschaftlichen Fakultät bezeichnet sein, zugleich den Doktorgrad (§ 4) angeben, der erworben wird und auf der Rückseite des Titelblattes den Namen des Referenten enthalten.

§ 12. Nach Ablieferung der Dissertationsexemplare (§ 11) erhält der Promovendus als Verleihungsurkunde das Doktordiplom, welches vom Dekan mit dem Datum des Tages, an welchem die gedruckte Dissertation ihm zugestellt worden ist, ausgefertigt, vom Rektor und Universitätssyndikus mit unterzeichnet und mit dem Fakultäts- und Universitätssiegel versehen wird. Die Kosten der Herstellung des Diploms werden von der Fakultätskasse getragen.

§ 13. Wer sich durch originelle und vorzügliche Schriften ausgezeichnet oder sonst um die Wissenschaft oder um die Förderung des deutschen Rechts- und Staatslebens ausnehmend verdient gemacht hat, kann durch einstimmigen Fakultätsbeschluß zum Doctor honoris causa promoviert werden.

In diesem Falle werden keinerlei Gebühren erhoben. Das Diplom erhält das Datum des Tages, an welchem von der Fakultät die Verleihung des Ehrendoktors beschlossen wurde, es sei denn, daß die Fakultät ausdrücklich einen andern Tag z. B. den der Verkündigung anläßlich einer festlichen Gelegenheit als Verleihungstag bestimmt.

§ 14. Die Söhne der an der hiesigen Universität fungierenden, emeritierten oder verstorbenen ordentlichen, außerordentlichen und Honorarprofessoren, Privatdozenten, Lektoren, Beamten und Bediensteten erhalten im Falle erfolgreicher Promotion die Gebühren abzüglich 88 Mark zurück.

Promotionsordnung der Juristenfakultät der Universität Erlangen vom 23. Mai 1905.

§ 1. Der Grad des Doktors beider Rechte wird nur auf Grund einer vom Bewerber in deutscher oder lateinischer Sprache verfaßten druckfertigen Inauguraldissertation, sowie einer bei der Fakultät wohlbestandenen mündlichen Prüfung verliehen.

§ 2. Die Inauguraldissertation muß wissenschaftlich beachtenswert sein und die Fähigkeit des Bewerbers zu selbständiger wissenschaftlicher Arbeit dartun.

Der äußeren Form nach muß sie durchaus lesbar geschrieben, paginiert und mit einem Inhaltsverzeichnis versehen sein. Die

Zitate aus der Literatur sind nach Band, Seite, Ausgabe und zwar, wo irgend möglich, nach der neuesten Ausgabe des Werkes genau anzugeben. Ferner ist auf besonderem Bogen die ehrenwörtliche Erklärung beizufügen, daß der Bewerber die Arbeit selbständig angefertigt und außer den in einem Literaturverzeichnis angegebenen Hilfsmitteln keine weiteren benutzt habe. Das Literaturverzeichnis ist ebenfalls auf einen besonderen Bogen zu setzen.

§ 3. Die mündliche Prüfung erstreckt sich auf alle Zweige der Rechtswissenschaft, jedoch mit Vermeidung des Eingehens auf Partikularrechte als solche. Der Kandidat hat tüchtige Schulung und ausgebildetes juristisches Urteil zu beweisen.

Die Prüfung währt zwei Stunden. Nur bei zwingenden Gründen werden gleichzeitig mehrere Bewerber geprüft.

§ 4. Jeder Bewerber um den Doktorgrad hat die Zulassung mittels eines an die Fakultät zu richtenden Schreibens nachzusuchen, welchem er beilegen muß:

1. ein curriculum vitae;
2. den Nachweis des Reifezeugnisses eines deutschen humanistischen Gymnasiums. Die Fakultät kann jedoch bei Angehörigen solcher Bundesstaaten, die den Realabiturienten den Zugang zum Rechtsstudium geöffnet haben, den Nachweis eines Realgymnasial-Reifezeugnisses genügen lassen.

   Ist die Vorbildung im Auslande erworben, so muß ihre Gleichwertigkeit mit der erforderlichen inländischen Vorbildung nachgewiesen werden;
3. den Nachweis eines dreijährigen akademischen Studiums der Rechts- und Staatswissenschaft.

Gleichzeitig hat der Bewerber eine Erklärung darüber abzugeben, ob und mit welchem Erfolge er sich bereits anderen juristischen (Staats- oder Doktor-)Prüfungen unterzogen hat. Hat ein Bewerber die erste juristische Staatsprüfung nicht bestanden, so kann seine Zulassung zur Promotion erst erfolgen, wenn derjenige Zeitraum verflossen ist, nach dessen Ablauf derselbe zur Wiederholung der Staatsprüfung berechtigt wäre. Bewerber, die zweimal in der ersten Staatsprüfung unterlegen sind, werden überhaupt nicht zugelassen.

§ 5. Der Bewerber hat zuerst die Dissertation einzureichen und sich nach ihrer Genehmigung seitens der Fakultät zur mündlichen Prüfung zu stellen.

Die Meldung zum zweiten Teile der Prüfung muß innerhalb eines Jahres nach Bestehen des ersten Teiles erfolgen.

Als Noten werden erteilt:

I. ausgezeichnet (summa cum laude),
II. sehr gut (magna cum laude),
III. gut (cum laude),
IV. bestanden (rite).

§ 6. Nach beendigter Prüfung findet die Ernennung zum Doktor durch Erteilung des Doktordiploms statt. Diese erfolgt erst nach Einlieferung der (entsprechend einer mitzuteilenden Instruktion) gedruckten Exemplare der Dissertation. Einzuliefern sind 200 Druckexemplare. Der Name des Referenten ist auf der Innenseite des Titelblattes der Dissertation zu vermerken.

§ 7. Die gesamten Promotionsgebühren betragen 300 Mark. Hiervon sind 110 Mark mit dem Gesuche einzuzahlen. Der Rest ist zu erlegen, wenn der Bewerber sich zum zweiten Teile der Prüfung meldet.

Wird der Bewerber zurückgewiesen, so verfallen 110 Mark; der Rest wird zurückerstattet. Im Falle der Einreichung einer neuen Dissertation oder der Wiederholung der mündlichen Prüfung sind 110 Mark neu einzuzahlen, wenn nicht die Fakultät den Bewerber hiervon aus besonderen Gründen befreit.

Für das Diplom sind außerdem 22 Mark, und wenn es auf Pergament mit Siegelkapsel ausgestellt werden soll, 31 Mk. 73 Pf. zu entrichten. Diese Beträge werden zuzüglich der Verpackungskosten durch Nachnahme erhoben. (Es empfiehlt sich, diese Beträge nicht mit den Gebührenraten einzuzahlen.)

§ 8. Die Gesuche, Arbeiten und Geldsendungen sind an das Dekanat der Juristenfakultät zu richten.

Die 200 Exemplare der Dissertation werden an die Universitätskanzlei (nicht an das Dekanat) gesendet.

Jedem Zulassungsgesuche ist somit beizufügen:

1. Eine Dissertation, druckfertig, lesbar geschrieben, paginiert, gebunden, mit einer Inhaltsübersicht und einem Literaturverzeichnis (s. o. § 2).
2. Eine ehrenwörtliche Erklärung (auf besonderem Blatt), daß der Bewerber die Arbeit selbständig angefertigt und außer den im Literaturverzeichnis angegebenen Hilfsmitteln keine weiteren benutzt habe (s. o. § 2).
3. Eine Erklärung auf (besonderem Blatt) über früher bestandene oder versuchte Staats- oder anderweitige Doktorprüfungen (s. o. § 4).
4. Ein zweites Literaturverzeichnis auf einem besonderen Bogen (außer dem Literaturverzeichnis, das der Arbeit selbst beigefügt ist).
5. Ein curriculum vitae, in dem insbesondere auch die Staatsangehörigkeit und die Zahl der auf den einzelnen Universitäten zugebrachten Semester anzugeben ist (s. o. § 4).
6. Das Reifezeugnis eines deutschen Gymnasiums oder Realgymnasiums (s. o. § 4).
7. Der Nachweis eines dreijährigen akademischen Studiums der Rechts- und Staatswissenschaft (s. o. § 4).
8. Der Nachweis über das bestandene Staatsexamen.

Außerdem sind mit dem Gesuche 110 Mark als erste Rate einzuzahlen (s. o. § 7).

Bei der Korrespondenz mit dem Dekanat ist nie der Name des Dekans zu nennen. Die Sendungen sind auch nie an den Dekan persönlich zu adressieren.

Die erforderlichen Zeugnisse (6, 7, 8) sind im Original oder in beglaubigter Abschrift vorzulegen. **Die Fakultät ist nicht in der Lage, Zeugnisse durch Ersuchen von Behörden herbeizuziehen.**

III. Bestimmungen zur wirtschaftlichen und technischen Ausbildung der Staatsdienstaspiranten.

1. Bekanntmachung des Staatsministeriums der Justiz vom 5. November 1907, die Praxis der geprüften Rechtspraktikanten betreffend.

(JMBl. 393).

Die Erfahrung zeigt, daß es sehr nützlich wäre, wenn die Bewerber um Anstellung im Richteramt oder im staatsanwaltschaftlichen Dienst auch auf dem Gebiete des wirtschaftlichen Lebens eine Zeit der praktischen Ausbildung durchmachten. Erst dadurch würden ihre theoretischen Kenntnisse auf diesem Gebiete zu fruchtbringender Entfaltung gelangen, und die Folge davon wäre, daß ihre Vertrautheit mit dem Getriebe des wirtschaftlichen Lebens der Rechtspflege zugute kommen müßte.

In dem § 2 der Verordnung vom 4. Januar 1901 (Ges.- u. Verordn.-Bl. S. 31, JMBl. S. 50) ist zwar schon bestimmt, daß sich die geprüften Rechtspraktikanten auch bei öffentlichen oder privaten Anstalten oder Unternehmungen beschäftigen können. Die Erwartungen, die sich an die Erlassung dieser Vorschrift knüpften, haben sich aber nicht erfüllt.

Um ihren Zweck zu fördern, wurden Ermittelungen darüber angestellt, inwieweit die Bereitwilligkeit besteht, geprüfte Rechtspraktikanten zur Ausbildung auf dem kommerziellen und industriellen Gebiet aufzunehmen. Erfreulicherweise war die angestellte Umfrage von Erfolg. Das beigefügte Verzeichnis enthält die Namen der Institute, Anstalten, Unternehmungen und Firmen, die ihre Bereitwilligkeit erklärten.

Die Vorstände der Justizbehörden werden den geprüften Rechtspraktikanten bekannt geben, daß das Staatsministerium der Justiz großen Wert darauf legt, daß die Bewerber um Anstellung im Justizstaatsdienst ihre Ausbildung auf dem Gebiete des wirtschaftlichen Lebens durch praktische Betätigung bei einer öffentlichen oder privaten Anstalt oder Unternehmung, also namentlich bei Banken, größeren Firmen oder in Fabriken, bei Handels- und Gewerbekammern, in Berufsgenossenschaften, Versicherungsanstalten usw. fördern. Zu diesem Zwecke sollen die Rechtspraktikanten darauf bedacht sein, eine Beschäftigung nach § 2 der Verordnung zu erlangen, sie sollen insbesondere von der Bereitwilligkeit der in dem Verzeichnis aufgeführten Institute, Anstalten, Unternehmungen und Firmen Gebrauch machen.

Zur Beschäftigung bei den in dem Verzeichnis aufgeführten Stellen bedürfen die Rechtspraktikanten keiner besonderen Genehmigung. Den Eintritt in die Beschäftigung haben sie gemäß § 28 Abs. 1 Nr. 2 der Bekanntmachung vom 7. Januar 1901 (JMBl. S. 54) anzuzeigen. Beim Austritt aus der Beschäftigung haben sie sich ein verschlossenes Zeugnis über ihre Tätigkeit zu erbitten; das Zeugnis ist der zunächst vorgesetzten Aufsichtsbehörde (§ 9 Abs. 1 der Verordnung vom 4. Januar 1901) vorzulegen; die Aufsichtsbehörde hat eine Abschrift des Zeugnisses dem Staatsministerium der Justiz einzusenden.

Die Bereitwilligkeit zur Aufnahme von Rechtspraktikanten wurde überall nur unter der Bedingung erklärt, daß die Rechtspraktikanten den ihnen zugewiesenen Arbeiten ihre ganze Kraft widmen, die Geschäfts- und Bureaustunden einhalten, sich den Anordnungen der Vorstände fügen, Verschwiegenheit beobachten und eine gewisse Zeit bleiben.

Das Verzeichnis wird von Zeit zu Zeit ergänzt werden.

Das mit der MB. vom 5. November 1907 bekanntgegebene Verzeichnis der wirtschaftlichen Unternehmungen, die zur Aufnahme geprüfter Rechtspraktikanten bereit sind, ist ersetzt worden durch das folgende mit MB. vom 6. November 1908 (JMBl. 253) veröffentlichte Verzeichnis.

1. K. Bankdirektion Nürnberg*)
2. K. Hauptbank Nürnberg**)
3. K. Filialbank Fürth*)
4. K. Filialbank Hof**)
5. K. Filialbank Ludwigshafen a. Rh.**)
6. Handels- und Gewerbekammer für Oberbayern in München
7. Filiale der Dresdener Bank in München
8. Deutsche Lebensversicherungsbank „Arminia", Aktiengesellschaft in München
9. Bayerische Versicherungsbank, Aktiengesellschaft, vormals Versicherungsanstalten der Bayerischen Hypotheken- und Wechselbank in München
10. Münchener und Aachener Mobiliar-Feuer-Versicherungsgesellschaft in München
11. Münchener Rückversicherungsgesellschaft in München
12. Firma J. Röckl, Handschuhfabrik in München
13. Joseph Wagner, Bierbrauerei zum Augustiner in München
14. Eisen- und Kohlenhandlung und Eisengießerei F. S. Kustermann in München
15. Eisenwerk München, Aktiengesellschaft, vorm. Kießling und Morabelli in München

*) Es wird jeweils nur ein geprüfter Rechtspraktikant aufgenommen.

**) Es werden jeweils nur zwei geprüfte Rechtspraktikanten aufgenommen.

16. Gummiwarenfabrik Aktiengesellschaft Metzeler & Co. in München
17. München-Dachauer Aktiengesellschaft für Papierfabrikation in München
18. Roßhaarspinnerei J. L. Hönigsberger & Co. in München
19. Kathreiners Malzkaffeefabriken, Gesellschaft mit beschränkter Haftung in München
20. Verlagsbuchhandlung R. Oldenbourg in München
21. Torfwerk Feilnbach in Feilnbach bei Bad Aibling
22. Handels- und Gewerbekammer für Niederbayern in Passau
23. Landshuter Eisengießerei und Mühlenbauanstalt J. Häuser in Landshut
24. Bayerische Elektrizitätswerke, Aktiengesellschaft in Landshut
25. Landshuter Biskuitfabrik H. L. Klein in Landshut
26. Paul Pausinger & Sohn, Dampfziegelei in Landshut
27. Erste K. K. priv. Donaudampfschiffahrtsgesellschaft-Agentie in Passau
28. Innstadt-Brauerei Aktiengesellschaft in Passau
29. Konrad Zerban, Dampfsäge- und Hobelwerk in Passau
30. Passauer Maschinenfabrik und Eisengießerei Jakob Welz in Passau
31. Joseph Pummerer, Bank- und Wechselgeschäft in Passau
32. Gebr. Kerber, Granitwerke in Büchlberg
33. Holzstoff- und Papierfabrik Elsenthal, Aktiengesellschaft in Grafenau
34. Pfälzische Handels- und Gewerbekammer in Ludwigshafen a. Rh.
35. Weingart & Kaufmann, Getreidegroßhandlung in Ludwigshafen a. Rh.
36. Wolf Netter, Eisengroßhandlung in Ludwigshafen a. Rh.
37. Maschinen- und Armaturenfabrik, vorm. Klein, Schanzlin & Becker in Frankenthal
38. Frankenthaler Kesselschmiede und Maschinenfabrik Kühnle, Kopp & Kausch, Aktiengesellschaft in Frankenthal
39. Korkfabrik Bender & Co. in Frankenthal
40. Schnellpressenfabrik Frankenthal Albert & Co. in Frankenthal
41. J. L. Eberhardt, K. Hoflieferant in Speyer
42. Wellensiek & Schalk, Zigarrenfabrik in Speyer
43. M. Heß, Munitionsfabrik in Speyer
44. Brauerei zum Storchen, Aktiengesellschaft in Speyer
45. Bayerische Brauereigesellschaft, Aktiengesellschaft, vormals H. Schwartz in Speyer
46. Brauerei zur Sonne in Speyer
47. Speyerer Brauhaus in Speyer
48. Zelluloidfabrik Speyer, Kirrmeier & Scherer in Speyer
49. Emil Holtzmann, Papierfabrik in Speyer
50. Joseph Zehe, Zigarrenfabrik in Speyer
51. Heinrich Mülberger, Kohlenhandlung en gros in Speyer
52. Filiale der Pfälzischen Bank in Speyer
53. Speyerer Volksbank, eingetragene Genossenschaft mit beschränkter Haftpflicht in Speyer

54. C. F. Velten, Kunstgärtnerei in Speyer
55. Max Mayer, Kolonialwaren en gros in Speyer
56. M. Dreyfuß Söhne, Kleiderfabrik in Speyer
57. J. Kuhn Söhne, Kleiderfabrik in Speyer
58. Joseph Kuhn, Kleiderfabrik in Speyer
59. Bernhard Roos, Schäftefabrik in Speyer
60. Jak. Mayer jr., Kleiderfabrik in Speyer
61. J. Gudenberg, Kleiderfabrik in Speyer
62. J. Hebel & Co., Dampfsägewerk in Speyer
63. Albert Goepfert, Rohtabakhandlung in Speyer
64. J. Sribinger, Rohtabakhandlung in Speyer
65. Baumwollspinnerei Speyer in Speyer
66. Gebrüder Pfeiffer, Maschinenfabrik in Kaiserslautern
67. Pfälzische Nähmaschinen- und Fahrräderfabrik, vormals Gebrüder Kayser in Kaiserslautern
68. Dinglersche Maschinenfabrik in Zweibrücken
69. Rheinische Kreditbank in Mannheim für ihre pfälzischen Filialen
70. Pfälzische Spar- und Kreditbank in Landau
71. Pfälzische Landwirtschaftsbank in Landau
72. Wayß & Freytag, Aktiengesellschaft, Unternehmung von Beton- und Betoneisenbauten in Neustadt a. H.
73. Bankhaus G. F. Grohe in Neustadt a. H.
74. Bankhaus Eduard Loeb in Neustadt a. H.
75. Vorschußverein Homburg in Homburg
76. J. J. Marx, Tuchfabrik in Lambrecht
77. Süßdorf & Co., Baumwollweberei in Ramstein
78. Gebrüder Abt, Aktiengesellschaft, Hartpapierwarenfabrik und Fabrik elektrotechnischer Artikel in Ensheim
79. Philipp Gutmann, Speditionsgeschäft in Lichtenfels
80. Heinrich Krauß, Korbwarengeschäft in Lichtenfels
81. Porzellanfabrik Ph. Rosenthal, Aktiengesellschaft in Selb
82. Voigtländische Buntweberei Heimeran, Gesellschaft mit beschränkter Haftung in Helmbrechts
83. C. F. Weiß, Mechanische Weberei in Helmbrechts
84. Karl Schmidt, Bankgeschäft in Hof, auch für einige seiner Filialen
85. J. G. Raithel, Mechanische Weberei in Schwarzenbach a. S.
86. Künzel, Schädler & Co., Granitschleiferei in Schwarzenbach a. S.
87. Mosaikplattenfabrik in Marienberg in Sachsen (Inhaber Kommerzienrat Heinrich Lindner in Fichtelberg)
88. H. Greiner & Co., Porzellanfabrik in Schauberg bei Kronach
89. Porzellanfabrik Tettau, vormals Sonntag & Söhne in Tettau bei Kronach
90. Kulmbacher Spinnerei in Kulmbach
91. Aktien-Färberei Münchberg in Münchberg
92. Handels- und Gewerbekammer für Unterfranken und Aschaffenburg in Würzburg
93. Schweinfurter Präzisions-Kugellager-Werke, Fichtel & Sachs in Schweinfurt

94. Handels- und Gewerbekammer für Mittelfranken in Nürnberg
95. Vereinigte Maschinenfabriken Augsburg und Maschinenbaugesellschaft Nürnberg, A.-G., Werk Nürnberg in Nürnberg
96. Mitteldeutsche Kreditbank, Filiale Nürnberg in Nürnberg
97. Siemens-Schuckertwerke, Gesellschaft mit beschränkter Haftung, in Nürnberg*)
98. Bayerische Handelsbank, Filiale Ansbach, vorm. Wolf S. Gutmann in Ansbach
99. J. B. Prinkner Bierbrauerei, Spiritusbrennerei, Kunstmühle usw. in Beilngries
100. Handels- und Gewerbekammer der Oberpfalz und von Regensburg in Regensburg
101. Bayerische Granitaktiengesellschaft in Regensburg
102. Vereinigte Neue Münchener Aktienziegelei und Dachziegelwerke, A. Zinstag, Aktiengesellschaft in Regensburg-Kareth
103. Karl Zinn, Kunstmühle und Lebkuchenfabrik in Neumarkt i. O.
104. Expreßfahrradwerke, Aktiengesellschaft in Neumarkt i. O.
105. Gasmaschinenfabrik, Aktiengesellschaft in Amberg***)
106. Porzellanfabrik Weiden, Gebrüder Bauscher, G. m. b. H. in Weiden
107. Bayerische Braunkohlenindustrie, Aktiengesellschaft in Schwandorf
108. Handels- und Gewerbekammer für Schwaben und Neuburg in Augsburg
109. Landwirtschaftlicher Kreditverein Augsburg, e. G. in Augsburg
110. Filiale der Dresdener Bank, vorm. Paul von Stetten in Augsburg
111. Leinenspinnerei und Weberei M. Droßbach & Co. in Bäumenheim
112. Milz & Co., Strohhutfabrik in Lindenberg.

Das Verzeichnis ist inzwischen mehrfach ergänzt worden. Neu dazu geommen sind:

K. Filialbank Bayreuth*) (MB. vom 15. Februar 1909 JMBl. 106)
K. Filialbank Würzburg*) (MB. vom 26. April 1909 JMBl. 175),
Handelskammer Bayreuth (MB. vom 20. Okt. 1909 JMBl. 436),
K. Filialbank München**) (MB. vom 16. Nov. 1909 JMBl. 529),
K. Filialbank Aschaffenburg*) (MB. vom 13. Jan. 1911 JMBl. 48),
Hofbrauamt München*) (MB. vom 28. Jan. 1911 JMBl. 59),
K. Filialbanken Ansbach,*) Ingolstadt,*) Kaiserslautern,*) Landshut,*) Passau*) und Schweinfurt*) (MB. vom 26. Juni 1911 JMBl. 277).

*) Es wird jeweils nur ein geprüfter Rechtspraktikant aufgenommen.

**) Es werden ein oder zwei geprüfte Rechtspraktikanten aufgenommen.

***) Änderung der Firma s. Anm. auf S. 242.

2. Bekanntmachung des Staatsministeriums des Innern vom 1. April 1908, die wirtschaftliche Fortbildung der geprüften Rechtspraktikanten und Regierungsakzessisten betreffend.

(AJMBl. 169).

Infolge des technischen und wirtschaftlichen Aufschwungs der letzten Jahrzehnte sind den Verwaltungsbehörden auf den Gebieten der Landwirtschaft, der Industrie und des Handels neue und wichtige Aufgaben erwachsen. Es ist deshalb dringend wünschenswert, daß die künftigen Verwaltungsbeamten den Zeitraum zwischen dem Staatskonkurse und der ersten Anstellung nicht nur zu ihrer Weiterbildung auf dem Gebiete des Verwaltungsrechts und der Verwaltungspflege sondern auch zur Ergänzung ihrer auf der Universität und in der Vorbereitungspraxis erworbenen Kenntnisse durch Gewinnung praktischer, auf eigener Anschauung und Tätigkeit beruhender Erfahrungen in technischen und wirtschaftlichen Dingen benützen.

Von dieser Erwägung ausgehend, hat das K. Staatsministerium des Innern bei einer Reihe musterhaft geleiteter landwirtschaftlicher und industrieller Betriebe sowie hervorragender Handelsgeschäfte und -anstalten eine Umfrage über ihre Bereitwilligkeit zur Beschäftigung geprüfter Verwaltungsdienstaspiranten gehalten.

In dankenswerter Weise haben sich die in der Anlage verzeichneten Betriebe usw. zur Beschäftigung solcher Aspiranten bereit erklärt; hierbei wurde überall zur Bedingung gemacht, daß die Aufgenommenen den ihnen zugewiesenen Arbeiten ihre ganze Kraft widmen, die Geschäfts- und Bureaustunden einhalten, sich den Anordnungen der Betriebsleiter fügen, Verschwiegenheit beobachten und eine gewisse Zeit bleiben.

Dies wird mit dem Beifügen bekannt gegeben, daß diejenigen Verwaltungsdienstaspiranten, die eine Beschäftigung bei einem dieser Betriebe usw. anstreben, dies nicht unmittelbar bei der Betriebsleitung, sondern bei dem ihnen vorgesetzten K. Regierungspräsidium anzumelden haben, welches die Gesuche alsbald kurzhändig dem K. Staatsministerium des Innern gutachtlich vorzulegen hat, worauf die Verteilung der Angemeldeten auf die einzelnen Betriebe unter tunlichster Berücksichtigung der geltend gemachten Wünsche durch das K. Staatsministerium des Innern erfolgt.

Die in den Betrieben zugebrachte Zeit wird bei der Anstellung angerechnet werden.

Beim Austritt aus der Beschäftigung ist ein verschlossenes Zeugnis über die Tätigkeit zu erbitten, das dem vorgesetzten Regierungspräsidium vorzulegen ist; letzteres hat eine Abschrift an das K. Staatsministerium des Innern einzusenden

Verzeichnis der Betriebe ꝛc., die zur Aufnahme geprüfter Verwaltungsdienstaspiranten bereit sind.

I. Landwirtschaftliche Betriebe.

Die Gräflich von Arco-Zinnebergsche Verwaltungsinspektion in München für die gräflichen Fideikommißgüter
a) Maxlrain, K. Bezirksamts Aibling.
b) Stein, K. Bezirksamts Traunstein,
c) Unterbar, K. Bezirksamts Neuburg a. D.,
das K. Remontedepot Fürstenfeld, K. Bezirksamts Bruck,
die K. Akademie für Landwirtschaft und Brauerei Weihenstephan, K. Bezirksamts Freising,
die Verwaltung des Schloßgutes Wallenburg, K. Bezirksamts Miesbach,
die Gräflich von Törringschen Gutsverwaltungen in
a) Jettenbach, K. Bezirksamts Mühldorf,
b) Pörnbach, K. Bezirksamts Pfaffenhofen,
c) Seefeld, K. Bezirksamts Starnberg,
das K. Remontedepot Schleißheim, K. Bezirksamts München,
die Freiherrlich von Cramer-Klettsche Hütten- und Rentenverwaltung Hohenaschau, K. Bezirksamts Rosenheim,
die Freiherrlich von Pfettensche Gutsverwaltung in Niederarnbach, K. Bezirksamts Schrobenhausen,
die von Maffeische Gutsverwaltung in Unterholz, K. Bezirksamts Weilheim,
die von Schilchersche Gutsverwaltung in Dietramszell, K. Bezirksamts Wolfratshausen,
Herr Guts- und Brauereibesitzer Franz Xaver Münsterer in Altheim, K. Bezirksamts Landshut,
Herr gräfl. Domänenpächter Ackermann in Irlbach, K. Bezirksamts Straubing,
Herr Gutspächter Heinrich Ackermann in Makofen, K. Bezirksamts Straubing,
die von Lang-Puchhofsche Zentralverwaltung in Puchhof, K. Bezirksamts Straubing,
die von Schmiedersche Gutsverwaltung in Steinach, K. Bezirksamts Straubing,
die Freiherrlich von Aretinsche Gutsverwaltung in Haidenburg, K. Bezirksamts Vilshofen,
die Gräflich von Preysingsche Güterinspektion in Moos, K. Bezirksamts Vilshofen,
Herr Gutsbesitzer Julius von Weidenbach in Hexenagger, K. Bezirksamts Beilngries,
die von Sieglesche Güterverwaltung in Friedenfels, K. Bezirksamts Kemnath,
Herr fürstl. Gutspächter Wilhelm Lang in Niedertraubling, K. Bezirksamts Regensburg,
Herr Ökonomierat Paul Martin in Haus, K. Bezirksamts Regensburg,

Herr Gutsbesitzer und fürstl. Domänenpächter Fritz Persch in Schloß Rosenhof, K. Bezirksamts Regensburg,
die Gutsverwaltung Pürklgut bei Regensburg,
die Fürstl. Thurn und Taxis schen Regiegutsverwaltungen in
a) Barbing-Kreuzhof, K. Bezirksamts Regensburg,
b) Hellkofen, K. Bezirksamts Regensburg,
Herr Rittergutsbesitzer Dr. Franz Mammen in Brandstein, K. Bezirksamts Hof,
Herr Rittergutsbesitzer Julius Baudler in Schmölz, K. Bezirksamts Kronach,
die Freiherrlich von Seefriedsche Gutsverwaltung in Schönbrunn, K. Bezirksamts Eichstätt,
die Kreisackerbauschule Triesdorf, K. Bezirksamts Feuchtwangen,
die Gräflich von Faber-Castellsche Gutsverwaltung in Stein a. d. Regnitz, K. Bezirksamts Nürnberg,
Herr Ökonomierat Fr. Pabst in Burgstall, K. Bezirksamts Rothenburg o. T.,
Herr Gutsbesitzer Georg Streng in Aspachhof, K. Bezirksamts Uffenheim,
Herr Landesökonomierat König in Ellingen, K. Bezirksamts Weißenburg,
die Gräflich von Pappenheimsche Ökonomieverwaltung in Pappenheim, K. Bezirksamts Weißenburg,
die Freiherrlich von Rotenhansche Gutsverwaltung in Eyrichshof, K. Bezirksamts Ebern,
die Freiherrlich von Thüngensche Gutsverwaltung in Thüngen, K. Bezirksamts Karlstadt,
Herr Gutsbesitzer Georg Heil in Tückelhausen, K. Bezirksamts Ochsenfurt,
die Fürstlich Fuggersche Domanialkanzlei in Augsburg für
a) die Ökonomiebetriebe in Babenhausen, K. Bezirksamts Illertissen und Wellenburg, K. Bezirksamts Augsburg,
b) die Fischereiverwaltung — Teichwirtschaft — Burgwalden, K. Bezirksamts Augsburg,
c) die Bierbrauerei zu Babenhausen, K. Bezirksamts Illertissen,
das Fürstlich von der Leyensche Rentamt in Waal, K. Bezirksamts Kaufbeuren,
die Gräflich von Fugger-Glöttsche Domanialkanzlei in Kirchheim, K. Bezirksamts Mindelheim,
die Gräflich von Rechbergsche Gutsverwaltung in Ostettringen, K. Bezirksamts Mindelheim,
die Freiherrlich von Hermansche Gutsverwaltung in Schorn, K. Bezirksamts Neuburg a. D.,
die Gräflich von Moysche Güteradministration in Stepperg, K. Bezirksamts Neuburg a. D.

II. Handels- und Gewerbekammern.

Die Handels- und Gewerbekammer für Oberbayern in München,
die Handels- und Gewerbekammer für Niederbayern in Passau,

die Handels- und Gewerbekammer für die Pfalz in Ludwigshafen am Rhein,
die Handels- und Gewerbekammer der Oberpfalz und von Regensburg in Regensburg,
die Handels- und Gewerbekammer für Mittelfranken in Nürnberg,
die Handels- und Gewerbekammer für Unterfranken und Aschaffenburg in Würzburg,
die Handels- und Gewerbekammer für Schwaben und Neuburg in Augsburg.

III. Banken, Kreditvereine und Versicherungsgesellschaften.

Die Bayerische Versicherungsbank, A. G., vorm. Versicherungsanstalten der Bayerischen Hypotheken- und Wechselbank, in München,
die Deutsche Lebensversicherungsbank „Arminia“, A. G., in München,
die Filiale der Dresdener Bank in München,
die Münchener und Aachener Mobiliar-Feuerversicherungsgesellschaft in München,
die Münchener Rückversicherungsgesellschaft in München,
der Vorschußverein in Homburg,
die Pfälzische Landwirtschaftsbank in Landau i. Pf.,
die Pfälzische Spar- und Kreditbank in Landau i. Pf.,
die K. Filialbank in Ludwigshafen a. Rh.,
die Bank für Handel und Industrie (Darmstädter Bank), Niederlassung in Neustadt a. H.,
das Bankhaus G. F. Grohe in Neustadt a. H.,
die Speyerer Volksbank, E. G. m. b. H., in Speyer,
die K. Filialbank in Hof,
das Bankgeschäft Karl Schmidt in Hof, auch für einige seiner Filialen,
die Bayerische Handelsbank, Filiale Ansbach, vorm. Wolf S. Gutmann, in Ansbach,
die K. Filialbank in Fürth,
die K. Bankdirektion Nürnberg,
die K. Hauptbank in Nürnberg,
die Mitteldeutsche Kreditbank, Filiale Nürnberg,
die Filiale der Dresdener Bank, vorm. Paul von Stetten, in Augsburg.
der Landwirtschaftliche Kreditverein Augsburg, E. G., in Augsburg.

IV. Handels-, Verkehrs- und Industriebetriebe.

Das Torfwerk Feilnbach in Feilnbach, K. Bezirksamts Aibling,
Herr Joseph Wagner, Bierbrauerei zum Augustiner in München,
die Roßhaarspinnerei J. L. Hönigsberger & Co. in München,
Kathreiners Malzkaffeefabriken, G. m. b. H., in München,
das Eisenwerk München, A. G., vorm. Kießling & Morabelli, in München,
die Eisen- und Kohlenhandlung und Eisengießerei F. S. Kustermann in München,
die Gummiwarenfabrik A. G. Metzeler & Co. in München,

die München-Dachauer Aktiengesellschaft für Papierfabrikation in München,
die Verlagsbuchhandlung R. Oldenbourg in München,
die K. B. Hofhandschuhfabrik J. Röckl in München,
die Holzstoff- und Papierfabrik Elsenthal, A. G., in Grafenau,
die Landshuter Biskuitfabrik H. L. Klein in Landshut,
die Landshuter Eisengießerei und Mühlenbauanstalt J. Häuser in Landshut,
die Bayerischen Elektrizitätswerke, A. G., in Landshut,
Paul Pausinger & Sohn, Dampfziegelei in Landshut,
die erste K. K. priv. Donau-Dampfschiffahrtsgesellschaft-Agentie in Passau,
Gebr. Kerber, Granitwerke in Büchlberg, K. Bezirksamts Passau,
die Passauer Maschinenfabrik und Eisengießerei Jakob Welz in Passau,
Herr Konrad Zerban, Dampfsäge und Hobelwerk in Passau,
Schnellpressenfabrik Frankenthal, Albert & Co. in Frankenthal,
Maschinen- und Armaturenfabrik, vorm. Klein, Schanzlin & Becker in Frankenthal,
Frankenthaler Kesselschmiede und Maschinenfabrik Kühnle, Kopp & Kausch, A. G., in Frankenthal,
Süßdorf & Co., Baumwollweberei in Ramstein, K. Bezirksamts Homburg,
Pfälzische Nähmaschinen- und Fahrräderfabrik, vorm. Gebr. Kayser, in Kaiserslautern,
Gebrüder Pfeiffer, Maschinenfabrik in Kaiserslautern,
Wolf Netter, Eisengroßhandlung in Ludwigshafen a. Rh.,
Weingart & Kaufmann, Getreidegroßhandlung in Ludwigshafen a. Rh.,
J. J. Marx, Tuchfabrik in Lambrecht, K. Bezirksamts Neustadt a. H.,
Wayß & Freytag, A. G., Unternehmung von Beton- und Betoneisen-Bauten in Neustadt a. H.,
die Baumwollspinnerei Speyer in Speyer,
die Bayerische Brauereigesellschaft, A. G., vorm. H. Schwartz in Speyer,
die Brauerei zum Storchen, A. G., in Speyer,
das Speyerer Brauhaus in Speyer,
die Brauerei zur Sonne in Speyer,
M. Dreyfuß Söhne, Kleiderfabrik in Speyer,
J. Hebel & Co., Dampfsägewerk in Speyer,
M. Heß, Munitionsfabrik in Speyer,
die Zelluloidfabrik Speyer, Kirmeier & Scherer in Speyer,
J. Kuhn, Kleiderfabrik in Speyer,
J. Kuhn Söhne, Kleiderfabrik in Speyer,
Jak. Mayer jun., Kleiderfabrik in Speyer,
Heinrich Mülberger, Kohlenhandlung en gros in Speyer,
C. F. Velten, Kunstgärtnerei in Speyer,
Wellensiek & Schalk, Zigarrenfabrik in Speyer,
Joseph Zehe, Zigarrenfabrik in Speyer,

die Dinglersche Maschinenfabrik in Zweibrücken,
die Gasmaschinenfabrik, A. G., in Amberg,*)
J. B. Prinstner in Beilngries und Smyrna,
die Expreß-Fahrradwerke, A. G., in Neumarkt i. O.,
Herr Karl Zinn, Kunstmühle und Lebkuchenfabrik in Neumarkt i. O.,
die Bayerische Granit-Aktiengesellschaft in Regensburg,
Vereinigte Neue Münchener Aktienziegelei und Dampfziegelwerke A. Zinstag, A. G., in Regensburg-Kareth,
die Bayerische Braunkohlenindustrie, A. G., in Schwandorf,
die Porzellanfabrik Weiden, Gebr. Bauscher, G. m. b. H., in Weiden,
die Marienberger Mosaikplattenfabrik, A.G., in Marienberg in Sachsen (Vorsitzender des Aufsichtsrats Herr Kommerzienrat Heinrich Lindner in Fichtelberg, K. Bezirksamts Bayreuth),
Künzel, Schedler & Co., Granitschleiferei in Schwarzenbach a. S., K. Bezirksamts Hof,
die Kulmbacher Spinnerei in Kulmbach,
Herr Philipp Gutmann, Speditionsgeschäft in Lichtenfels,
Herr Heinrich Krauß, Korbwarengeschäft in Lichtenfels,
die Voigtländische Buntweberei Heimeran, G. m. b. H., in Helmbrechts, K. Bezirksamts Münchberg,
C. F. Weiß, Mechanische Weberei in Helmbrechts, K. Bezirksamts Münchberg,
die Aktienfärberei Münchberg,
die Porzellanfabrik Ph. Rosenthal, A. G., in Selb, K. Bezirksamts Rehau,
H. Greiner & Co., Porzellanfabrik in Schauberg, K. Bezirksamts Teuschnitz,
die Porzellanfabrik Tettau, vorm. Sonntag & Sohn, in Tettau, K. Bezirksamts Teuschnitz,
die Siemens-Schuckert-Werke, G. m. b. H., in Nürnberg,
Vereinigte Maschinenfabrik Augsburg und Maschinenbaugesellschaft Nürnberg, A. G., in Nürnberg,
die Schweinfurter Präzisions-Kugellagerwerke Fichtel & Sachs in Schweinfurt,
die Leinenspinnerei und Weberei M. Droßbach & Co. in Bäumenheim, K. Bezirksamts Donauwörth.
Milz & Co., Strohhutfabrik in Lindenberg, K. Bezirksamts Lindau.

Zu diesen Betrieben sind inzwischen noch gekommen:

in Aschaffenburg die bayerische Aktien-Bierbrauerei, die Aktiengesellschaft für Maschinenpapierfabrikation, die Aktiengesellschaft für Buntpapier- und Leimfabrikation, das Bezirksgremium für Handel und Gewerbe (MB. vom 25. Mai 1908 KJMBl. 274),

*) Die Firma heißt jetzt „Gasmaschinenfabrik Gerhard & Schubert, Amberg" (MB. vom 3. Dezember 1909 KJMBl. 986).

Handelskammer Bayreuth (MB. vom 3. Dez. 1909 AJMBl. 986), K. Filialbank München*) (MB. vom 16. Nov. 1909 AJMBl. 78), K. Filialbank Aschaffenburg**) (MB. vom 13. Januar 1911 AJMBl. 311), Hofbrauamt München**) (MB. vom 28. Januar 1911 AJMBl. 311), K. Filialbanken Ansbach**), Ingolstadt**), Kaiserslautern**), Landshut**), Passau**) und Schweinfurt**) (MB. vom 26. Juni 1911, AJMBl. 589).

---

3. Bekanntmachung des Staatsministeriums der Finanzen vom 30. November 1907, die Praxis der geprüften Rechtspraktikanten betreffend.

(FMBl. 470).

Nachstehend***) wird die Bekanntmachung des K. Staatsministeriums der Justiz vom 5. November 1907 Nr. 39 792, die Praxis der geprüften Rechtspraktikanten betreffend, mit dem Bemerken zur Kenntnis gebracht, daß auch das K. Staatsministerium der Finanzen es für nützlich erachtet, wenn die geprüften Rechtspraktikanten, die sich dem höheren Finanzdienste widmen wollen, bei einer öffentlichen oder privaten Anstalt, einem Institut oder Unternehmen der im nachfolgenden Verzeichnis aufgeführten Art sich praktisch betätigen.

Für den Eintritt in eine solche Beschäftigung wie für den Austritt aus ihr haben die Bestimmungen der Bekanntmachung des K. Staatsministeriums der Justiz mit dem Abmaße sinngemäße Anwendung zu finden, daß die Anzeige über den Eintritt und Austritt an dasjenige Regierungspräsidium zu erstatten ist, dem der Eintritt in die rentamtliche Praxis bekanntgegeben wurde. Diesem Präsidium ist auch nach Abschluß der Beschäftigung bei der betreffenden Stelle das über die dort geübte Tätigkeit zu erholende verschlossene Zeugnis vorzulegen.

Die Beschäftigung selbst ist erst nach beendigter rentamtlicher Praxis anzutreten, demnach im Falle der Ziffer 2 der Bekanntmachung vom 26. Mai 1903, die Vorbedingungen für den höheren und mittleren Finanzdienst betreffend (FMBl. 235), nach Erlangung des Prüfungszeugnisses, im Falle der Ziffer 4 der gleichen Bekanntmachung nach Umfluß der vom

---

*) Es werden ein oder zwei geprüfte Rechtspraktikanten aufgenommen.

**) Es wird jeweils nur ein geprüfter Rechtspraktikant aufgenommen.

***) Die Bekanntmachung des Justizministeriums ist oben unter 1. abgedruckt. Das dort mitgeteilte Verzeichnis der in Frage kommenden Anstalten, Betriebe usw. samt den Nachträgen hierzu ist auch im FMBl. veröffentlicht worden (**1908**, 222; **1909**, 327, 437, 652, 710; **1911**, 471, 472, 502).

Staatsministerium der Finanzen für die Rentamtspraxis festgesetzten Zeit.

Sollte die Beschäftigung vor der Einberufung zu einer Regierungsfinanzkammer beendigt werden, ist neuerdings Praxis bei einem Rentamte unter gleichzeitiger Anzeige an das zuständige Regierungspräsidium zu nehmen und bis zur Einberufung fortzusetzen. Auch über diese Praxis ist wie nach Beendigung der ersten rentamtlichen Praxis das in Ziffer 3 der Bekanntmachung vom 26. Mai 1903 vorgeschriebene Zeugnis dem zuständigen Regierungspräsidium vorzulegen.

---

4. Bekanntmachungen über die Teilnahme an den Fortbildungskursen der Vereinigung für staatswissenschaftliche Fortbildung in Berlin, der Cölner Vereinigung für rechts- und staatswissenschaftliche Fortbildung und der Gesellschaft für wirtschaftliche Ausbildung in Frankfurt a. M.

erscheinen in den Ministerialamtsblättern jeweils vor Abhaltung eines solchen Kurses, soweit den einzelnen Ministerien eine Beteiligung wünschenswert erscheint, vgl. z. B. JMB. vom 28. Febr. 1907 (JMBl. 67), vom 7. und 15. März 1911 (JMBl. 78), JnnMB. vom 25. Febr., 8. und 13. März 1911 (MJMBl. 123, 139, 141).

IV.

1. Bekanntmachung des Staatsministeriums der Justiz vom 20. Februar 1909, die Sitzungskleidung der Rechtspraktikanten betreffend.

(JMBl. 107).

Treten geprüfte oder im Vorbereitungsdienste stehende Rechtspraktikanten in öffentlichen Sitzungen der Gerichte als Verteidiger, Vertreter oder Beistände von Parteien auf, so können sie die Sitzungskleidung der Gerichtsschreiber tragen.

Für Rechtspraktikanten, die hiervon keinen Gebrauch machen, verbleibt es bei den bisherigen Vorschriften (Ziff. 3 der Bekanntmachung vom 13. November 1880, JMBl. S. 353).

Bemerkung: Die Sitzungskleidung der Gerichtsschreiber besteht aus schwarzer Robe mit schwarzem Kragen aus dem Stoff der Robe und schwarzen Knöpfen von Seidengespinnst sowie Barett von schwarzem Sammt.

Die bisherigen Vorschriften fordern für die Sitzungen der Amtsgerichte „schwarze bürgerliche Kleidung, wobei auch das Tragen von schwarzem Rocke gestattet ist" und für die Sitzungen der höheren Gerichte „schwarze Kleidung zu schwarzem Fracke".

---

2. Bekanntmachung des Staatsministeriums der Justiz vom 17. Dezember 1906, das Meldeverfahren betreffend.

(JMBl. 324.)

Wenn ein pragmatischer Beamter oder ein Notar, nachdem er um Versetzung gebeten hat, ein weiteres Versetzungsgesuch einreicht, hat er in diesem ausdrücklich zu erklären, ob er das frühere Gesuch oder die früheren Gesuche aufrecht erhält oder zurücknimmt. Die gleiche Erklärung ist abzugeben, wenn ein pragmatischer Beamter einem Gesuch um Versetzung ein Gesuch um Beförderung oder einem Gesuch um Beförderung ein Gesuch um Versetzung folgen läßt.

Die Vorschrift gilt auch für Gesuche um Anstellung im höheren Justizstaatsdienste.

Bemerkung: Anstellungsgesuche sind an das Staatsoberhaupt (z. Zt. an den Regenten), Gesuche um eine Hilfsarbeiterstelle an das Justizministerium zu richten und auf dem Dienstwege vorzulegen. S. auch S. 157 und 171.

V. Vorbedingungen für andere — im Hauptteile nicht berücksichtigte — höhere Ämter.[1])

a) Diplomatischer Dienst.

Vgl. K. VO. vom 1. September 1880, die Zulassung zur Praxis im Kgl. Staatsministerium des K. Hauses und des Äußern und den Eintritt in den diplomatischen Dienst betr. (GVBl. 557).

b) Konsulatsdienst.

Vgl. Gesetz vom 8. November 1867, die Organisation der Bundeskonsulate sowie die Amtsrechte und Pflichten der Bundeskonsuln betr. § 7 (GVBl. 1870/71 Beil. S. 45, Weber 7, 122).

c) Archivdienst.

Vgl. K. VO. vom 3. März 1882, die Vorbedingungen für Anstellung im Kgl. Archivdienste betr. (GVBl. 73).

Zu § 31 dieser VO. vgl. VO. vom 1. März 1884, den Akzeß bei den K. Archivstellen betr. (GVBl. 88). Abs. 1 des § 1 dieser VO. ist geändert — vgl. MB. vom 29. August 1904, Akzeß bei den K. Archivstellen betr. (GVBl. 497).

d) Bibliothekdienst.

K. VO. vom 24. April 1905, die Befähigung zur Anstellung im höheren Bibliothekdienst betr. (GVBl. 318).

e) Militärjustiz- und Militärverwaltungsdienst.

I.

Gesetzliche Bestimmungen für den Militärjustizdienst s. MStGO. §§ 94, 106 und 80.

[1]) Soweit die Vorschriften in den Gesetzesblättern abgedruckt und dadurch allgemein zugänglich sind, wurde von einer Wiedergabe abgesehen, um den Umfang des Buches nicht zu sehr anschwellen zu lassen.

II.

1. Bekanntmachung des Kriegsministeriums vom 4. Mai 1910, den Vollzug des Beamtengesetzes betr. (VBl. 198).

1. **Die in Vorbereitung für den Militärjustiz- und Militärverwaltungsdienst stehenden geprüften Rechtspraktikanten** werden zu Beamten im Sinne des Art. 1 des bayer. Beamtengesetzes erklärt. Ihr Dienstverhältnis ist jederzeit widerruflich.

2. Die zur Annahme und Versetzung zuständige Behörde ist das Kriegsministerium.

3. Die eidliche Verpflichtung vor dem Dienstantritte erfolgt durch den Gerichtsherrn bzw. den Militärintendanten.

4. Die Rechtspraktikanten können nach Ablauf eines halben Jahres nach ihrem Eintritte zur Dienstleistung auf Antrag des Gerichtsherrn bzw. des Militärintendanten eine jederzeit widerrufliche Vergütung von monatlich 100 ℳ, die Militärgerichtspraktikanten nach einem weiteren Jahre eine solche von 150 ℳ erhalten. Die Anweisung der Vergütung erfolgt durch das Kriegsministerium, die Zahlung im voraus für jeden Monat.

5. Während der Ableistung militärischer Übungen im Beurlaubtenstande werden die Vergütungen fortgewährt.

6. Als Vergütung für Dienstreisen erhalten die Rechtspraktikanten Tagegelder und Fuhrkosten nach Maßgabe der Anlage zum K. ME. vom 31. Dezember 1904 Nr. 21472 (DV. 174a S. 31).

Bei Versetzungen, die weder auf Ansuchen erfolgen noch durch eigenes Verschulden veranlaßt sind, erhalten sie die persönlichen Fuhrkosten und Tagegelder als Umzugskosten.

7. Ein Anspruch auf Unterstützungen steht den Rechtspraktikanten nicht zu.

8. Sie sind nicht invalidenversicherungspflichtig.

Ein Pensionsanspruch steht ihnen nicht zur Seite.

9. Sie beziehen in Krankheitsfällen die monatliche Vergütung fort. Soferne durch die Krankheit ein Ausscheiden veranlaßt ist, hat der Gerichtsherr bzw. der Militärintendant beim Kriegsministerium Antrag zu stellen. Die Rechtspraktikanten sind nicht krankenversicherungspflichtig.

10. Das Unfallfürsorgegesetz findet auf sie Anwendung.

11. Beabsichtigt ein Rechtspraktikant sich zu verehelichen, so hat er dies rechtzeitig dem Gerichtsherrn bzw. dem Militärintendanten anzuzeigen. Diese haben auf etwa entgegenstehende Bedenken aufmerksam zu machen und bei ihrer Nichtberücksichtigung dem Kriegsministerium zu berichten.

12. Wegen der Beurlaubung wird auf Ziffer 16 der mit Allerhöchster Entschließung vom 23. Juli 1909 genehmigten „Urlaubsbestimmungen" (VBl. 1909 Nr. 23) Bezug genommen.

13. Zur Verhängung von Ordnungsstrafen ist der **Gerichtsherr** bzw. der Militärintendant, zur Entscheidung allenfallsiger **Beschwerden** der Kriegsminister zuständig.

Die Einleitung eines Disziplinarverfahrens auf Grund des Art. 168 BG. beantragt gegebenenfalls das Kriegsministerium.

14. Für den durch vorsätzliche oder fahrlässige Verletzung ihrer Amtspflichten dem Staate erwachsenen Schaden haften die Rechtspraktikanten nach Art. 13, 179 BG.

2. Auszug aus der Vorschrift für die Annahme, Ausbildung und Prüfung von Anwärtern für den höheren Militärverwaltungsdienst (DV. 186 — Neuausgabe von 1904).

I. Annahme.

1. Als Anwärter für den höheren Militärverwaltungsdienst dürfen angenommen werden:

a) Aktive Offiziere, ...

b) Geprüfte Rechtspraktikanten, wenn sie Offiziere des Beurlaubtenstandes sind oder sichere Aussicht auf Beförderung zum Offizier des Beurlaubtenstandes bieten.

B. Geprüfte Rechtspraktikanten.

4. Geprüfte Rechtspraktikanten werden ebenfalls nach Bedarf angenommen.

5. Die Bewerber richten ihr Gesuch an den Korpsintendanten derjenigen Intendantur, bei der sie ihre Ausbildung zu erhalten wünschen. Die Berücksichtigung der Wünsche hängt von den dienstlichen Verhältnissen ab.

Den Anträgen auf Zulassung ist beizufügen:

a) ein vom Bewerber selbstgefertigter Lebenslauf, der über seine Familie, den Gang und die Ergebnisse seiner Erziehung und Studien und über seine bisherige Dienstlaufbahn Aufschluß gibt;

b) das Offizierpatent oder die Militärpapiere nebst einer Bescheinigung, daß die baldige Beförderung des Bewerbers zum Offizier des Beurlaubtenstandes zu erwarten ist;

c) ein amtlich bescheinigtes Zeugnis darüber, daß seine standesgemäße Unterhaltung aus privaten Mitteln auf einen mindestens dreijährigen Zeitraum gesichert ist;

d) ein Zeugnis über den Erfolg der zweiten Prüfung für den höheren Justiz- und Verwaltungsdienst;

e) von verheirateten Rechtspraktikanten ein Nachweis über ihre Einkommensverhältnisse.

Der Militärintendant prüft die Gesuche und legt sie mit den bezeichneten Anlagen und einem militärärztlichen Zeugnis über die Felddienstfähigkeit dem Kriegsministerium vor.

6. Rechtspraktikanten, welche innerhalb 6 Monaten nach ihrer Zulassung nicht die sichere Aussicht bieten, ein Gewinn für die Militärverwaltung zu werden oder bis dahin noch nicht zum Offizier befördert sind, werden vom Militärintendanten beim Kriegsministerium zur Entlassung beantragt.

II. Ausbildung.

9. Die Ausbildung der Rechtspraktikanten und der aktiven Offiziere leitet der Militärintendant; er wird hierin durch ein auf Vorschlag des Intendanten vom Kriegsministerium dazu bestimmtes Intendanturmitglied unterstützt.

10. Die Ausbildung erstreckt sich in der Regel auf einen Zeitraum von 2 Jahren und 2 Monaten. Sie erfolgt durch Beschäftigung bei der Korpsintendantur und bei den Lokalverwaltungen, kann aber für die Zeit der Herbstübungen auch bei einer Divisionsintendantur angeordnet werden. Eine gleichzeitige Beschäftigung bei der Intendantur und einer Lokalverwaltung ist unzulässig. Welche Zeit im allgemeinen auf die Beschäftigung in jeder einzelnen Abteilung der Korpsintendantur und bei den Lokalverwaltungen zu verwenden ist, ergibt Anlage A. Über seine Beschäftigung in den Abteilungen usw. muß A.
der Anwärter ein Beschäftigungsverzeichnis führen, das er monatlich dem Abteilungsvorstande und dem Intendanten vorzulegen hat. Auf die Ausbildungszeit sind anzurechnen: Urlaub bis zu 2, Krankheit bis zu 4 und militärische Dienstleistungen bis zu 8 Wochen während eines Jahres.

11. In den einzelnen Abteilungen sind die Anwärter durch den Abteilungsvorstand in allen Zweigen des Dienstes auf das eingehendste zu unterweisen. Ein wesentliches Übungsmittel bilden schriftliche Ausarbeitungen, mit denen sie fortdauernd beauftragt werden müssen. In den regelmäßigen Konferenzen ist ihnen Gelegenheit zu geben, sich im mündlichen Vortrage zu vervollkommnen.

Neben dieser Unterweisung im praktischen Dienst findet in den Wintermonaten ein theoretischer Unterricht statt, den das in Nr. 9 erwähnte Intendanturmitglied erteilt. Der Unterricht hat die Festigung der Kenntnisse der Anwärter in den Disziplinen des öffentlichen und Privatrechts zum Zweck und soll hauptsächlich das praktische Bedürfnis des Militärverwaltungsdienstes zur Grundlage haben.

Gleichfalls während der Wintermonate unterweist ein Generalstabsoffizier des Standorts die Anwärter in der Kenntnis des Heerwesens im Frieden und im Kriege und des Feldverpflegungswesens vom operativen Standpunkte und hält mit ihnen praktische schriftliche Übungen ab.

Der Erlernung des Reitens und der Übung der Reitfähigkeit der Anwärter ist besondere Fürsorge zuzuwenden. Die Anwärter müssen unter allen Umständen an den bei den berittenen Waffen ihres Standorts stattfindenden Reitkursen teilnehmen.

Während ihrer Beschäftigung bei den Lokalverwaltungen sollen sich die Anwärter mit allen Geschäften des inneren und äußeren Dienstes vertraut machen und diesen selbst auszuüben lernen.

12. Der einer Abteilung überwiesene Anwärter darf einer neuen in der Regel erst dann zugeteilt werden, wenn er von dem Abteilungsvorstande das Zeugnis erhalten hat, daß er fleißig und zuverlässig gewesen ist, und daß sich nach seinen Leistungen bestimmt erwarten läßt, daß er ein tüchtiges Intendanturmitglied werden wird.

Auf schriftlichen Antrag des Abteilungsvorstandes kann der Intendant die Beschäftigung des Anwärters in einer Abteilung über die vorgeschriebene Dauer (Anlage A) hinaus um höchstens 3 Monate verlängern. Ist auch dann der Abteilungsvorstand nicht in der Lage, das vorgeschriebene Zeugnis auszustellen, und schließt sich der Intendant dieser schriftlich zu begründenden Auffassung an, so berichtet er den Sachverhalt dem Kriegsministerium und beantragt Entscheidung. Stimmt der Intendant der Ansicht des Abteilungsvorstandes nicht zu, so ist er berechtigt, das Zeugnis selbst auszustellen.

13. Der Anwärter muß mindestens an je einer Kassen- und Wirtschaftsprüfung bei den am Orte befindlichen größeren Lokalverwaltungen (Proviantamt, Garnisonverwaltung und Garnisonlazarett), an einer Bauaufnahme sowie an je einer Kassenprüfung und Musterung eines örtlichen Truppenteils (auch des Bekleidungsamts) teilnehmen und mit der Abfassung der erforderlichen Berichte beauftragt werden. Der Teilnahme an den Prüfungen muß die Erwerbung der hierfür notwendigen Vorkenntnisse in der betreffenden Abteilung der Intendantur vorangegangen sein.

14. Vor dem Abschluß der Ausbildung in jeder Abteilung hat sich der Militärintendant davon zu überzeugen, daß der Anwärter die von ihm zu verlangenden Fertigkeiten und Kenntnisse in der Abteilung erlangt hat.

15. Am Schlusse der erfolgreich beendigten Ausbildung stellt der Militärintendant für den Anwärter ein Reifezeugnis aus und meldet ihn bei der Prüfungskommission für höhere Intendanturbeamte zur Prüfung an. . . . . .

. . . . Inwieweit geprüfte Rechtspraktikanten von der Prüfung entbunden werden können, bleibt der Bestimmung des Kriegsministeriums auf Antrag des Militärintendanten vorbehalten.

III. Prüfung.

Ziff. **16—29.**[1])

(Die Prüfung ist schriftlich und mündlich. Zur Anfertigung der beiden schriftlichen Arbeiten — einer Abhandlung über einen Gegenstand von allgemein-wissenschaftlicher Bedeutung und einer weiteren über einen praktischen Gegenstand aus dem Gebiete der Militärverwaltung — wird in der Regel eine Frist von je vier Wochen gewährt. Auf Grund der schriftlichen Arbeiten beschließt die Prüfungskommission, ob der Anwärter zur mündlichen Prüfung zuzulassen oder für den Intendanturdienst als ungeeignet zu bezeichnen ist oder ob er — sofort oder nach einer weiteren Ausbildungszeit bei einer Korpsintendantur — eine oder zwei weitere Aufgaben zur Bearbeitung erhalten soll. Nach der mündlichen Prüfung entscheidet die Prüfungskommission, ob der Anwärter vorzüglich, gut, genügend befähigt oder nicht genügend befähigt ist oder ob er zu der Hoffnung berechtigt, nach einem Zeitabschnitt von mindestens drei Monaten genügende Befähigung zu zeigen.)

---

[1]) Mit Rücksicht auf die Wahrscheinlichkeit, daß geprüfte Rechtspraktikanten von der Prüfung entbunden werden (s. Schlußsatz der Ziff. 15), dürfte die obige kurze Angabe des hauptsächlichen Inhalts der Vorschriften über die Prüfung hier genügen.

Anlage A.

Dauer der Beschäftigung in den Intendantur-Abteilungen und bei den Lokalverwaltungen.

	Monate	
1. Korpsintendantur:		
Kassenabteilung	$3^1/_2$	
Verpflegungsabteilung . . .	5	einschl. Herbstübungen und bis zu 14 Tagen bei einer Flurschädenabschätzungskommission,
Bekleidungsabteilung	2	
Garnisonverwaltungsabteilung .	6	
Lazarettabteilung	2	
Während ihrer Tätigkeit bei der Korpsintendantur ist den Anwärtern auch Gelegenheit zu geben, die Geschäfte der Registratur kennen zu lernen.		
2. Lokalverwaltungen:		
Proviantamt	$2^1/_2$	einschl. 14 Tage bei einer Konservenfabrik,
Garnisonverwaltung	$1^1/_2$	
Traindepot	$^1/_2$	
Bekleidungsamt	1	
Garnisonlazarett	1	
Truppenkassenverwaltung und Bekleidungskommission . . .	$^1/_2$	
Korpszahlungsstelle	$^1/_2$	
	26 Monate.	

Wenn möglich soll die Beschäftigung in der Kassen- und Bekleidungsabteilung derjenigen in der Verpflegungs-, Garnisonverwaltungs- und Lazarett-Abteilung vorangehen.

f) Verkehrsdienst.

1. Eisenbahndienst.

Bekanntmachung des StM. des K. Hauses und des Äußern vom 30. Juli 1901, die Aufnahme in den Dienst der K. Staatseisenbahnverwaltung . . . betr. (GVBl. 529) §§ 1 und 2.

2. Postdienst.

Bekanntmachung des StM. des K. Hauses und des Äußern vom 22. November 1885, die Aufnahme in den Dienst der K. Bayer. Verkehrsanstalten betr. (GVBl. 715 ff.) B § 14.

Zu 1. und 2.: Über die Aufnahme entscheidet jetzt das StM. für Verkehrsangelegenheiten, § 1 Ziff. 11 und § 8 Ziff. 9 MB. vom 16. Februar 1909, die Zuständigkeitsordnung für die Verkehrsverwaltung betr. (GVBl. 175).

Sachregister.

W.

FSC
www.fsc.org
MIX
Papier | Fördert gute Waldnutzung
FSC® C083411

Kolibri 360 GmbH
Ferdinand-Jühlke-Straße 7
99095 Erfurt, Deutschland
produktsicherheit@kolibri360.de